国家社科基金
后期资助项目

构建合作型
劳资关系问题研究
——英国经验与中国发展

Research on the Construction of Cooperative
Labor-Management Relations:
British Experience and China's Development

周晓光　汪溢博　著

社会科学文献出版社
SOCIAL SCIENCES ACADEMIC PRESS (CHINA)

国家社科基金后期资助项目
出版说明

　　后期资助项目是国家社科基金设立的一类重要项目，旨在鼓励广大社科研究者潜心治学，支持基础研究多出优秀成果。它是经过严格评审，从接近完成的科研成果中遴选立项的。为扩大后期资助项目的影响，更好地推动学术发展，促进成果转化，全国哲学社会科学工作办公室按照"统一设计、统一标识、统一版式、形成系列"的总体要求，组织出版国家社科基金后期资助项目成果。

全国哲学社会科学工作办公室

摘 要

随着世界经济的发展及全球化进程的加快,各国之间商品及人才流动性加大,企业所面临的竞争压力更加激烈。在此环境下,建立以劳资双方合作为基础、和谐稳定的劳资关系日益受到许多国家政府、企业管理层及工会等有关组织的重视。一些发达国家(如德国、美国、英国、加拿大等)率先在建立合作型劳资关系模式这一领域做出了探索。尽管所采取的路径、方式及名称不尽相同,但信任、合作和互利等要素是这些模式共同的关注点和基础。而劳动者-管理者伙伴关系(Labour-Management Partnership,以下简称伙伴关系)则是其中最具代表性的一种合作型劳资关系创新模式。

英国是较早在合作型劳资关系模式上做出探索的国家,过去数十年来,英国许多公共部门和私营部门的组织劳资关系已从传统的劳资对抗关系转变为一种新型的合作伙伴关系。这种转变使英国工会有机会重获政治和经济影响力,并为雇佣关系的主要参与方创造劳资双赢成果。

本书研究的主要目的,是深入剖析合作型劳资关系的构建、运作和实践结果,总结英国的发展经验,并探讨合作型劳资关系在中国的发展前景。

首先,本书将以英国国家卫生服务体系中的劳资关系改革为背景,选取三个案例做跟踪研究,深入分析和总结合作型劳资关系在英国的发展经验。具体的研究问题包括以下内容。第一,阐述英国建立合作型劳资关系新模式的历史背景和起源。第二,剖析合作型劳资关系的实践运作情况。具体包括四个维度,即合作型劳资关系的组织结构和构成;不同参与方所代表的利益和议事议程的范围;工会介入和参与的程度;集体谈判与协商进程中的谈判行为模式及其影响。第三,探讨合作型劳资关系的发展演化及影响因素。第四,对比研究三个案例中合作型劳资关系的运作实践及其结果。

其次,本书将探讨合作型劳资关系在中国的发展土壤和应用前景。具体的研究问题包括:第一,深入研究中国劳资关系的现状与特征;第二,分析不同所有制企业中员工参与方式、参与程度及其对组织绩效和个体福利的影响;第三,评估中国的劳资关系质量及其影响因素;第四,参考英国经验和中国现实,讨论中国建立和推广合作型劳资关系模式的可行性和应用前景。

  本书的一个关键结论是通过构建合作型劳资关系模式,能够实现管理者和劳动者之间的双赢。但是,管理者和劳动者能够在多大程度上取得双赢,双方的利益如何均衡,又取决于合作组织的内外部背景以及劳资关系的具体运作方式。

缩略语

ACAS	仲裁、调解和咨询所
APF	区域合作伙伴论坛
CHP	社区卫生伙伴关系
DTI	贸工部
HRF	人力资源论坛
IPA	介入和参与协会
LPF	本地合作伙伴论坛
NHS	国家卫生服务体系
NWC	全国劳动力委员会
SEHD	苏格兰行政院卫生部
SGC	员工治理委员会
SGHD	苏格兰政府卫生署
SNP	苏格兰民族党
SPF	苏格兰合作伙伴论坛
STAC	苏格兰条款和条件委员会
SWAG	苏格兰劳动力和员工治理委员会
TUC	工会联合会
HPF	高地伙伴关系论坛

目 录

第一章 引言 …………………………………………………………… 1
 第一节 概述 ………………………………………………………… 1
 第二节 定义 ………………………………………………………… 2
 第三节 环境 ………………………………………………………… 3
 第四节 理论框架 …………………………………………………… 5
 第五节 研究目标 …………………………………………………… 5
 第六节 研究策略 …………………………………………………… 6
 第七节 贡献 ………………………………………………………… 7
 第八节 本书结构 …………………………………………………… 7

第二章 私营部门和公共部门的劳资伙伴关系 …………………… 10
 第一节 伙伴关系的概念 …………………………………………… 10
 第二节 英国伙伴关系发展前景 …………………………………… 15
 第三节 伙伴关系的环境、运作和成果 …………………………… 20
 第四节 结论和研究的问题 ………………………………………… 33

第三章 研究方法与分析框架 ………………………………………… 35
 第一节 定性研究 …………………………………………………… 35
 第二节 纵向案例研究 ……………………………………………… 37
 第三节 案例选取和数据收集方法 ………………………………… 38
 第四节 数据分析框架 ……………………………………………… 40
 第五节 结语 ………………………………………………………… 49

第四章　政治权力下放后苏格兰国家卫生服务体系中的劳资关系 …… 50
第一节　外部环境 ………………………………………… 50
第二节　内部环境 ………………………………………… 64
第三节　本章概要和结论 ………………………………… 69

第五章　合作型劳资关系的运行实践 ………………………… 71
第一节　伙伴关系架构 …………………………………… 71
第二节　伙伴关系议程 …………………………………… 82
第三节　APF 参会者的话语权 …………………………… 92
第四节　三个 APF 中的伙伴关系行为 ………………… 101
第五节　本章小结与结论 ………………………………… 112

第六章　劳资关系的演变及其影响因素 …………………… 114
第一节　合作伙伴关系结构的变化 ……………………… 114
第二节　合作伙伴关系议程的变化 ……………………… 125
第三节　参与者话语权的变化 …………………………… 133
第四节　APF 行为模式的变化 …………………………… 137
第五节　参与者行为的变化 ……………………………… 141
第六节　概述和结论 ……………………………………… 149

第七章　合作型劳资关系实践运作的结果评估 …………… 153
第一节　合作伙伴会议的总体成果 ……………………… 153
第二节　带来的益处 ……………………………………… 159
第三节　关键问题的结果 ………………………………… 164
第四节　概述和结论 ……………………………………… 179

第八章　对合作型劳资关系的总结探讨与结论 …………… 182
第一节　研究结果概述 …………………………………… 182
第二节　探讨 ……………………………………………… 188
第三节　启示 ……………………………………………… 194
第四节　局限性 …………………………………………… 196

  第五节 未来研究建议 …………………………………… 197
  第六节 结论 ………………………………………………… 198

第九章 中国劳资关系发展的现状及特征 ……………………… 200
  第一节 文献回顾与评述 ………………………………… 200
  第二节 群体性事件的现状与特征 ……………………… 201
  第三节 分析与讨论 ……………………………………… 206
  第四节 总结与展望 ……………………………………… 211

第十章 合作型劳资关系理论发展及对中国的借鉴和启示 ……… 212
  第一节 英国劳资关系理论与实践的演进 ……………… 213
  第二节 新格局的形成:劳资关系现代化 ……………… 219
  第三节 对中国劳资关系发展的借鉴与启示 …………… 221

参考文献 ……………………………………………………………… 224
后　记 ……………………………………………………………… 241

第一章 引言

第一节 概述

过去数十年来,英国一些组织的劳资关系从传统的劳资对抗关系转变为一种新型合作伙伴协议(Ackers & Payne, 1998; Bacon & Samuel, 2009; Brown, 2000; Terry, 2003; Johnstone et al., 2009)。这一关系兴起的具体环境是工会成员数量下降、组织自身存在的劣势和政府过渡。自保守党政府于1979年执政并开启连续四届执政时期以来,由于劳动力构成、宏观经济形势、工会的战略和组织结构及最重要的保守党政府的政策发成重大变化,工会的力量一直在被削弱(Gall & McKay, 1999; Metcalf, 2004; Millward et al., 2000; Tailby & Winchester, 2005)。工会在工作场所和政治领域影响力的减弱印证了这一点(Brown, 2000)。在这种情况下,工会必须探索新的振兴方式。自1990年代初开始,工会联合会(TUC)就鼓励其成员在管理方-工会关系方面采用伙伴关系模式。在1997年赢得选举之后,新工党政府也支持伙伴关系的理念,这就构成了政府"现代化"就业政策的关键一环(Stuart & Martinez-Lucio, 2005a)。

由于支持者、反对者和中立者就工作场所伙伴关系对工作场所雇佣关系的影响提出了对立且交叉的看法,社会上逐渐出现了三大类有关工作场所伙伴关系的著作(Ackers & Payne, 1998; Kelly, 1996、2004; Kochan & Osterman, 1994; Oxenbridge & Brown, 2002、2004; Samuel, 2005、2007)。支持者强调,伙伴关系为工会提供了重建他们的组织机构和创造劳资双赢的机会(Ackers & Payne, 1998; Kochan & Osterman, 1994)。有证据进一步表明,所有的员工、雇主和工会都能够从建立伙伴关系中获益。有评论员指出,伙伴关系能够提供就业保障,增加培训和参与度,并为员工创造更好的条件（Brown，2000；Guest & Peccei，2001；Oxenbridge & Brown，2004）。雇主也能从与工会建立的伙伴关系中获益，获得工会协助实施管理方式变革，提高生产效率和提升财务绩效（Brown，2000；Guest & Peccei，2001；Oxenbridge & Brown，2004；Wills，2004；Samuel，2007）。对于工会而言，它们获得的好处是，它们的合法作用得到了认可，信息共享能力得到了提升，而且影响管理方决策的机会得到了增加（Ackers et al.，2005；Guest & Peccei，2001；Oxenbridge & Brown，2004）。

反对者认为，根据合作伙伴协议，雇主在英国劳资关系中的主导地位并未发生改变，而这种伙伴关系可被用于收编工会，从而产生顺从的工会，限制了工会吸引成员的能力（Kelly，1996；Taylor & Ramsey，1998）。John Kelly 被认为是英国最强烈反对这种伙伴关系的人。他认为，斗争性是工会组织继续发展、工会成员给予支持和工会成员不断壮大的唯一法宝（Kelly，1996）。

最新研究强调，伙伴关系未必产生单方面的影响，并强调独特且有时对立的势力会影响伙伴关系的成果，例如经济和组织结构因素、政治和监管环境以及工会的参与因素（Heery et al.，2005；Oxenbridge & Brown，2004；Wills，2004；Samuel，2005、2007）。其他评论员也试图通过将伙伴关系定义为一个过程来扭转伙伴关系辩论的"僵局"，认为只有了解这一过程才能全面理解和确切说明伙伴关系的成果（Johnstone et al.，2010；Stuart & Martinez – Lucio，2005a）。

因此，本书希望，通过探讨苏格兰三个卫生委员会伙伴关系发展的环境、运作、演化和成果，描绘劳资伙伴关系的整体情况，从而推动有关伙伴关系的辩论。

第二节 定义

尽管大量研究文献关注了伙伴关系的概念，但迄今为止，无论是学术文献，还是政治声明，均未对伙伴关系的定义形成统一认识。在理论上，Guest and Peccei（2001）建议，伙伴关系的含义可以理解为三种模型。首先是一元主义模型，即寻求整合雇主和员工的利益，同时使员工最大限度地参与和投入这一组织。这种模型类似于所谓的"高绩效工作系统"，而工会的作用并不突出或不发挥作用（Provis，1996）。其次是多元主义模型，类似于利用代表制，凸显雇主和员工利益的不同。最后是综合模型，即综合一元主义模型和多元主义模型的主要内容，这是 Kochan and Osterman（1994）的典型互惠模型。

实际上，不同的研究者可能倾向于强调伙伴关系的不同内容和角度。Terry（2003）强调雇主和员工共同致力于企业成功，在灵活性和就业之间做出让步，而且是不同利益的表现。Kochan et al.（2008）将伙伴关系定义为这样一种劳资关系形式，即让员工和工会有力地参与到该组织全部的决策之中。这一定义非常符合本项研究的目的，因为苏格兰国家卫生服务体系中的合作伙伴协议尤其强调员工通过工会进行参与和通过共同解决问题达成决策共识［苏格兰行政院（即 Scottish Executive，下同），2006］。因此，在接下来的研究中，本书将合作伙伴协议明确定义为，一种共同解决问题的特定形式，即各级员工及其代表参与早期决策过程。

第三节　环境

本书研究的对象是苏格兰国家卫生服务体系中的合作伙伴协议。这种协议在国家和地方层面都具有合法性。苏格兰卫生服务部门中的伙伴关系模式值得进行深入评估，因为这种关系具有很多重要的特征，使其具有与众不同的特定情境。

第一，这些合作伙伴协议是在特定的环境下产生的。实施权力下放后，苏格兰国家卫生服务体系现代化具有了更大的政治自治权和财务灵活性。此外，政治上的权力下放也是苏格兰国家卫生服务体系现代化进程出现大分化的重要因素之一（Bacon & Samuel，2009；Greer & Trench，2008）。

第二，多项研究表明，在产品/劳动力市场条件不同和劳资关系传统不同的不同部门，伙伴关系取得的成果也各不相同（Oxenbridge & Brown，2004）。目前，有关伙伴关系辩论的重点是私营部门工会制度取得的成果和面临的挑战。与合作伙伴协议不可长久观点相反的是，大多数伙伴关系在英国维持下来，而且雇主们近期在公共部门签署协议的数量远高于预期（Bacon & Samuel，2009）。公共部门伙伴关系数量的快速增长归因于工会密度的提升，尤其是新工党政府的干涉主义政策和大多数情况下对国家卫生服务体系的"亲自干预"，而私营部门采取的伙伴关系模型是"自愿式的"（Martinez-Lucio & Stuart，2002a）。然而，迄今为止，对公共部门伙伴关系的研究却很少。因此，本项研究为公共卫生部门合作伙伴协议的运作和成果提供了独特的见解。

第三，在公共部门签署的合作伙伴协议中，某些卫生服务部门的合作伙伴协议是相当完善的（Bacon & Samuel，2009）。正是在卫生部门进行深刻的结构调整和持续改革的背景下，政府、国家卫生服务体系雇主和工会签署了合作伙伴协议，尤其是在权力下放的国家。为提供高标准优质卫生服务，新工党政府为"现代化"议程增加了开支，并制定了具体的目标，包括薪资改革、财务和人力资源目标〔卫生部（即 Department of Health，下同），1999a、2004；苏格兰行政院，2000、2005b、2007〕。为实现这些目标，本着确保工会在重组卫生服务提供方面进行合作的目的，有效伙伴关系得到了积极推进（卫生部，2007；苏格兰行政院，2003、2005a）。英格兰国家卫生服务体系、苏格兰国家卫生服务体系和威尔士国家卫生服务体系都签署了合作伙伴协议，但其速度和形式各有不同（Greer & Trench，2008）。苏格兰国家卫生服务体系于1998年率先在全国签署了首个卫生服务部门劳资伙伴关系，并在英国建立了一个迄今为止最富有雄心和最全面的伙伴关系（Bacon & Samuel，2009；Bacon & Hoque，2012）。

第四，在对卫生服务部门伙伴关系进行研究的数量有限的案例中，大多数案例关注的是英格兰国家卫生服务体系（Munro，2002；Tailby at el.，2004；Bach，2004；McBride & Mustchin，2007）。苏格兰国家卫生服务体系中的伙伴关系与英格兰国家卫生服务体系中的截然不同，因为其代表着一个由权力下放后的苏格兰议会创建的完备的社会伙伴关系。这一伙伴关系废除了卫生部门的内部市场，而且具有其他欧洲国家协调市场经济中社会伙伴关系的一些特点（Bacon & Samuel，2009）。自1999年苏格兰实施政治权力下放以来，苏格兰已采取多项重要措施，在地区和地方层面落实伙伴关系概念。在得到苏格兰议会、雇主和员工代表的大力支持下，有效的伙伴关系在苏格兰国家卫生服务体系中一直被认为是实现患者视角的世界级卫生服务愿望的关键成功因素（苏格兰行政院，2005a）。因此，这是英国最完善、最具合法性的内在合作伙伴协议,并值得深入研究关注(Bacon & Samuel, 2009)。

第四节 理论框架

为支持本研究的框架,本书运用了多个理论观点。首先,指导本研究的主要理论框架是用于分析劳资关系的 Kochan et al. (1986) 框架。该理论框架的一个关键前提是,劳资关系的作用过程和成果是由环境压力和组织应对不断相互影响决定的。因此,本研究一开始就讨论苏格兰国家卫生服务体系伙伴关系发展的环境,尤其注重政治权力下放、苏格兰独特的国家卫生服务体系现代化议程以及各案例具体的组织特点。

其次,根据互惠模型(Kochan & Osterman, 1994),为了使伙伴关系发挥作用,要在战略层面、政策层面和工作场所层面建立起牢固的伙伴关系组织结构和过程,确保员工能够在早期参与到计划的制订中,而传统上认为制订计划是经理的特权(Kochan & Osterman, 1994; Kochan et al., 2008)。因此,本研究关注的另一个重点是,研究苏格兰国家卫生服务体系中的伙伴关系的组织结构和员工代表参与决策进程的程度。

最后,劳工谈判行为理论(Walton & McKersie, 1965)为组织谈判行为和成果的研究提供了一个有效的分析框架。该理论的核心是"分配型"谈判和"整合型"谈判的区别。行为理论对伙伴关系研究的一个重要意义是,来自管理方和员工方的参与者都需要合作和共享信息来提高组织绩效,而同时,双方又需要采取斗争和"强硬"的谈判策略,以便从绩效改善中获得可接受的利益份额(Bacon & Blyton, 2007)。

第五节 研究目标

基于上述理论框架,本书的总目标是,通过展现对苏格兰三个国家卫生服务体系委员会合作伙伴协议的环境、运作、演化和成果的原创研究证据,参与伙伴关系的辩论。因此,本书从四个角度分析合作伙伴协议。

1. 阐述三个案例中合作伙伴协议发展的总环境。
2. 阐述三个案例中伙伴关系是如何运作的。为解决这一问题,本书研究并深入分析了伙伴关系的组织结构、伙伴关系议程的范围、参与者的发言权和行为模式。

3. 探讨三个案例中有效伙伴关系发生的变化情况，包括组织结构、议程范围、发言权和行为模式，并确定导致这些变化的潜在因素。

4. 对比和分析三个案例中伙伴关系的成果。

第六节　研究策略

本书项目分为两个不同阶段，并将参与者区分为高级经理、人力资源经理、其他中层管理者和工会官员。第一阶段的主要内容是文档分析。主要文档包括已出版的年度报告和行政院于2002~2009年对三个国家卫生服务体系委员会进行的自我评估、工会材料以及三个案例的伙伴关系会议纪要。利用 Nvivo 9.0 软件，存储、编码和分析伙伴关系会议议程范围、"发言权"和行为模式数据。研究的第二个阶段是，利用多种方法，对这三个国家卫生服务体系委员会进行深入调查，时间跨度是2008~2010年。这些方法包括一系列对伙伴关系会议的观察和对高级经理、员工董事和人力资源经理进行访谈。

在案例选取上，所有三个案例均来自苏格兰卫生服务部门，它们在宏观层面上具有相似的环境，例如，国家层面的政治和财务状况、劳动力市场情况和劳资关系传统。这就为在相似宏观社会环境下探讨各种组织下的伙伴关系发展经验提供了一个独特的机会。案例选取的原则是伙伴关系的接受程度，因为需要深刻了解伙伴关系的运作情况和运作一段时间后伙伴关系取得的成果情况，同时需要对各类组织中的合作伙伴协议进行对比分析。根据这些标准，本书选取了三个案例，包括苏格兰高地地区国家卫生服务体系、大格拉斯哥与克莱德地区国家卫生服务体系和苏格兰毗邻地区国家卫生服务体系。这三个卫生委员会具有一些重要特征：苏格兰高地地区国家卫生服务体系的覆盖地理面积最大，拥有很强的本地社区认同感和合作型劳资关系文化；大格拉斯哥与克莱德地区国家卫生服务体系的服务人群数量最多，具有最大的组织架构和最悠久的劳资对抗关系传统，是高度政治化且具有严重诊疗问题的地区；苏格兰毗邻地区是农村，其卫生服务体系覆盖的面积最小，服务人群数量最少，往往处于边缘化的地位。

第七节 贡献

通过回顾苏格兰国家卫生服务体系中的合作伙伴协议——与其他部门的合作伙伴协议有所区别——的经验，本书有助于推进伙伴关系的辩论。基于不参与观察和文档分析相结合的方法，本书从多个方面评估三个卫生委员会的合作伙伴协议并分析这些合作伙伴协议的内外环境、运作、演化和为伙伴方带来的成果。苏格兰国家卫生服务体系中的合作伙伴协议具有独特性，因为这种关系得到了苏格兰政府、国家卫生服务体系雇主和员工代表的强有力政治承诺和支持。因此，对苏格兰国家卫生服务体系中的伙伴关系的研究可以为其他国家让员工参与改善卫生服务提供借鉴。

目前，有关伙伴关系研究的英国文献存在的一个薄弱点是，大多数研究都是单个案例研究，或者研究人员对比分析不同部门组织间的合作伙伴协议（Guest & Peccei，2001；Kelly，2004）。这就缺少了"纵向"（firm - in - sector）对比案例研究，即在相似限制条件下运行的各组织之间进行对比，例如政治环境和经济环境以及劳动力市场环境。因此，通过选取苏格兰国家卫生服务体系中的三个卫生委员会，本研究关注的对象是具有相似外部环境的某些部门。本书将对在不同内部限制条件下运行的各组织进行对比分析，这在英国有关伙伴关系的文献中是很少见的（Guest & Peccei，2001；Kelly，2004）。

本书的理论贡献是，运用劳资关系理论框架说明公共部门伙伴关系，从而了解政策与部门环境的关系（Dunlop，1958；Kochan et al.，1994）、伙伴关系下的磋商过程（Walton & McKersie，1965）和伙伴关系成果（Kelly，2005）。

第八节 本书结构

本书的结构如下：第二章回顾关于劳资伙伴关系的文献并提出希望解决的研究问题。该章首先确定伙伴关系的定义，强调苏格兰国家卫生服务体系中的社会伙伴关系模式区别于其他模式的多个因素。随后，该章回顾英国伙伴关系支持者和反对者之间的激烈辩论，以及实验性证据。该章简要总结了与"健全的"合作伙伴协议和"松散的"合作伙伴协议相关的特点,包括环境、过程和成果等方面的因素。最后,该章根据对相关文献的研究提出了具体的研究问题。

第三章详细阐述了解决研究问题所需运用的研究策略,全面阐述了所有的收集数据方法,并提出了分析数据的分析框架。

第四章说明了案例研究的背景,概述了苏格兰卫生服务部门的发展情况。在宏观层面上,该章讨论了过去十年发生的主要变化,包括政治权力下放、财务状况、组织结构调整和国家卫生服务体系改革。这些变化对薪资、人员配备、工作组织和劳资关系产生了重要的人力资源影响。在微观层面上,该章还阐述了具体案例组织所处的环境,包括地理范围、组织和劳动力规模、组织绩效和劳资关系文化。

第五章分析对比了三个案例中伙伴关系的运作情况。该章首先说明苏格兰国家卫生服务体系在全国、地区/委员会和地方/社区卫生伙伴关系层面上的伙伴关系组织结构。随后,该章讨论了案例组织在地区/委员会层面伙伴关系论坛的组成情况。该章通过将所有问题划分为九大类议题,探讨了伙伴关系议程的范围和伙伴关系磋商会议中不同参与团体的意见。该章利用 Bacon & Samuel(2009)提出的分析框架分析了不同参与团体的行为模式。该章的最后一节提出了当前研究的主要结论。

第六章回顾和对比了三个案例中伙伴关系的演变情况。三个案例中合作伙伴协议发生的一些主要变化包括伙伴关系结构、联合磋商论坛的组成、磋商议程和参与者的发言权与行为模式。

第七章评估和对比了这些案例中伙伴关系的成果。首先,通过将决策划分为五大类,分析伙伴关系取得的成果。随后,本章对三个伙伴关系论坛共同议程中选取的一些关键议题进行分析。对关键议题的研究,有助于说明如何通过合作伙伴协议提出、讨论和解决问题。

第八章简要阐述了本书的结论并讨论这些结论尤其对苏格兰国家卫生服务体系的意义以及总体上对公共部门劳资关系的意义。

第九章使用中国社会科学院群体性事件数据库中的样本数据,以279件劳资冲突引发的群体性事件为分析对象,重点研究中国劳资冲突的现状和特征,并借鉴分析劳资关系问题的一般性框架,剖析转型时期中国劳资关系的外部环境以及劳资关系运行机制对劳资关系结果的影响。

第十章认真总结了英国劳资关系理论和实践的演进，有助于中国在劳资关系改革和转型之始，更加深刻地了解经济发展和劳资关系治理之间的关联性、了解政府进行劳资关系治理的措施和作用机理，以及了解传统劳资关系治理措施的局限性和现代化发展方向，从而为中国在劳资关系治理范式的选择上更加符合国情和更具有前瞻性提供借鉴。

总之，通过探讨苏格兰国家卫生服务体系中的伙伴关系——与其他部门的伙伴关系有所区别——的经验，本书有助于推进伙伴关系的辩论。本研究的一项主要结论是，本书赞成伙伴关系模式能够成功产生互惠劳资关系的观点。然而，管理方与工会获得互惠的程度在很大程度上受制于该组织的内外环境和伙伴关系的实施方式。

对学术界和从业者而言，本书也具有很多借鉴意义。对于学术界而言，本书强调需要进行更多的纵向研究，因此这些方法可以跟踪合作伙伴协议环境的变化，不同参与方的经验、态度和行为模式。本书还强调需要进行更多的对比案例研究，因为此类研究能够更准确地对相似外部限制条件下运行的各组织进行对比分析。此外，本书还建议，未来研究应更注重了解伙伴关系环境、运作、演化和成果之间的关联并制定一个基准或一个共同认可的模型，以界定积极或消极合作伙伴协议。

对从业者而言，本项研究也具有很多借鉴意义。本书认为，健全的合作伙伴协议具有以下重要特点：良好的合作型劳资关系传统；良好的内部伙伴关系组织结构；频繁的伙伴关系会议；工会早期介入广泛的议题；高级经理的强有力承诺和定期参与；经理与工会代表的相互尊重与合作的行为模式。相反，松散的合作伙伴协议具有以下特点：劳资对抗关系传统；缺少高级经理对有效伙伴关系的承诺；不经常举行伙伴关系会议；经理不愿意让员工代表参加伙伴关系会议；对抗行为。

第二章　私营部门和公共部门的劳资伙伴关系

本书的总目的是，探讨苏格兰国家卫生服务体系中的劳资伙伴关系。为提出具体的研究问题，本章回顾了迄今为止有关劳资伙伴关系的文献，探究英国的主要辩论和争议，并阐明本研究的贡献。

本章首先定义伙伴关系的含义，强调苏格兰国家卫生服务体系中的社会伙伴关系模式区别于其他部门的诸多因素，继而回顾英国伙伴关系支持者和反对者之间的辩论。随后，本章简要列出"健全的"和"松散的"合作伙伴协议的特征。最后，木章从相关文献中引出木研究的主要目的。

第一节　伙伴关系的概念

过去十年来，管理方与工会关系升级为伙伴关系吸引了广泛的研究兴趣。然而，迄今为止，无论是学术文献还是政策文献，对伙伴关系的定义或概念从未形成统一认识。正如 Undy（1999）在辩论一开始就表明的那样，"一方或一个评论员对'伙伴关系'的定义不必得到其他方的认可"。为了对伙伴关系有一个整体上的了解，本节首先回顾伙伴关系的基本内容，然后考察英国主要从业者和学术研究员对伙伴关系的定义并强调苏格兰国家卫生服务体系中的伙伴关系区别于其他部门的潜在因素。

一　各种不同的伙伴关系模式

正如 Guest & Peccei（2001）所概括的那样，伙伴关系的含义可以从伙伴关系建立的三种模式中加以理解。这三种模式分别是一元主义模式、多元主义模式和综合模式。

一元主义模式寻求整合雇主和员工的利益，同时让员工最大化地参与和投入组织。一元主义模式的一个重要特征是，员工通过各种形式直接参与和介入日常工作活动。有人认为，在雇主追求一元的情况下，伙伴关系可被用作一种人力资源管理方式的外衣，从而削弱了工会的作用（Taylor & Ramsay，1998）。

多元主义模式承认雇主和员工具有相互重叠和不同的利益，而且这种模式的一个主要特征是使用代表制，尽管不需要包括工会的代表。在英国，预计工会可能会利用伙伴关系的多元主义模式加强组织的自身能力建设（Ackers & Payne，1998）。

在多元主义和一元主义相互矛盾的劳资关系框架下，Guest 和 Peccei（2001）构建了一种伙伴关系综合模式，吸纳了前两种模式的要素。与传统多元主义模式不同的是，综合模式承认员工直接介入和参与这一形式的重要性，并为开展合作的雇主和员工带来效益，从而确保所有相关各方都获益。在综合模式下，正式的联合治理体制和正规化的代表制度是确保长期实施员工参与和所谓"改进型"人力资源管理做法的必要条件（Cutcher–Gershenfeld & Verma，1994）。

1994 年，Kochan 和 Osterman 的工作就是研究这种综合式伙伴关系模式。Kochan & Osterman（1994）认为，这种伙伴关系模式的基础是一种互惠策略。他们在描述将人力资源视为一种竞争优势来源的公司时，用"互惠"这个词取代"高承诺""高绩效""最佳做法"，因为这种模式传递了一个关键信息：实现和保持人力资源竞争优势需要得到组织内多个利益相关方的有力支持。一方面，员工必须投入精力为实现企业的经济目标而努力。作为回报，雇主与员工分享经济收益，并将这些收益用于促进工作场所的长期经济保障。实践中，为使伙伴关系发挥效力，战略层面、功能层面和工作场所层面都需要员工以直接参与和代表参与相结合的方式参与进来。Kochan et al.（2008）在伙伴关系背景下提出了一个客观可行的概念定义："一种劳资关系形式，使得工人和工会有力地参与到组织全面的广泛决策之中。"这个定义非常符合本研究的目的，因为苏格兰国家卫生服务体系中的合作伙伴协议尤其强调员工通过工会渠道参与和通过共同解决问题达成决策共识（苏格兰行政院，2006）。因此，在接下来的研究中，本书将采用这种对合作伙伴协议的定义：一种用于共同解决问题的具体形式，即各级员工及其代表参与到早期阶段的决策过程中来。

二 工会联合会和介入与参与协会给出的定义

工会联合会（TUC，1999）和介入与参与协会（IPA，1997）各自制定了一套"伙伴关系原则"，试图诠释出英国伙伴关系的定义。

工会联合会对伙伴关系感兴趣的原因在于，期望通过与政府合作重振和提高工会在工作场所的影响力。工会联合会提出六条伙伴关系原则，作为"工会与雇主签署新协议的至关重要的前提条件"（Stuart & Martinez-Lucio，2005a）。这些原则包括（TUC，1997、2002）：对组织成功的承诺；关注工作生活的质量；承认和尊重雇主及工会的合法地位；对员工工作保障的承诺；公开性和透明度；为所有各方提供增值。

介入与参与协会（1997）提出了伙伴关系的三项必要承诺，包括：企业的成功；通过更多的参与建立信任；尊重其他伙伴方的合法性。

介入与参与协会提出的伙伴关系原则的四项关键基础是（IPA，1997）：承认员工对工作保障的渴望以及雇主对组织灵活性的需要；在企业内部共同分享成功的收益；一切有关员工切身利益的事务，无论在工作场所还是在企业层都要通知和咨询员工；保障员工代表的观点在组织内部能够有效表达。

总之，这两种模式的一些要素类似于互惠模式（Guest & Peccei，2001），例如，共同承认不同参与方的利益并注重员工的参与。然而，这两种模式强调了确保员工参与的不同方式。介入与参与协会的定义是开放式的，使得以非工会方式建立伙伴关系成为可能，而工会联合会认为工会的存在是伙伴关系的必要条件。除了这点不同之外，这两种模式均将成果纳入伙伴关系的定义之中，而且都认为需要在灵活性与工作保障之间达到平衡，以及承认员工对积极成果的渴望（尽管定义存在稍微差异，介入与参与协会注重的是"共享成功"，而工会联合会倾向于"改善工作生活质量"这一更广泛的概念）。

尽管工会联合会和介入与参与协会的原则为伙伴关系的建立提供了一个实用指导，但是伙伴关系的具体内容以及一个组织被视为伙伴关系组织的做法仍存在不确定性（Guest & Peccei，2001）。因此，Samuel & Bacon（2010）对英国126个伙伴关系进行分析研究时发现，许多合作伙伴协议并未全面体现介入与参与协会或工会联合会提出的关键原则。通常，合作伙伴协议包含了介入与参与协会所建议的两条至三条原则，但很少运用工会联合会提出的原则。有意思的是，公共部门的合作伙伴协议的确包含了介入与参与协会和工会联合会提出的大部分或全部原则。

三 伙伴关系的不同形式

鉴于英国存在分权式的劳资关系结构，尤其是在私营部门，对伙伴关系的讨论大多聚焦于企业层面。学术定义的核心是"合作"和"共同性/互惠性"（Martinez–Lucio & Stuart, 2002b）。例如，Guest & Peccei（2001）建议，信任和互惠是真正合作伙伴协议的关键内容。Heery（2002）认为，伙伴关系的目的是推动在企业内部建立一套新的、更具合作性的关系。

然而，虽然大多数评论员就这两点内容达成共识，但不同形式的合作伙伴协议仍存在很大的差异，例如正式与非正式、工会与非工会、公共部门与私营部门，而且伙伴关系的实现路径各不相同。因此，英国近期的研究对伙伴关系进行了各种分类（Deakin et al., 2005；Martinez–Lucio & Stuart, 2004；Oxenbridge & Brown, 2004；Samuel, 2007；Wray, 2005）。例如，Samuel（2007）将伙伴关系划分为在危机情况下建立的"被动型"伙伴关系和在协商一致的基础上致力于实现现代化的"主动型"伙伴关系。Oxenbridge 和 Brown（2002、2004）的分类是"培育型"伙伴关系和"限制型"伙伴关系。"培育型"伙伴关系是指在加入工会的制造企业中建立的伙伴关系，其特征是谈判磋商薪资和工作环境、较高的工会密度和积极的工作场所。"限制型"伙伴关系是指在服务组织中建立的伙伴关系，即雇主希望通过减少工会的权力或将其权力降至最低限度的方式建立旨在限制工会的关系。Wray（2005）认为，不可能从签署的协议中预见到伙伴关系可能取得的成果，这意味着伙伴关系可分为"真正的"伙伴关系和"虚假的"伙伴关系。Kelly（2004）根据劳资双方的实力平衡对合作伙伴协议进行分类。在这样一个连续统一体的一端，"雇主占主导地位"的协议使得雇主能够制定主要反映其利益的议程，员工只能顺从而不是合作。在另一端，"劳资平等"协议的特点是实力更加均衡，更可能满足劳资双方的利益。

这些不同的分类表明，一定存在具体的条件，能够实现互惠。在我们开始探讨合作伙伴协议前，系统性地分析这些特定的条件很重要（Heery,

2002；Samuel，2005；Wills，2004）。

四　英国国家层面上的合作伙伴协议

理解合作伙伴协议内容和定义的另一个角度是不同层面上伙伴关系结构的设计，例如企业、经济和部门或者国家和"超国家"层面。在英国，必须考虑到国家层面（尤其在公共部门）的伙伴关系与企业层面的伙伴关系之间至关重要的区别。国家层面伙伴关系的一个例证是，英格兰国家卫生服务体系签署的合作伙伴协议（卫生部，2007）。在这个案例中，伙伴关系被界定为"三方或多方协议，涉及雇主、工会、政府部门和/或其他方，如志愿部门（voluntary sector）"。"社会伙伴关系"概念比企业层面建立的伙伴关系更加广泛，因为必须考虑到更广泛的利益。英国公共部门协议中使用的"社会伙伴关系"一词表明，这些协议首要关注的是经济和社会政策领域。社会伙伴关系的核心是一个包含多个社会伙伴方的决策框架。这个更广泛的伙伴关系概念可能与就业和工作场所操守没有明确的关联，而企业层面签署的伙伴关系则主要关注这些问题。

值得注意的是，英国使用的"社会伙伴关系"一词与欧洲大陆传统的"社会伙伴关系"概念完全不同。欧洲"社会伙伴关系"是指欧洲更具监管意义的社会模式。在更广义的欧洲，社会伙伴关系是指雇主、工会和政府部门（国家、地方和/或地区政府部门）之间的三边关系，而社会伙伴方是指工会组织代表和雇主（哥本哈根伙伴关系研究中心，2002）。在欧洲一些国家（如德国和荷兰），社会伙伴关系理念获得了制度和法律上的大力支持。作为社会伙伴方的工会可以在国家论坛、全行业集体谈判和工作场所层面的企业委员会上与其他社会伙伴方讨论经济和社会政策问题（Tailby & Winchester，2005）。

在英国，由于缺少政府的支持，企业层面的伙伴关系通常是工会与管理方的双边协议，而不是更广义的社会伙伴关系概念。之前允许社会伙伴方在决策方面具有更大发言权的举动被视为"社团主义"（corporatism）。这是一种社会组织形式，工会、雇主与政府合作做出主要政治和社会决策（Boyd，2002）。因此，在英国，公共部门的伙伴关系，尤其是在国家层面，可能与私营部门工作场所和企业层面的伙伴关系完全不同，认识到这一点很重要。此外，在英国，诸如苏格兰等权力下放的地区正在实施一种不同的决策方式,形成雇主与工会之间的伙伴关系。在苏格兰,苏格兰行政院使用的"社会与经济伙伴关系"是指欧洲多国常用的一种特殊类型的治理模式,而参与其中的权力下放政府、工会和雇主被称为"社会伙伴方"。因此,用"社会伙伴方"一词研究苏格兰国家卫生服务体系中的国家伙伴关系是确切的,因为权力下放的苏格兰政府是一个关键参与方。

本书到目前为止讨论了诸多关于伙伴关系的潜在影响和观点。伙伴关系定义和阐述的多样性并不稀奇,因为许多劳资关系概念是通过实践形成的,而且不同的利益相关方试图塑造不同环境下伙伴关系的含义和实践。因此,为了理解苏格兰国家卫生服务体系中的伙伴关系,需要关注:伙伴关系发展的环境,包括法律、社会、经济形势和权力下放的政治;国家和地方层面建立的伙伴关系的结构和在不同层面所涉及的利益;以及如何在合作伙伴协议中体现这些不同的利益。

第二节 英国伙伴关系发展前景

过去十年来,随着越来越多的工会和雇主签署正式的合作伙伴协议,学术文献以及决策者开始对合作伙伴协议的诸多方面进行激烈的辩论(Bacon & Samuel, 2009)。为了全面了解对劳资伙伴关系这个主题的学术研究情况,本节回顾英国对伙伴关系的已有研究情况。

针对伙伴关系的研究可以划分为三个主要阶段。第一阶段始于伙伴关系的早期阶段,主要争议问题的焦点是雇主推动的伙伴关系是工会重振的策略还是工会边缘化的策略。第二阶段是就所有利益相关方得到的互惠程度进行很多实证研究。第三阶段,最新的研究结果强调了解伙伴关系实践进程的重要性,而不仅仅关注伙伴关系的成果。

一 学术争论

在英国,针对伙伴关系的初期辩论在乐观派和悲观派之间形成明显的两极分化。有人指出,这些协议产生的具体环境是,由于劳动力构成、宏观经济形势、工会自身的战略和组织结构以及保守党政府针对集体主义的敌对政策发生了重大变化,工会成员的数量出现了下滑(Gall & McKay, 1999; Metcalf, 2004; Millward et al., 2000; Tailby & Winchester, 2005)。

除了工会成员数量下滑之外，工会的影响力也在下降，其原因在于私有化、国际视野的增加以及雇主撤销承认（Millward et al.，2000；Oxenbride & Brown，2004）。1998 年进行的调查发现，劳资集体谈判所涵盖员工的比例由 1984 年的 71% 下降至 1998 年的 40%（Millward et al.，2000），而且实证研究表明工会在薪资和非薪资问题上发挥的作用已经减弱（Brown，2000）。

因此，对于支持者而言，合作伙伴协议为扭转英国工会的颓势提供了很好的机会（Terry，2003）。Ackers & Payne（1998）提出了一套最乐观的论据，强调伙伴关系为英国各工会提供了一个策略，不仅能够与时俱进并适应新的政治发展形势，而且使得工会能够重获政治和经济影响力。

伙伴关系还可以为工会提供一个拓展代表身份的关键途径，提升工会在其长期关切问题上的影响力，从而确保工人在工作环境、健康与安全等问题以及延长与工作和非工作相关问题上的学习和培训等方面的权利（Stuart & Martinez - Lucio，2005a）。在这方面，许多伙伴关系的支持者已阐述了能够为工会成员和工会团体利益带来的具体的潜在好处，包括提高奖励和工作环境、与主管建立更积极的关系、提升员工的咨询和参与度以及更安全的工作保障（Haynes & Allen，2000；Guest & Peccei，2001；Stuart & Martinez - Lucio，2005a）。

支持者还认为，鉴于工会更加难以运用和维持传统的对抗态度和工会发挥影响力的形式（尤其是罢工行动），伙伴关系为工会代表提供了一个更可接受的形式。正如 Oxenbridge 和 Brown（2004）所强调的，传统的谈判态度不再是一个可靠的工会策略：“鉴于当代权力关系实际，用粗鲁、传统的谈判作为最新合作关系的一个可靠假定替代方案纯粹是误导性的。"

另一方面，伙伴关系的反对者认为，合作伙伴协议是雇主企图利用的一个使工会边缘化的策略，以便弱化工会在工作场所层面发挥的影响力（Kelly，1996、2004；Terry，1999、2003）。他们最担心的是伙伴关系收编工会的程度，这将导致产生顺从式的工会，从而限制工会吸引成员的能力（Kelly，1996；Taylor & Ramsey，1998）。工会代表担心，管理参与得太多、同意采取不受欢迎的决定或者对管理决策仅产生有限影响将会损害他们的吸引力（Marchington，1998）。Danford et al.（2002）和 Tailby et al.（2004）进一步阐述了这一论点。他们认为，对伙伴关系是一个策略的强调可能导致阻碍工会以成员为主的发展和抵抗策略，而且伙伴关系还可能破坏工会活动,进而长期弱化工会的组织结构。此外,有证据表明,合作伙伴协议可能使工会成为加强监视和提高工作强度的一种管理策略(Taylor & Ramsay, 1998)。有人批评工会加入伙伴关系能够保护就业和提升员工效益的期望是不切实际的,并怀疑伙伴关系是雇主的一种改变合法性的策略或是为实现去集体化长期目标而必须采取的短期策略(Oxenbridge & Brown, 2002; Roche & Geary, 2002)。总之,针对伙伴关系的初期辩论在乐观派和悲观派之间形成明显的两极分化。Johnstone et al. (2009)很好地总结了这些相互矛盾的观点,见表2-1。

表 2-1 对伙伴关系的两极看法

乐观派	悲观派
工会振兴、合法性、复兴、组织结构	工会收编、弱化
组织成功、竞争力、生产力	工作强度提升
员工参与、工作生活质量	监视
双赢	同化
更安全的就业保障	员工消沉
更好的工作环境	零和
更高的生产效率	

资料来源:Johnstone et al. (2009)。

二 实验性证据

过去十年来,学界对伙伴关系进行了大量实证研究。这些实证研究的中心议题是伙伴关系给雇主、工会和员工带来的成果,或者换言之,实现了多大程度的互惠(Badigannavar & Kelly, 2005; Danford et al., 2004; 2005; Johnstone et al., 2004; Kelly, 2004; Oxenbridge & Brown, 2002; 2004; Richardson et al., 2005a)。

实证研究表明,伙伴关系使得工会组织更加稳健,磋商更加有效,劳资关系得到改善,能够接触到组织的高级决策者,而且雇主和员工更加支持工会(Haynes & Allen, 2001; Oxenbridge & Brown, 2004; Wills, 2004; Samuel, 2005)。例如,Guest 和 Peccei (2001)研究了54个IPA成员组织。研究表明,伙伴关系为员工和雇主带来互惠,尽管互惠的成果各不相同。雇主获得的效益包括更高的员工贡献度、更好的雇佣关系和卓越的业绩。员工获得的效益包括更好的心理契约和更大的发言权，还包括贡献的范围。员工代表也能够更加全面地参与更广泛议题的决策。

Knell（1999）对15个英国公司进行了案例研究，结果显示合作伙伴协议的签署实现了互惠。这些互惠成果包括更高的营业额和利润、更低的劳工周转率、更低的缺勤、更高的工作满意度、对公司目标和价值更高的认同度、对工作发展潜力更大的信心以及更高的工作保障（Knell 1999）。为工会带来的系列积极成果是按照加入工会的伙伴关系公司分类的。相对之前未加入工会的情况，这些成果包括：工会参与商业规划和决策；集体谈判更加有效和工会代表更加广泛（Knell，1999）。

Wills（2004）对巴克莱银行的案例研究表明，伙伴关系为工会带来切实的利益，包括：参与银行最高层的管理决策并影响初始阶段的决定；制定一个新的工作场所代表制；雇主更加支持工会并使员工加入和参与进程合法化；改变车间的管理态度。

Oxenbridge 和 Brown（2004）在案例研究中阐述了可能为工会和管理方带来的好处。对工会而言，这些好处包括：工会代表与企业之间的联系增加；工会能够更频繁地接触到高级经理并能够更多地参与和影响决策；企业更加支持工会的招聘和代表；工作场所代表在组织内的作用得到加强；工作生活质量和工作保障得到改善。对管理方而言，这些好处包括：相比其他工作场所，冲突发生的数量减少；工会推动工作场所变革；工会阻碍经理引进有效变革的程度受到限制；企业的公共形象得到改善并从地方和中央政府那里获得政治利益。根据这些研究，就各方分享信息、计划和问题而言，劳资关系变得更加公开和坦诚。TUC（2002）报告指出，1/3以上基于伙伴关系的工作场所的绩效高于平均水平，劳工周转率和缺勤率下降，而且销售额和利润进一步提高。

尽管伙伴关系取得了这些积极成果，但是批判性研究指出，工会的效力难以展现，工会与其成员存在的隔阂更大，工作强度、工作不安全感和劳动成果并不优于非伙伴关系公司（Kelly，2004；Richardson et al.，2005；Tailby et al.，2004）。例如，通过对比伙伴关系组织和非伙伴关系组织的就业和薪资成果，Kelly（2004）认为，伙伴关系公司的就业记录通常比非伙伴关系公司的更差，至少是在缩减开支的行业；并认为伙伴关系无论是对薪资协议还是对工会密度的影响都是微乎其微的。基于这一证据，Kelly 认为，劳资伙伴关系提升了雇主在工作场所雇佣关系的主导地位。Martinez – Lucio 和 Stuart（2002b）对 MSF 工会代表的研究还发现，尽管获得理念上的支持，但没有证据表明获得了 TUC 所建议的诸如透明度和参与度或工作保障等利益。Danford et al.（2004）认为，员工并没有享受到所鼓吹的互惠成果，而是经历了工作强度和任务的增加，以及工作保障的降低。

总之，虽然许多实证研究认为伙伴关系为雇主、工会和员工带来益处，但这些研究也表明利益均衡远未达到互惠的情形，因为相对于管理方取得的重大效益，员工只赢得了边际效益（Guest & Peccei，2001；Wray，2005）。实证研究也指出，伙伴关系取得的成果比较复杂，这主要取决于各种情况，例如政治和监管环境；管理方与工会的基本策略；伙伴关系的理论基础；以及伙伴关系的实施方式（Heery，2002；Heery et al.，2005；Stuart & Martinez – Luico，2005a；Wills，2004；Samuel，2007）。这表明，需要更好地了解促进伙伴关系发展、产生积极或消极影响以及维持伙伴关系的环境因素。

三　将伙伴关系理解为一个过程

最新的文献指出，应从更广泛的中立立场来研究伙伴关系，而不应试图确定性预测伙伴关系的成果。大多数研究人员均认为，伙伴关系不只带来成果，也包含以合作的方式处理问题。因此，除了研究伙伴关系的成果之外，探究伙伴关系的过程也是必不可少的（Dietz，2004；Stuart & Martinez – Lucio，2004；Wray，2005）。许多研究人员在他们的研究中强调了这一点，正如以下引用所证明的：

> 对伙伴关系的研究需要采取注重决策内部流程的方式，并且需要支持有关工作策略说明的理论基础。（Martinez – Lucio & Stuart，2004）

> 尽管大量的出版物阐述了英国工作场所参与式实践的广度和深度，但我们很少将参与理解为一个过程。（Danford et al.，2005）

> 需要更好地了解作为稳健性措施而建立的这种关系的实质，而不

是协议的形式。(Oxenbridge & Brown，2004)

然而，尽管承认这种过程很重要，但是英国很少有人研究了解伙伴关系的特定方面，例如组织结构、议程和行为。就这一点来说，爱尔兰和美国对伙伴关系的发展态势和过程的学术研究能够为英国未来的研究提供启发。这些研究试图更多地了解有效伙伴关系的前提条件和实现"互惠"的具体环境（O'Dowd & Roche，2009；Roche & Geary，2002；Kochan et al.，2008）。例如，就伙伴关系组织结构和议程而言，基于对爱尔兰来自经理的利益相关方成果的评估，O'Dowd 和 Roche (2009) 指出，"综合型商业伙伴关系"（integrated business partnership）比"探索型伙伴关系"（exploratory partnerships）更加积极，能够为各利益相关方团体带来更重要的实际和预期成果。综合型伙伴关系的伙伴关系结构包含战略和运行层面的协议，以及更广泛的解决实际问题的议程范围。探索型伙伴关系只具有运行或战略结构，而且议程范围相对较小。1994 年，Kochan 和 Osterman 提出，在战略、职能/人力资源政策层面和在工作场所层面整合伙伴关系结构的重要性（Kochan & Osterman，1994）。Kochan et al. (2008) 在对凯萨卫生机构的最新案例中再次强调了在整个组织内传播新结构的重要性。

除了伙伴关系结构和议程外，评论员也指出，必须关注雇主－工会关系中伙伴关系"行为"的存在或缺失（Dietz，2004；Walton & McKersie，1965）。从本质上而言，伙伴关系意味着一种新的合作关系，需要根本改变所有参与方的行为。然而，研究人员几乎都忽视了态度和行为在合作伙伴协议下发生的微妙变化，因为研究人员过分地关注了伙伴关系的成果。

第三节　伙伴关系的环境、运作和成果

前一节回顾了有关伙伴关系的辩论、实证研究和研究前景，并强调了除研究伙伴关系成果外，研究伙伴关系的发展环境和过程的必要性。因此，本书有意在这些方面做出贡献，即探讨苏格兰国家卫生服务体系中的伙伴关系的环境、运作、演化和成果。

本节将研究影响合作伙伴协议的具体环境因素，重点强调构成伙伴关系运作主要内容的四个方面并评估这些因素对成果的影响。最后，本节提出本书的具体研究问题。

一 内外部环境问题

Dunlop（1958）确定了分析劳资关系时应考虑的三个关键因素。其中一个因素是分析劳资关系发展的环境因素。其根本逻辑在于，环境是特定的影响因素，可以影响劳资双方拥有的势力均衡，从而决定了利益的分配。

如表2-2所示，外部环境包括经济环境、技术环境、法律和公共政策环境、人口环境和社会环境。内部环境包括企业所有权和结构、规模和发展、工会组织和实力、人力资源的功能和劳资关系传统。其中的一些因素主要决定着劳资双方可获得的总利润。这些因素对劳资关系的影响是显而易见的。例如，公司的业绩深受公司面临的国内和国际竞争程度的影响。竞争越大，公司为了获得成本优势就越愿意削减开支，这将为改善雇佣关系留下有限的空间。此外，公司的竞争力越大，或者公司的规模越大，公司的赢利就越多，这将使各方依据势力均衡分摊更多的资源（Dunlop，1958；Kochan & Osterman，1994）。

其他因素对劳工方和管理方的相对强势产生更大的影响，这将决定一方获得较大既定利润额的能力。例如，法律和公共政策可以影响工会的法律立场、工会的谈判实力和雇佣条件（Katz et al.，2008）。劳动力性质的变化可能影响工人的需求和期望。这些因素反过来可能影响工会成员的个体利益，最终影响工会和管理方之间的势力均衡（Katz et al.，2008）。在组织完善的工会参与下，劳工行动更可能为双方带来互惠成果（Kelly，1996；2004）。合作型劳资关系文化还可以帮助工会参与决策过程并获得管理方支持促进工会发展（Samuel，2007）。

表2-2 分析劳资关系创新时应考虑的外部环境和内部环境

外部环境	内部环境
经济环境	企业所有权和结构
技术环境	规模和发展

续表

外部环境	内部环境
法律和公共政策环境	工会组织和实力
人口环境	人力资源的功能
社会环境	劳资关系传统

资料来源：John T. Dunlop:《劳资关系体系》，美国纽约亨利·霍尔特出版公司，1958；Harry C. Katz, Thomas A. Kochan, Alex and er J. S. Colvin:《集体谈判与劳资关系简介》，国际版，2008。

除了上述总体环境外，这里还需强调与本研究相关的一些具体的环境问题。为探讨苏格兰国家卫生服务体系中的劳资伙伴关系，必须区分公共部门的伙伴关系和私营部门的伙伴关系。

Bacon & Samuel（2009）近期进行的一项研究表明，英国劳资关系的一个重要特征是，公共部门逐渐有意采纳合作伙伴协议。尽管私营部门的雇主于2001年以前率先签署了合作伙伴协议而且比公共部门签署的数量多，但是自2001年以后这一形势就发生了变化，因为公共部门此时签署了更多的协议。到2007年年底，公共部门签署协议的数量占签署协议总数的57%，私营部门占43%。除公共部门合作伙伴协议快速增长之外，这些协议似乎比私营部门签署的协议更持久。Bacon & Samuel（2009）进一步指出，公共部门的伙伴关系在两个方面不同于私营部门的伙伴关系：前工党政府的支持（1997~2010年）和更强大的工会组织。

了解伙伴关系及政治和制度发展的监管环境很重要，因为政治偶发事件在塑造公共部门劳资关系方面发挥着重要作用（Batstone et al., 1983; Ferner & Colling, 1991），尤其是在苏格兰的案例中（Bacon & Samuel, 2009; Bacon & Hoque, 2012）。这些环境的发展是为了推进伙伴关系并确保取得伙伴关系的相关成果。1997~2010年，工党政府的上台造成了公共部门合作伙伴协议的快速发展（Bacon & Samuel, 2009; Terry, 2003）。工党政府希望通过鼓励发展合作伙伴协议将劳资对抗关系传统转变为一种新型合作关系。工党政府通过非法定的方式为伙伴关系提供咨询和资助，并辅以诸如仲裁、调解和咨询所、贸工部、工会联合会以及介入和参与协会等组织的制度支持。以贸工部1999年设立的有效合作伙伴基金（Partnership at Work Fund）为例。为了促进创新有效的伙伴关系，该基金在2004年停用之前拨付了1250多万英镑，用于推进最佳的现代伙伴关系政策（Terry & Smith，2003）。尽管为了推动伙伴关系付出了很多努力，私营部门雇主与工会签署的合作伙伴协议的数量却在下降（Kelly，2004），尤其是自从私营部门工会成员的数量下降之后。同时，公共部门的合作伙伴协议持续发展。公共部门合作伙伴协议增长的原因在于新工党面临着改善公共服务质量的压力，这是评估工党政府2001年大选和2005年大选竞选活动记录的一个重要指标（Bach et al.，2005；Bacon & Samuel，2009）。为了使公共服务现代化，内阁办公室积极推进合作伙伴协议，以确保工会在重组公共服务供给方面提供合作（Bach，2004）。2003年，在内阁办公室大臣的主持下，建立了公共服务三边论坛，推动政府、公共服务雇主和工会之间对话，促进公共服务和劳动力改革。2004年，行动进一步升级，工会与工党签署了《沃里克协议》（Warwick Agreement）。这一举动确保了工会支持2005年的竞选活动，而政府则承诺继续与工会就一系列法律和政策改革进行接触。这些协议保障了工会参与公共服务并巩固了与公共部门的伙伴关系（Bacon & Samuel，2009）。

一个强大、完善且密度高的工会是公共部门与私营部门劳资关系环境有所区别的另一个因素。这被看作是伙伴关系发展和成功运作的一个必要条件（Oxenbridge & Brown，2004；Kochan et al.，2008）。在英国，20世纪80年代到90年代，工会的成员数量和影响力急剧下滑，尤其是在私营部门（Ackers et al.，2005），而且一些地区仅剩下弱小的工会。对于这些弱小的工会，如果不加入伙伴关系进程，其在制度上和经济上获得的成果将会更加糟糕。在这样的环境下，工会对伙伴关系感兴趣不是完全由经济得失评估推动的：工会担心被管理方同化，担心成为不受欢迎决策的支持者，担心对管理决策的影响力受到限制（Marchington，1998）。Kelly（2004）将这样的合作伙伴协议称为"雇主主导的协议"，因为工会的发言权受到限制，经理可以单方面采取措施，而工会对管理决策的影响力非常有限（Kelly，2004；Tailby et al.，2004；Munro，2002）。相反，在组织良好的工会中，工会可以在一系列实质性雇佣问题上表达其声音，而且拥有很大影响力的工会在某些情况下能够挑战、改变甚至可能会否决管理方的建议（Oxenbridge & Brown，2004；Wills，2004）。此外，如果管理方高层对合作伙伴协议做出了强有力的承诺，那么工会的影响力可以得到提升（Wills，2004；Samuel，2007）。在高级经理和强大的工会组织都做出承诺的情况下，工会代表能够提出他们自己的问题并将这些问题纳入伙伴关系磋商议程，参与到早期阶段的管理决策并最终提升他们在一系列实质性问题上的影响力（Oxenbridge & Brown，2004；Samuel，2007）。

总之，有人认为，公共部门的工会更能够处理一系列员工担心的问题并能够迫使雇主分享因有效的伙伴关系带来的业绩改善而取得的一些利润。公共部门员工能够从伙伴关系模式中获得利益的一些条件是，集权的集体谈判、工作保障和雇主给予较高的培训开支。综合上述所有因素，这表明公共部门伙伴关系的运作、演变和成果不同于私营部门。相对于私营部门而言，公共部门工会更可能在早期影响管理决策并最终为其成员带来更多的好处。

二 伙伴关系的运作

早先的文献表明伙伴关系的运作包含四个关键方面，包括组织结构、议程范围、发言权和行为模式（Bacon & Hoque，2011；Kochan & Osterman，1994；Oxenbridge & Brown，2004；Samuel，2007）。

（一）组织结构

合作伙伴协议促进组织机构发生的一个重要变化是，建立联合磋商委员会。建立这些委员会的目的是使工会参与战略性的管理决策，并提供一个解决问题的办法，即通常让高级经理、工会代表、非工会员工和中层管理人员共同处理组织内的问题或障碍（Oxenbridge & Brown，2004；Munro，2002）。这些协议带来的好处是提供一个常用行为框架，并为得到更好的成果提供一条道路。

在理论文献中，这些结构的重要性获得了很大的关注。对伙伴关系结构进行最严格的研究可能要源于 Cutcher – Gershenfeld & Verma（1994）的"垂直整合模式"（vertical integration model）。对于 Cutcher – Gershenfeld & Verma（1994）而言，战略层面的合作伙伴协议比执行层面的合作伙伴协议更能让高级经理和高级全职工会官员处理重大变化议程，并更能让那些在执行层面处理问题的人支持伙伴关系（O'Dowd & Roche，2009）。此外，战略合作伙伴协议可以将合作伙伴各项活动纳入战略决策之中，为伙伴关系倡议确定重点和提升凝聚力（Kochan & Osterman, 1994）。同时，执行层面的合作伙伴协议提供了一条重要途径，以解决工作场所的申诉并在员工和经理之间的日常接触中建立合作和信任氛围，从而最终促进生产率的提升（Kochan & Osterman, 1994）。此外，这将影响工作场所的操守和组织流程，进而提升组织绩效并为更安全的工作保障、更高的薪资和更好的雇佣条件奠定基础（Cutcher–Gershenfeld & Verma, 1994）。垂直整合模式综合了这两个结构的优点，并认为，战略层面和执行层面的伙伴关系结构均能处理重要的问题和议程，进而能够对主要利益相关方享有的成果产生积极影响。其他研究人员也积极回应了这一点。例如，Kochan和Osterman在1994年就指出，为了使伙伴关系产生有效的互惠成果，必须在战略层面、功能/人力资源政策层面以及工作场所层面建立一个发言权机制（a Voice Mechanism）（Kochan & Osterman, 1994）。

  O'Dowd和Roche已经基于实验系统性地研究过这一论点背后的理论，对参加爱尔兰共和国工会的公司经理进行了调查。这些公司都建立了伙伴关系。根据这些调查数据，O'Dowd和Roche证明了，在经理的参与下，建立完善的组织结构能够产生更加积极的成果，而在这个结构内，劳资双方能够在执行层面和战略层面进行合作并能够应对广泛的密集议程。他们进一步表示，这种垂直整合结构类型具有许多特点，而这些特点应能影响到对多个利益相关方具有重要意义问题的解决。这些特点包括：在战略层面和执行层面关注能够提升业绩以及为员工带来更好的成果；在工会代表、工会成员、中层管理人员和主管眼里能够为伙伴关系倡议增加合法性；以及所有利益相关方高度支持。在这些"结构优势"与共同关注涵盖工作场所组织和功能很多方面的密集议程结合起来时，实现积极成果的可能性将进一步提升（O'Dowd & Roche, 2009）。

  然而，在英国关于伙伴关系结构的文献中，许多作者提及，对于合作伙伴协议有效运行并为所有参与方带来益处而言，组织结构良好的伙伴关系是重要的，但未必是极为重要的（Dietz, 2004; Oxenbridge & Brown, 2002、2004）。其他因素，例如高级经理是否参与和投入伙伴关系结构的程度高低，一直被视为是能够影响伙伴关系有效性的决定性因素（Samuel, 2007）。在高级经理做出有力承诺的情况下，伙伴关系倡议的合法性就得到大幅加强。这就为工会积极分子提供了一个战略重点，而且中层管理人员更可能积极参与合作关系协议。如果高级经理不忠于伙伴关系倡议，那么当这些倡议在工作场所层面实施时，中层管理人员就会进行抵制（Munro，2002；Marchington & Wilkinson，2005）。此外，英国文献中的证据也表明，如果高级经理与工会管理员之间已具有合作关系传统，那么非正式协议取得的积极成果要优于正式协议取得的积极成果（Dietz，2004；Oxenbridge & Brown，2004；Samuel，2007）。

鉴于这些案例研究中具体公司所处的环境不同，对比这些结论是不恰当的。将结构的影响孤立于伙伴关系的整个过程也是很困难的，因为它们基本上是相互联系在一起的。所有这些因素反映了为研究伙伴关系结构的影响而对比这些案例研究所面临的挑战。通过从同一部门选取三个建立了相似结构的案例，本研究克服了这些限制。因此，本书提供了一个独特的机会，消除了环境不同的因素，并探讨了伙伴关系结构是如何与其他过程联系在一起的。

（二）议程范围

伙伴关系产生有形、宝贵和实在成果的前提是伙伴关系议程实际涉及员工关切的战略性问题和工作场所问题的程度（Kochan et al.，2008）。联合磋商委员会讨论实质性问题的范围是解决这一问题的关键，即合作伙伴协议在多大程度上能够深刻改变决策，抑或只是管理方实现变革的一条更复杂的道路（Munro，2002）。不同的研究人员都指出，如果管理方设定伙伴关系议程和讨论的内容，而且高级经理只注重应对谈判和磋商而不将这些与成员的需求和申诉联系起来，那么在这种环境下，这些形式的合作伙伴协议最终可能导致工会软弱和工会成员数量下降（Danford et al.，2004）。

英国的许多实证研究强化了这一论断，例如 Tailby et al.（2004）在国家卫生服务体系信托基金的案例中指出联合跨场谈判与磋商委员会（JCNC）的议程主要是根据人力资源部门和高级行政人员关心的问题制定的，而高级行政人员只有在需要提出特定问题时才会参加会议。联合跨场谈判与磋商委员会是信托基金层面劳资伙伴关系的一个重心。员工担心的问题很广泛，但是这些问题并没有巧妙地与信托层面伙伴关系提出的问题结合在一起。因此，合作伙伴协议成为一个实现正式政策和程序变化的工具。解决重大问题的成果是由管理方主导的。Oxenbridge & Brown（2004）认为，在他们称为"松散的"伙伴关系的案例中，工会几乎没有咨询权。在"健全的"合作伙伴协议中，工会积极参与早期的战略决策并在更广泛的工作场所问题上发挥影响力。因此，有人建议，为了让合作伙伴协议能够为所有利益相关方带来积极成果，伙伴关系议程必须注重更广泛的问题，包括所有利益相关方团体担心的主要问题（Munro，2002；O'Dowd & Roche，2009；Oxenbridge & Brown，2004）。

尽管许多有关英国伙伴关系的案例研究指出伙伴关系议程开始注重各类问题，例如薪资谈判、雇佣条件的变化、组织重组、劳资关系改革、灵活性、产品质量、生产力、商业战略和商业挑战（Bach，2004；Deakin et al.，2005；Heaton et al.，2002；Kelly，1996、2004；Marchington & Wilkinson，2005；Munro，2002；Oxenbridge & Brown，2002、2004；Samuel，2007），但这些研究都没有系统性地研究伙伴关系议程是如何制定的以及伙伴关系是如何与其他过程联系在一起的，以影响伙伴关系的运作和成果。英国也缺少纵向研究，探讨伙伴关系议程范围是如何随着时间的变化而演变的，何种因素影响着伙伴关系议程的变化。因此，本书将就这些问题进行研究。

（三）发言权

劳资关系从业人员和学术文献广泛使用"发言权"这个词语。然而，学者和从业人员的释义各不相同，从创建组织承诺的关键组成部分（Pfeffer，1998）到工业公民权的象征意义（Freeman & Medoff，1984；Marchington et al.，1994、2001）。

Wilkinson et al.（2004）制定了一个发言权分析框架，指出发言权可以分为两个主要方面，（1）直接和间接，（2）共同的和对立的议程。根据这一框架，提出了四类理想的发言权机制：自下而上地解决问题、申诉程序、伙伴关系和集体谈判。这一框架部分地表明了伙伴关系和其他创新劳资关系形式间发言权机制的不同，例如集体谈判。然而，这个框架忽视了构成合作伙伴协议必要内容的一个关键角度，即各方接触的范围和程度（Kochan & Osterman，1994）。

在英国，集体谈判和其他形式的集体磋商传统上一直都是主要的代表制形式（Bach，2004）。传统的集体谈判通常包括主要谈判人员阐述谈判团队所达成的立场和规范，以加强和支持这一立场。因此，协议是通过各方做出一系列的妥协达成的，而不是公开寻求一个"双赢"的解决方案。这些可行的妥协可以为各方带来次优的成果（Bacon & Hoque，2011）。然而，有效伙伴关系的目的是促进吸收更广泛的意见，制定各种潜在解决方案，以便从中选取最佳的方案或完善的政策。有人认为，这是一种充分听取员工意见的组织方式，提供了"多个建言渠道"；如果进行充分的整合，能够为组织及其成员带来益处（Boxall & Purcell，2003）。

许多实证研究证实了这一观点，指出允许工会在早期阶段参与战略管理决策进程的——涉及更广泛的议题——真正合作伙伴协议更可能为双方带来切实的益处（Oxenbridge & Brown，2004；Wills，2004）。相反，如果管理方利用沟通技巧通知工会而不是让其参与决策或者限制工会参与选定的议题，那么伙伴关系的成果更可能倾向于让管理方受益（Tailby et al.，2004；Bach，2004）。

（四）行为模式

阐述伙伴关系运作的另一个重要角度是，伙伴关系磋商进程中谈判的行为模式。有关谈判理论的文献确立了三种类型的行为模式：竞争/冲突模式、问题解决/合作模式以及两种模式的混合模式（Carnevale & Keenan，1992）。Walton and McKersie（1965）制定了现有理论。Walton & McKersie（1965）在《劳工谈判的行为理论》中将劳资谈判视为合作与冲突行为的混合行为模式，为组织谈判行为研究提供了一个有效的分析框架（Kochan，1992；Kochan & Lispsky，2003）。该理论的重点是谈判四个子过程之间的区别：分配式谈判、整合式谈判、态度构建和组织内谈判。

基于 Walton and McKersie（1965）的谈判理论，Bacon 和 Blyton 研究了不同谈判技巧对工作场所变革成果的潜在影响。研究结果显示，谈判策略在影响员工从工作实践改变中获益的程度方面发挥着重要作用。没有直接的证据表明合作能够产生更多的互惠成果。此外，相对于存在冲突的部门而言，在经理与工会于整个过程中进行合作的部门，员工更加不满团队工作，而且生产效率也没有实现太大的提高。工会必须在谈判中采取冲突策略，以实现互惠成果（Bacon & Blyton，2007）。他们研究的分析框架和结论对合作伙伴协议下劳资关系的研究产生重要影响。这一研究成果不仅说明了作为工人代表策略的冲突（而不是武装对抗）的合理性，而且为研究合作伙伴协议下劳资关系提供了一个分析框架。

在关于伙伴关系下谈判行为模式的文献中，出现了两极分化的观点。对于伙伴关系的支持者而言，作为获得互惠的基础和前提，雇主和工会不仅应彼此合作，而且应当进行更紧密的合作（Kochan & Osterman，1994）。相反，伙伴关系的反对者认为，经理通过以下方式将伙伴关系当成一个工具，以利用工会的合作：限制工会权利并抑制工会力量；选择更具合作精神的工会代表；控制沟通和咨询机制（Oxenbridge & Brown，2002）。因此，有人建议工会不应与经理合作，而应保留武装斗争行动，以维护他们的立场并保护其成员的利益（Kelly，1996）。

尽管这些研究人员意识到合作伙伴协议参与方行为模式的微妙变化是评估伙伴关系成功的关键参数，但他们没有系统性地研究谈判行为影响决策进程的机制（Jonestone et al.，2009）。研究人员还忽视了《劳工谈判的行为理论》对近期有关伙伴关系磋商运作辩论的潜在价值。因此，本研究的更深层目的是，阐述伙伴关系磋商进程中的行为模式并研究不同行为模式对伙伴关系运作和成果的重要性。

三 成果

在评估伙伴关系成果时，需要阐明两个关键问题。第一个问题是，定义"成果"含义的不同方式和研究人员用以衡量这些成果的各种方法。英国的学术研究确定了用以衡量伙伴关系成果的三种主要方法。第一种方法是研究人员使用的量化研究方法。大多数研究人员试图用劳动成果或组织成果来衡量伙伴关系的成功（Kelly，2004）。这种方法的优点是，明确表明了雇主、工会和员工之间是如何分配效益的。然而，这种方法忽视了态度和行为模式的微妙变化或者劳资关系的改善，因为如果只注重狭义的成果，这些改善可能并不太明显（Dietz，2004；Johnstone et al.，2009）。此外，这种方法还忽视了与每个案例相关的环境条件的影响。第二种方法是指研究人员对经理、工会代表或员工进行的调查,以代表伙伴关系的成果(Guest & Peccei,2001;O'Dowd & Roche,2009)。这种方法的优点是,阐述了双方之间的内部关系,并为对比双方的伙伴关系态度提供了可能性。然而,这种方法的缺点是,参与方的态度容易受到这一天中特定问题的影响。对待伙伴关系的积极或消极态度可能是组织内利好因素或不利消息的表现。此外,使用员工调查数据的准确性依然令人怀疑,因为许多研究人员在他们的研究中指出员工存在漠不关心的态度(Oxenbridge & Brown,2004;Wills,2004)。第三种方法是研究人员进行的案例研究,挑选关键事件,跟踪思维进程,感性认识一个事件和关键行为体对成果的判断(Johnstone et al.,2009)。尽管这种方法通过跟踪特定问题的发生、发展和最终结果成功地将环境、过程和成果联系在一起,但这只能反映出伙伴关系运作的部分情况。此外,关键事件的选择性偏差也是这种方法的一个缺点。

第二个问题是,在评估成果时,对环境条件重要性以及伙伴关系运作的重视程度。正如本章第二节所阐述的,实证研究表明伙伴关系的成果取决于各种条件,例如政治和监管环境、管理方和工会的基本战略、伙伴关系的理论基础以及伙伴关系的实施方式(Heery,2002;Heery et al.,2005;Stuart & Martinez – Luico,2005a;Wills,2004;Samuel,2005)。

Oxenbridge 和 Brown(2004)曾对九个已建立正式或非正式合作伙伴协议的公司进行过案例研究,并将合作关系区分为两种类型。"健全的"关系能够为双方带来一系列益处,而"松散的"关系实际上为工会带来的益处更少。基于这一概念框架,表 2 – 3 摘取了实证研究中的证据,表明这些特征在确定"健全的"和"松散的"伙伴关系方面发挥了怎样的作用。

尽管许多评论员认识到对成果的评估不能离开对环境条件和伙伴关系过程的全面了解,但现有文献中并没有明确地重点研究环境条件以及运行实践对伙伴关系产生影响,从而实现更全面的了解伙伴关系运行结果的产生机制(Guest & Peccei,2001;Johnstone et al.,2009;Kelly,2004;Oxenbridge & Brown,2004)。

表 2-3 "健全的"和"松散的"合作伙伴协议的组织特征

特征	健全的合作伙伴协议	松散的合作伙伴协议
环境	· 经理愿意维持独立的员工发言权机制（Oxenbridge & Brown, 2004） · 经理积极支持工会招聘（Oxenbridge & Brown, 2004） · 更换反对伙伴关系的人力资源经理（Oxenbridge & Brown, 2002） · 工会密度高（Oxenbridge & Brown, 2004） · 稳健的工作场所组织（Guest & Peccei, 2001） · 积极的工作场所代表（Oxenbridge & Brown, 2004） · 工会代表在组织内持有坚定、合法的立场（Oxenbridge & Brown, 2004） · 成熟的劳资关系传统（Samuel, 2007）	· 经理通过限制工会招聘防止工会拓展影响力（Oxenbridge & Brown, 2004） · 工会密度低（Kelly, 2004; Oxenbridge & Brown, 2004） · 工会组织松散（Kelly, 2004） · 管理方选择工会代表并服从管理方（Oxenbridge & Brown, 2002） · 工会之间和工会内部关系紧张（Heaton et al., 2002） · 消耗工会精力和资源服务于中央机构（Tailby et al., 2004） · 劳资冲突关系传统（Samuel, 2007）
伙伴关系结构	· 参与（例如执行层面的团队合作）和代表制（例如组织层面的联合磋商委员会）相结合的伙伴关系结构（Cutcher-Gershenfeld & Verma, 1994; Kochan & Osterman, 1994; Oxenbridge & Brown, 2004） · 定期且高频次的磋商会议（Oxenbridge & Brown, 2004）	· 管理方控制磋商委员会（Kelly, 2004） · 高级经理缺席伙伴关系磋商（Samuel, 2007）
伙伴关系议程	· 薪资和条件的谈判权（Oxenbridge & Brown, 2004） · 涵盖广泛工作场所问题的议程（O'Dowd & Roche, 2009; Oxenbridge & Brown, 2004） · 战略方向（Samuel, 2007）	· 伙伴关系议程稀少（Oxenbridge & Brown, 2004） · 上级组织总部或全国层面的高级经理宣布实质性决定（Oxenbridge & Brown, 2004） · 根据管理方所担心的问题确定议程（Tailby et al., 2004; Samuel, 2007）

续表

特征	健全的合作伙伴协议	松散的合作伙伴协议
参与发言权	·高级经理承诺并积极参与磋商会议（Wills, 2004; Samuel, 2007） ·工会在早期参与管理决策进程（Oxenbridge & Brown, 2004） ·工会参与并影响战略决策进程（Samuel, 2007）	·经理积极限制工会早期参与决策（Munro, 2002） ·限制工会参与工作场所事务（Oxenbridge & Brown, 2004） ·实施已做出的管理决定（Oxenbridge & Brown, 2004） ·经理利用通信告知员工，而不是让他们参与决策（Tailby et al., 2004）
行为模式	·经理重视工会代表组的批判性意见（Oxenbridge & Brown, 2004） ·更加开放和坦诚，信任度高（Tailby et al., 2004） ·更高程度地共享信息，计划和问题（Bacon & Samuel, 2010） ·偶尔发生冲突和争议，但以合作的方式进行解决（Oxenbridge & Brown, 2002）	·通过挑选更具合作精神的工会官员平息或镇压大范围的对抗（Oxenbridge & Brown, 2002） ·中层管理人员和直线管理人员抵制（Tailby et al., 2004） ·工作组之间缺乏合作（Heaton et al., 2002）

第四节 结论和研究的问题

本章综述了当前关于伙伴关系的文献,包括不同的定义方式;苏格兰国家卫生服务体系国家层面合作伙伴协议的特征;存在争议的主要问题;公共部门与私营部门之间的差异;分析伙伴关系运作实践的重要性;"健全的"或"松散的"合作伙伴关系的主要特征。

一 文献回顾的意义

对文献的回顾主要有三个方面的意义。首先,研究环境条件对伙伴关系运作和成果的影响具有重要意义。除了具体的组织环境外,必须关注更广泛的外部环境,例如图 2-1 所列出的经济和公共政策环境。

其次,有必要更加关注伙伴关系组织结构、议程范围、发言权和行为模式的运作。还必须更加关注这些因素是如何相互作用的,以及这些因素是如何改变的,以应对环境问题发生的变化。

最后,阐明伙伴关系的意义,说明采用正确的衡量成果的方法具有重要意义。尤其是,本书强调,重要的是阐明一定背景下的伙伴关系成果以及与之相关的运作实践。

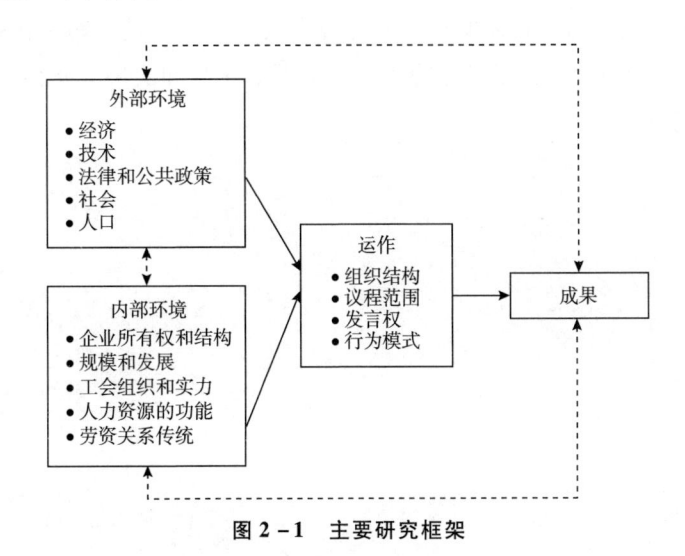

图 2-1 主要研究框架

二　研究的问题

本研究的主要目的是，探讨苏格兰国家卫生服务体系中的劳资伙伴关系。为解决这一问题，本书将深入分析环境问题、伙伴关系的运作、伙伴关系的演化和伙伴关系的成果。根据长期的跟踪研究，本书需要回答四个具体的研究问题。

第一个问题是，阐述苏格兰国家卫生服务体系在政治权力下放背景下建立的社会伙伴模式，并研究具体环境对伙伴关系的运作和演化产生的影响。

第二个问题是，探讨苏格兰国家卫生服务体系中的伙伴关系的运作情况。为此，本书分别考虑了四个方面的内容：伙伴关系论坛的组织结构和构成；伙伴关系议程的范围和不同参与方所代表的利益；工会介入和参与的程度；以及伙伴关系磋商进程中的谈判行为模式及其对产生互惠成果的影响。

第三个问题是，探讨苏格兰国家卫生服务体系中的伙伴关系的演化情况。为此，本书分析了外部环境和内部环境发生的变化并研究了这些变化对伙伴关系运作产生了怎样的影响。

第四个问题是，研究三个案例中伙伴关系产生的成果。本书阐述了伙伴关系成果是如何与具体的环境和与各个案例相关的过程联系在一起的。本书将确定和阐述各个案例在伙伴关系背景、过程和成果方面存在的相同点和不同点。

第三章　研究方法与分析框架

本研究的总目的是，研究苏格兰国家卫生服务体系中的劳资伙伴关系的环境、运作、演化和成果。研究议题的广泛性表明，为了解伙伴关系的整体情况，应运用恰当的研究策略。例如，为研究长期以来合作伙伴协议的发展情况，本研究采用了纵向研究方法，跟踪研究环境因素、伙伴关系过程和成果。此外，为了评估内部环境和外部环境对伙伴关系运作和成果的影响，本书从整个苏格兰卫生部门中选取了三个案例，采取比较案例研究方法，从而能够对在相似外部环境下运作的机构进行比较分析，例如政治和政策环境以及国家现代化战略。

本书采用了一系列数据收集方法，形成了丰富的证据，用以评估合作伙伴协议的具体特征。对包括伙伴关系磋商会议纪要、委员会年度报告和审计报告在内的资料进行文档分析有助于了解伙伴关系实践的详细情况并评估合作伙伴协议的成果。对伙伴关系会议的非参与直接观察以及对经理、员工董事和工会代表的访谈丰富和充实了所获得的环境问题。了解不同参与方的经历、态度以及在关键问题上的判断也有助于实现本书目的。此外，本研究还使用了多个数据分析工具，包括对不同参与方进行分组的方法、对伙伴关系议程进行分类的方法、对参与方行为模式进行模糊分类的方法以及对不同成果类型进行区分的方法。

第一节　定性研究

本书运用定性案例研究方法，探究苏格兰国家卫生服务体系中的劳资伙伴关系。定性研究是许多不同学科，传统上是社会科学学科使用的一种调查方法（Denzin & Lincoln，2005）。与定性研究相关的许多研究方法包括参与观察、定性访谈、小组讨论和文档分析。每种方法具体适用于获取一种具体类型的数据。参与观察适合收集正常环境下自然发生的行为数据（Bryman，2008）。定性访谈适用于收集个人的个人史、观点和经历的数据，尤其在研究敏感议题时（Bryman，2008）。小组讨论能够有效产生一个团体的文化规范数据并了解这个文化团体或小组所关心议题的概况（Bryman，2008）。文档分析克服了鼓励用户参与的困难，是调查决策和战略规划的有效方法（Ellem，1999）。

　　运用定性研究方法探索劳资伙伴关系的主要优点是，能够就人们如何经历一个既定的研究问题提供复杂的文字说明。这种方法提供了问题中"人"方面的信息——通常是对立的行为、信仰、观点、情感和个人关系（Denzin & Lincoln，2005）。

　　在探索性研究中使用定性方法的另一个优点是，使用开放式问题并尝试让参与者有机会用自己的语言回答问题，而不是像定量研究方法那样迫使他们从固定的答案中做出选择。开放式问题能够引来这样的答案：更有意义且凸显参与者人文背景的答案；令研究者意想不到的答案；丰富且解释性的答案（Cameron & Price，2009）。

　　此外，定性研究方法的优点还包括允许研究人员灵活地研究参与者的初步反应——也就是说，可以询问为什么或怎么样。研究人员必须认真倾听参与者说什么，根据个人的个性和风格与他们进行互动；并使用"刺探"鼓励其详细说明他们的答案（Bryman，2008）。

　　然而，定性研究的反对者也指出，定性研究有时太印象主义和主观性。定性研究的结论太依赖于研究人员对什么是重要和最重要的非系统性看法；也依赖于研究人员与偶然认识的被研究对象之间的亲密私人关系（Bryman，2008）。有反对者认为，定性研究方法太难以复制，因为这种研究方法通常是非结构化的，取决于定性研究人员的独创性。参与者对定性研究人员的回答可能受到研究人员性格的影响，而且由于定性数据具有非结构化性质，对数据的解读深受研究人员主观知识的影响。经常有人认为，定性调查结论的范围具有局限性。当使用参与观察时或当对某个本地组织中的少量个人进行非结构化访谈时，量化研究人员认为，根本不知道如何将结论推广至其他情况（Bryman，2008）。

　　鉴于本研究的主要目的是研究苏格兰国家卫生服务体系中的劳资伙伴关系的环境、运作、演化和成果，因此有必要采用一种正确的研究方法，探讨案例中劳资关系的历史；评估外部环境和内部环境对伙伴关系运作和成果产生的影响；对比分析在相似外部环境下运作的组织；观察有效伙伴关系参与者的经历、动机、态度和行为模式；以及明确这些因素是如何随着时间的推移而发生变化的。为解决这些问题，本书采取了定性研究方法，因为这是实现这些目标的更有效方法。

第二节 纵向案例研究

案例研究是对个案（例如，一个人、一个组织或一个事件）进行深入分析，突出与环境相关的发展因素（Flyvbjerg，2011）。案例研究在社会科学和生命科学中是常见的研究形式。案例研究可以是描述性的，也可以是解释性的。后者常用于探索原因，从而发现潜在的原则。

使用案例研究具有很多优点。第一，对数据的审查通常是在数据使用的环境下进行的（Yin，1984），即在活动发生的条件下进行数据审查。第二，研究人员也可以对数据进行量化分析和定性分析。例如，一些个案的纵向研究依赖从对行为模式进行说明的期刊著作中获取定性数据。第三，案例研究产生的详细定性说明不仅有助于探究或阐述真实环境下的数据，而且有助于解释真实环境的复杂性，而这可能是实验或调查研究难以发现的。案例研究尽管具有这些优点，但也招致一些批评。Yin（1984）探讨了针对案例研究的三种反对意见。首先，案例研究通常缺乏严谨性。Yin（1984）指出"太多时候，案例研究的研究人员是草率行事的，而且允许模棱两可的证据或有偏见的观点影响调查结果和结论的方向"。其次，案例研究不能为科学归纳提供基础，因为案例研究的对象很少，有时甚至只研究一个对象。最后，案例研究需要投入太多时间，研究时困难重重并产生冗长烦琐的文档（Yin，1984）。

虽然英国大多数案例研究只简要介绍了被研究组织特定阶段的伙伴关系（Johnstone et al.，2009），但本书进行了纵向研究，以探究苏格兰国家卫生服务体系中的伙伴关系。这些数据是通过调查或行政数据的关联进行收集的。相对于调查而言，纵向研究的最大优点在于，能够提供个人或组织随着时间变化而变化的有效数据（Guest & Peccei，2001；Kelly，2004；Johnstone et al.，2009）。采用合作伙伴协议不仅反映了管理方和工会在某个时间点的动机和策略,而且表明了有必要从长期角度根本改变其思维和行为模式。因此,有必要在这个领域进行更好的纵向研究,因为这样的研究能够了解社会变迁过程、了解组织历史的发展轨迹。此外,纵向研究还可以跟踪个人的发展历程并研究更广泛的社会和经济环境对个人经历和行为产生怎样的影响。就关于合作伙伴协议的研究而言,纵向研究能够跟踪不同参与方的经历、态度和行为模式,这将产生一个特有的资料来源,用以阐述这个充满活力的伙伴关系过程并说明伙伴关系成果(Geary & Trif, 2011; Johnstone et al. , 2009)。

使用纵向研究的一大困难可能是时间因素。这种类型的研究需要耗费大量的时间,这将考验队列保持和维持一个专注研究团队的能力。另一个困难是,在研究期限内能够有机会获得长期观察案例的机会。本研究成功解决了这些困难,因为本研究还伴有笔者两位导师的研究项目,这是英国经济与社会研究理事会于 2009 年 6 月资助的项目①。我们特许获准参阅所有档案和拜访所有委员会,而我们也要感激苏格兰政府很多官员、雇主和员工代表,感谢他们允许我们进行更广泛的接触。

第三节 案例选取和数据收集方法

在案例选取上,本研究确立了四个选择标准。第一,所有案例必须已经签订了合作伙伴协议。第二,所有案例必须已建立基本的伙伴关系组织结构并运行了一段时间,从而能够进行纵向研究。第三,所有案例组织必须能够提供一段时间的历史性档案数据,允许研究人员观察伙伴关系论坛并对不同参与方进行访谈。第四,三个案例在组织结构环境方面必须具有多样性。

遵循上述标准,本书从苏格兰国家卫生服务体系的十四个卫生委员会案例中选取了三个案例,分别涉及苏格兰高地地区国家卫生服务体系、大格拉斯哥与克莱德地区国家卫生服务体系和苏格兰毗邻地区国家卫生服务体系。应当指出的是,自 1999 年以来,三个案例均已签订正式的合作伙

---

① 这是由 Nicolas Bacon 教授和 Peter Samuel 博士于 2009 年 6 月开始的一项两年期深入研究项目,研究主题是"评估苏格兰国家卫生服务体系中的劳资关系"。

伴协议并建立了相应的组织结构。此外，三个卫生委员会均提供了全部档案资料和会议纪要，并为研究人员深入了解苏格兰国家卫生服务体系中的合作伙伴协议提供了很大的便利。更重要的是，这三个案例在内部组织环境方面各不相同：大格拉斯哥与克莱德地区国家卫生服务体系拥有最复杂的组织结构，具有劳资对抗关系传统；苏格兰高地地区国家卫生服务体系的覆盖地理面积最大，具有合作型劳资关系文化；而苏格兰毗邻地区位于农村，其卫生服务体系覆盖的面积是三个案例中最小的。由于所有案例均选自同一个部门，组织结构环境的差异能够评估特定组织环境对伙伴关系运作和成果的影响。

笔者于2009~2011年进行了实地调研，并进行了文档分析、伙伴关系会议的非参与直接观察和对高级经理、员工董事、工会代表和人力资源经理的访谈。

本研究使用文档分析的主要优点是，允许研究人员从时间跨度很长的伙伴关系会议纪要中收集数据。因此，本研究可以进行纵向研究，观察在一段时期内三个案例中合作伙伴协议的情况。这种方法还可以获得非现成的事实，可以获得访谈难以获知的信息。另外这种方法可以使用电子工具存储和分析便于研究使用的数据（Briggs & Coleman，2007；Ellem，1999）。同时，研究人员也充分认识到，这种方法的缺点是文档可能具有主观性，无法使用未正确分类的文档。文档的记录也可能是不精确的，并可能用于呈现对事件、活动或个人的独特见解（Briggs & Coleman，2007；Ellem，1999）。为克服这些限制，研究人员增加了访谈和非参与直接观察的方法，以帮助了解事件和活动，并核实记录的准确性和可靠性。

对所有委员会机密会议纪要档案的分析有助于监督区域合作伙伴论坛（APF）——运行伙伴关系实践的主要组织机构——的构成，并跟踪该论坛长期以来磋商的实质性问题适用范围。我们从三个案例中获得了委员会一系列主要文件和区域合作伙伴论坛会议纪要，详见表3-1。支持经理记录了区域合作伙伴论坛的会议纪要并获得了论坛的审批。这些珍贵、丰富的会议纪要详细记录了长期以来个人对论坛做出的贡献。本书收集了共计114份区域合作伙伴论坛会议纪要、60份员工治理委员会（CGC）会议纪要、21份委员会年度报告和14份委员会审计报告。这些会议纪要的编码依据是：9 大类议程、5 个参与方小组、3 类主要行为模式和 5 类不同成果。总之，文档分析包括利用 Nvivo 9.0 软件编码和分析 20.45 万字的区域合作伙伴论坛会议纪要文本；研究 418 名个人对 180 个不同项目、22 个不同类型行为模式和 768 个决策提出的意见。

表 3 – 1　三个案例中的文件统计

类别	高地地区国家卫生服务体系	大格拉斯哥与克莱德地区国家卫生服务体系	毗邻地区国家卫生服务体系
委员会审计报告（年）	2004 ~ 2009	2004 ~ 2009	2004 ~ 2009
委员会年度报告（年）	2002 ~ 2009	2002 ~ 2009	2003 ~ 2010
委员会年度审议（年）	2005 ~ 2010	2004 ~ 2009	2008 ~ 2010
区域合作伙伴论坛会议纪要（年）	2005 ~ 2010	2002 ~ 2009	2004 ~ 2009
员工治理委员会会议纪要（年）	2002 ~ 2010	2002 ~ 2010	2008 ~ 2010

本书还对所有三个卫生委员会高级经理、员工董事和人力资源经理进行了非结构性访谈。访谈的目的是，帮助确定关键的事件并探究这些问题是如何解决的，了解事件并说明行动，帮助评估伙伴关系的成本效益，并探究对有效伙伴关系获得成功的关键因素的见解。此外，我们在 2010 ~ 2011 年进行了四次伙伴关系论坛会议非参与直接观察，其目的是核实会议纪要的准确性。

第四节　数据分析框架

一　对参与方进行分组

所有参与方被分成三个组，分别是高级经理组、管理方和员工方。

高级经理被分为一组是因为他们在区域合作伙伴论坛中的行为反映了高级领导层对伙伴关系的承诺。高级经理组的人员通常由委员会中的主席、首席行政官、执行和非执行董事组成，包括首席运营官、首席医务官、财务总监、首席护理官、公共卫生和卫生政策总监、人力资源总监和社区卫生伙伴关系/社区卫生与卫生伙伴关系［CH（C）P］董事。此外，该组成员还包括国家论坛的经理，例如苏格兰国家卫生服务体系的首席行政官。需要注意的是，在一些委员会中，员工董事是委员会中的非执行委员。由于本书将员工董事划归为单独一个组，因此我们不将员工董事列入高级经理组。

管理方包括地区委员会各行政职位的经理但不包括委员会高级经理。管理方还包括人力资源经理和其他管理代表。人力资源经理没有被纳入管理代表组是因为，人力资源经理受到中央政府的压力，以实现人力资源管理目标，因此人力资源经理比他们的管理同事们更重视与工会的关系，从而更可能与工会建立有效的伙伴关系。此外，区域合作伙伴论坛讨论的一个主要问题是劳动力问题，而这个问题是人力资源经理的部分职责所在。因此，在论坛中，人力资源经理预计与其他经理的表现有所不同。

员工方包括来自各个工会的全职工会代表和三个卫生委员会的员工董事。将员工董事从工会代表组中分出来是因为，员工董事的作用对于区域合作伙伴论坛尤为重要而且员工董事的行为模式可能不同于其他工会代表，因为员工董事更可能是在工会与管理方之间起到桥梁作用，并具有一些管理特征。因此，有必要将员工董事作为一个不同的组进行观察。

二 对伙伴关系议程进行分类

根据 Bacon and Samuel（2010），Bacon & Hoque（2012）的论述，区域合作伙伴论坛所讨论项目可归为九大类：现代化，薪资，平等与培训，财政问题，有效的伙伴关系和论坛，人力规划与发展，诊疗问题，健康、安全与福利，以及员工治理程序。表3-2详细列出了这九类问题的内容。这九类问题又可以划分为三大类议题：战略议题（包括现代化、财政问题和人力规划与发展）、政策议题（包括薪资、平等与培训、有效的伙伴关系和论坛以及员工治理程序）和工作场所议题（包括诊疗问题以及健康、安全与福利）。

表3-2 九类项目的内容

项目	内容
现代化	包括：1）实施旨在改善卫生和社会护理服务的战略，例如《更健康的体魄，更完善的护理》（Better Health Better Care）、《变得更好》（Changing for the Better）、《通讯战略》（Communications Strategy）、《诊疗治理战略》（Clinical Governance Strategy）、《卫生保健服务》（Delivering for Health）、《电子卫生战略》（E-health Strategy）、《全民共享服务》（National Shared Services）、《国家防诈骗倡议》（National Fraud Initiative）、《区域服务规划》（Local Delivery Plan）；2）有关服务重新设计和组织结构变革的讨论，例如《改变矩阵》（Change Matrix）、《住院部重新设计》（Inpatient Redesign）、《大格拉斯哥和克莱德地区国家卫生服务体系委员会重组》（NHS Greater Glasgow and clyde Board Reorganization）、《服务改善计划》（Service Improvement Programme）、《服务重新设计》（Service Redesign）、《康复框架》（Rehabilitation Framework）；3）决策程序，例如《伙伴关系信息网络指南》（PIN Guidelines）、《政策制定》（Policy Development）、《政策协调》（Policy Harmonization）；4）绩效与问责审查，例如《问责审查》（Accountability Review）、《急诊审查》（Acute Service Review）、《效益实现计划》（Benefits Delivery Plan）、《诊疗服务战略审查》（Clinical Services Strategy Review）、《社区卫生伙伴关系审议》（Review on CHP）、《保健辅助人员服务模式审查》（Review of AHP Service Model）、《关键绩效指标》（Key Performance Indicators）
薪资	包括：1）实施《改革议程》，例如《改革议程的同化、欠薪和审查进程》（The Assimilation, Arrears & Reviews Process of Agenda for Change）；2）有关与员工条款和条件相关政策的讨论，例如《带薪年假与因病缺勤政策》（Annual Leave & Sickness Absence Policy）、《圣诞节与新年薪资》（Christmas & New Year Pays）、《咨询合约》（Consultant Contracts）、《低薪协议与薪资协定》（Low Pay Agreement & Pay Concordat）、《待命津贴率》（On Call Allowance Rates）、《假期》（Holidays）、《高级经理薪资》（Senior Manager Pay）、《进修假》（Study Leave Policy）、《定期合同》（Fixed Term Contracts）；3）与薪资相关的其他问题，例如《停车问题》（Car Parking Issues）、《养老金》（Pensions）、《儿童护理券》（Childcare Vouchers）、《员工差旅》（Staff Travel）、《员工奖励》（Staff Awards）
平等与培训	包括：1）实施《知识与技能框架》（Knowledge & Skills Framework）和其他政策，例如《体面工作政策》（Dignity at Work Policy）；2）有关教育和培训问题的讨论，例如《在职学习制度》（At-Learning System）、《领导力和管理发展框架》（Leadership & Management Development Framework）、《学习与发展战略》（Learning & Development Strategy）、《急救培训》（First Aid Training）、《搬运培训》（Moving and Handling Training）、《面向经理的风险管理培训》（Risk Management for Managers Training）；3）小组报告，例如体面工作小组（Dignity at Work Sup-group）、平等与多样性小组（Equality & Diversity Sub-group）、学习与发展小组（Learning & Development Sub-group）、机会均等组（Equal Opportunities Group）

第三章 研究方法与分析框架

续表

项目	内容
财政问题	包括：1）财务经理和财务部门其他员工的报告；2）有关公司预算、赤字和存款的讨论，例如《现金发放结余》（Cash Releasing Savings）、《增效节约》（Efficiency Savings）、《能源节约》（Energy Conversation）、《财务规划》（Financial Planning）、《运营节约》（Operational Savings）；3）与财务管理相关的其他运营问题，例如《阿布斯诺特公式》（Arbuthnott Formula）、《冰岛银行》（Icelandic Banks）、《餐饮价格水平的协调》（Harmonisation of Catering Price Levels）、《才能委员会的工作》（Work of the Endowments Committee）
有效的伙伴关系和论坛	包括：1）论坛的发展，例如《考勤管理》（Attendance Management）、《论坛结构》（Restructure of the Forum）、《委员会伙伴关系论坛》（Board Partnership Forum）、《调解服务审查》（Review of Mediation Service）、员工方主席选举（Staff-side Chair Election）；2）有关有效伙伴关系的行动，例如《沟通与接触计划》（Communication & Engagement Plan）、公共服务时间（Facilities Time）、《合作伙伴协议》（Partnership Agreement）、伙伴关系会议（Partnership Conference）、《面向护理的伙伴关系》（Partnership for Care）、《雷格摩尔医院有效伙伴关系评审》（Review of Partnership Working at Raigmore Hospital）；3）小组报告，例如联合工作小组（Joint Working Sub-group）、未来伙伴关系联合论坛（Joint Future Partnership Forum）、社区卫生伙伴关系雷格摩尔医院伙伴关系论坛（CHP Raigmore Partnership Forum）、社区卫生伙伴关系专科服务单位伙伴关系论坛（CHP SSU Partnership Forum）
人力规划与发展	包括：1）制定人力战略，例如《本地人力计划》（Local Workforce Plan）、《诊疗人员再设计计划》（Clinical Workforce Redesign Project）、《现代化医学事业》（Modernising Medical Careers）、《社区护理》（Nursing in the Community）、《支持人员计划》（Support Workers Project）、《卫生改善、效率与治理、获取服务和医治目标》（HEAT Target）；2）与员工申诉、职业、招聘和轮换相关的政策制定，例如《行为与能力政策》（Conduct & Capability Policy）、《惩罚政策与程序》（Disciplinary Policy & Procedure）、《申诉政策》（Grievance Policy）、《入职政策》（Induction Policy）、《工作评价政策》（Job Evaluation Policy）、《产期政策》（Maternity Policy）、《员工心理辅导》（Staff Counselling）、《就业前审核》（Pre-employment Checks）、《医护支持人员管理条例》（Regulation of Healthcare Support Workers）、《表达关切政策》（Voicing Concerns Policy）、《志愿服务政策》（Volunteering Policy）；3）人力规划，例如《医务辅助人员工作量核算与管理》（Allied Health Professions Workload Measurement & Management）、《因病缺勤管理》（Managing Sickness Absence）、《护理与助产》（Nursing and Midwifery）、《难民医生计划》（Refugee Doctors Programme）、《人力报告》（Workforce Reports）；4）小组报告，例如人力规划组、人力资源小组、人力开发小组报告

续表

项目	内容
诊疗问题	包括与诊疗管理相关的问题，例如《床位利用》（Bed Utilisation）、《大规模流感》（Pandemic Flu）、《待命管理协议》（On Call Management Arrangement）、《患者安全计划》（Patient Safety Programme）、《夜间医院》（Hospital at Night）、《员工服装》（Staff Uniforms）
健康、安全与福利	包括：1）员工健康和安全管理行动，例如《骑车上班计划》（Cycle to Work Scheme）、《卫生场所取消碳酸饮料机》（Removal of Fizzy Drinks Machines in Healthcare Establishments）、《好好工作挑战基金》（Working Well Challenge Fund）、《流感疫苗》（Flu Vaccine）、《工作压力预防与管理》（Prevention and Management of Stress at Work）；2）与员工健康和安全相关政策的制定，例如《烟草政策》（Tobacco Policy）、《性别暴力员工政策》（Gender Based Violence Employee Policy）、《搬运政策》（Moving and Handling Policy）、《反对工作暴力和攻击行为政策》（Protecting against Violence & Aggression at Work Policy）、《健康与安全政策》（Health & Safety Policy）；3）小组报告，例如防止暴力和攻击行为小组、压力管理指导小组、健康和安全论坛小组、健康工作生活小组、职业健康小组报告
员工治理程序	包括实施员工治理标准程序，即员工调查、年度审查、行政报告、行动计划、设施预算、规划与优先重点程序、自我评估审计工具

三　参与方的行为框架

行为模式的编码框架是依据 Bacon and Samuel（2009）的著作进行的，这是从 Walton and McKersie（1965）《劳工谈判的行为理论》发展出来的。22 种行为模式被划归为三大类，即积极的、中立的和消极的（见表 3 - 3）。研究表明，联合解决问题需要积极的行为模式，因为个体是以开放的态度探寻最佳的解决方案。这样的行为可以提升对伙伴关系的满意度并提高对伙伴关系的忠诚度。中立的行为模式包括提供和寻求信息。这样的信息交流需要提供信息，从而进行建设性的讨论，并鼓励其他方给予合作，以便探索问题的最佳解决方案。如果信息得不到自由交流，这可能导致对伙伴关系的满意度下降。然而，交流信息并不足以推动建立有效的伙伴关系，还必须联合解决问题。如果不能联合解决问题，过多的信息交流就可能导致失望，因为这样的会议就像"空谈俱乐部"，无法在解决重大问题上取得进展。这就降低了对伙伴关系的满意度并导致伙伴关系的忠诚度下滑。消极的行为模式将限制伙伴关系发挥作用并降低双方对伙伴关系的忠诚度（Bacon & Samuel, 2010；Bacon & Hoque, 2012）。

表 3-3 行为模式编码框架

积极的行为模式	中立的行为模式	消极的行为模式
提议——提出一个建议或行动步骤 实例："Ray Stewart 先生认为,今天有必要就今年的假期做出一个决定,但应推迟有关合并和不同区域卫生服务体系合作伙伴论坛会议纪要,2005 年 2 月 18 日)	寻求信息——寻求关于某个问题的真实情况、意见或说明 实例："Ray Stewart 要求 Anne Gent 澄清伙伴关系信息网络指南是否为条款和条件的一部分。"(高地地区国家卫生服务体系区域合作伙伴论坛会议纪要,2005 年 7 月 22 日)	阻止——为建议设置各种困难愿感或障碍 实例:"对于 Heather Sheerin 提出那一点意见,Philip Walker 认为,难以与其他地方提供的服务对比服务经济成本,因为服务的提供不在同一个基础上。"(高地地区国家卫生服务体系区域合作伙伴论坛会议纪要,2006 年 1 月 20 日)
扩展——拓展或提出另一个人提出的建议或创新想法 实例:"人力资源经理补充说,区域合作伙伴论坛或许可以在下一次会议上考虑如何将现有区域合作伙伴关系工作计划与企业目标联系起来。"(高地地区国家卫生服务体系区域合作伙伴论坛会议纪要,2005 年 5 月 13 日)	给予信息——提供关于某个问题的真实情况、意见和说明 实例:"Caroline Parr 简要说明了高地地区国家卫生服务体系信息网络整体实施情况。她认为,信息网络工作(弹性上班制、压缩工作法定工作时间、自我排班)等员工友好政策对某些方面还未落实。"(高地地区国家卫生服务体系区域合作伙伴论坛会议纪要,2005 年 5 月 13 日)	反对——有意识地直接表达不同意见 实例:"Philip Walker 认为,他不支持超出《改革议程》中条款和条件的额外支付,并认为这在新克雷格斯就将影响 470 名员工。"(高地地区国家卫生服务体系区域合作伙伴论坛会议纪要,2005 年 11 月 18 日)
包容——寻求将其他人加入讨论或给予肯定评价 实例:"Adam Palmer 认为,这是在提供服务方面与其他机构合作并考虑全新方式进行的机会。"(高地地区国家卫生服务体系区域合作伙伴论坛会议纪要,2005 年 5 月 13 日)	推迟——推迟将某个问题或讨论之交给另一个部门负责 实例:"Roger Gibbins 建议,由于时间所限制,关于 Kerr 报告的说明应推迟至下一次会议进行。"(高地地区国家卫生服务体系区域合作伙伴论坛会议纪要,2005 年 7 月 22 日)	批评——有意识地并直接批评其他人的想法 实例:"Adam Palmer 提醒论坛成员,区域论坛应监督所有伙伴关系信息网络指南的实施情况,而不是像目前所正式期待实施的那样。"(高地地区国家卫生服务体系区域合作伙伴论坛会议纪要,2005 年 7 月 22 日)

续表

积极的行为模式	中立的行为模式	消极的行为模式
巩固——总结或以其他方式积极重申讨论或考虑的内容 实例："Donald Shiach 确认，有必要提出岗位数多出两倍。因为此项明确认可这方面的能力。"（高地区国家卫生服务体系区域合作伙伴论坛会议纪要，2005年5月13日）	共鸣——认同他人提出的观点/立场但不必赞成 实例："Roger Gibbins 指出，他的理解是划定不必赞成区域供访客使用。"（高地区国家卫生服务体系区域合作伙伴论坛会议纪要，2006年1月20日）	攻击——有意识地直接言语攻击另一个人或他/她涉及价值判断和情绪色彩的观点 实例："Jessie Farquhar 建议，员工们不可能希望取消津贴，尤其是当他们仍需看到这一方案时。"（高地区国家卫生服务体系区域合作伙伴论坛会议纪要，2005年11月18日）
赞成——有意识地直接表明支持或同意另一个人的立场或行动 实例："此外，会议同意的简要说明，有关企业目标会影响的一个高地区国家卫生服务体系区域合作伙伴论坛会议纪要，2005年5月13日）	辩护——努力坚持己见 实例："他强调，高地区采取这些行动不会产生影响卫生服务体系区域合作伙伴论坛会议纪要，2005年7月22日）	设定先决条件——提出事先必须实现的条件 实例："他指出，行政材文书（A&C）员工方代表不希望参与这个更广泛的进程，直到做出界解决定。"（高地区国家卫生服务体系区域合作伙伴论坛会议纪要，2005年7月22日）
坦诚——以非自卫方式有意识地承认个人存在的错误/不当 实例："Chris McIntosh 还指出，一些员工对他们认为不符合在公休假日提供服务的方式感到困惑。"（高地区国家卫生服务体系区域合作伙伴论坛会议纪要，2005年5月13日）	事先通知——指出未来考虑的问题 实例："会议后准备一份文件，本组将在2006年11月27日举行会议时处理，于2007年2月提交给委员会。"（高地区国家卫生服务体系区域合作伙伴论坛会议纪要，2006年11月17日）	打断——蓄意和连续打断另一个人的建议或表示支持/反对的合理说明 实例："以其他任何方式处理这个问题都会让员工质疑公平性并将导致同工同酬的要求，甚至是在心理健康员工中间。"（高地区国家卫生服务体系区域合作伙伴论坛会议纪要，2006年3月17日）

续表

积极的行为模式	中立的行为模式	消极的行为模式
信任——表明对一个行动或政策的满怀信心的期望 实例:"Ray Stewart 建议,设施预算应当配置正取得适当进展。"(高地地区国家卫生服务体系区域合作伙伴论坛会议纪要,2006 年 1 月 20 日)		忧虑——对一个行动或政策的潜在后果表达忧虑的期待 实例:"George Andrews 提出了一个员工的担忧,即工作的聚集可能导致工作处理前后的矛盾。他指出,如果这种情况的进程相应的话,高地地区国家卫生服务体系区域将失去可靠性。"(高地地区国家卫生服务体系区域合作伙伴论坛会议纪要,2005 年 7 月 22 日)
		威胁——公开表达否决和/或报复的意向 实例:"Ray Stewart 先生表示,他将致函首席行政官确认这一点,表明没有参与实施。"(高地地区国家卫生服务体系区域合作伙伴论坛会议纪要,2007 年 5 月 18 日)
		怀疑——要求证或证明对一个建议或计划的怀疑 实例:"Tony Cowan - Martin 质疑,是否有证据表明 Assynt House 和 John Dewa 的关闭对诊疗服务产生负面影响。"(高地地区国家卫生服务体系区域合作伙伴论坛会议纪要,2005 年 11 月 18 日)

资料来源:取自 Bacon & Samuel 于 2010 年改编自 Walton & Mckersie(1965:第 3、5、6 章)的著作。

四 成果类型

用于分析伙伴关系会议成果的框架取自 Bacon & Samuel 在 2010 年撰写的著作。在初步确定区域伙伴关系会议讨论的 13 类不同决定后，本书将这些决定分为 5 类基本成果（见表 3-4）。

表 3-4 伙伴关系会议成果类型

成果类型	实例
完善，即根据区域合作伙伴论坛讨论结果，完善政策内容或改变政策实施方式，产生切实可行的改变或改进	包括：论坛就一个政策提出建议，然后将这个问题提交给另一个委员会/论坛考虑；论坛回应国家政策磋商，提出建议；论坛在讨论后改变初始行动计划
赞成，即赞成拟议的政策或已计划的行动	包括：采纳某项政策；赞成已计划的行动路线
参与，即决定让其他方参与决策进程	包括：论坛派遣代表参加另一个委员会/论坛会议，联合讨论某项政策；经理已签署同意某项政策，但是论坛要求回到区域合作伙伴论坛进一步讨论这个问题；论坛同意举行小型工作组会议讨论某个问题，并随后向全组成员汇报；论坛邀请其他委员会/论坛代表，联合讨论某个问题
重新审议，即决定迟些时间重新审议某个问题	包括：某一方建议完善某项政策，但其他方不同意，将这个问题推后讨论；由于法定人数不足或由于时间压力，对某个问题的讨论推后进行
否决，即参与方拒绝在论坛中讨论某个问题或否决某项政策	包括：某一方拒绝再讨论某个问题；某一方拒绝签署同意某项政策

研究表明，完善政策内容或政策实施方式能够提升对伙伴关系的满意度和对伙伴关系过程的忠诚度，因为这样的会议产生了实际影响。在伙伴方早期参与全面磋商的基础上达成的协议也能够提升对有效伙伴关系的满意度，这表明了有效伙伴关系的有效性。然而，需要指出的是，在没有与伙伴方进行充分磋商基础上达成的协议不会提升对有效伙伴关系的满意度，因为这意味着论坛就像一个例行公事的组织。让伙伴方参与决策很重要，但是只有在参与产生影响的情况下才能提升满意度。重新审议很重

要，但是过多的重新审议可能产生永远解决不了问题的感觉。这可能会降低对伙伴关系的满意度和对伙伴关系过程的忠诚度。在论坛中否决某项政策或拒绝讨论某个问题可能被视为，未来在有效伙伴关系的基础上不可能达成协议，这将对合作伙伴关系造成伤害。

第五节 结语

本章回顾了在社会和经济发生广泛变化的背景下运用纵向研究方法研究伙伴关系现象的优点。本书基于特定标准选取了三个卫生委员会作为研究对象，包括苏格兰高地地区国家卫生服务体系、大格拉斯哥与克莱德地区国家卫生服务体系和苏格兰毗邻地区国家卫生服务体系。本章还阐述了数据收集的主要方法。本书所用所有研究方法的主要特点是，运用了各种方法收集数据并运用多种工具将会议记录归为不同的议程类别、参与方小组、行为模式和不同类型的成果。根据这些数据分析框架，以下章节将开始探讨三个卫生委员会伙伴关系的环境、运作、演化和成果。

第四章 政治权力下放后苏格兰国家卫生服务体系中的劳资关系

本研究的首要目的是，回顾苏格兰国家卫生服务体系中的社会伙伴关系建立和发展的环境。下述对结论内容的讨论首先开始于详细说明缔结合作伙伴关系协议的外部社会经济环境和内部组织环境。就外部环境而言，本书分析了四个主要方面，包括政治环境、政策环境、财务环境和苏格兰国家卫生服务体系的现代化战略；内部环境侧重于地理和人口背景、组织结构和规模、雇佣关系传统、工会组织及其实力。

第一节 外部环境

包括政治、经济和社会因素在内的外部环境深刻地影响着合作伙伴协议的建立和发展（Kochan & Osterman，1994）。有人认为，面对中等压力和张力的公司比没有压力或没有经历极端危机的公司更可能建立联合倡议（Walton，1987），而且象征性的合法性为诸如伙伴关系等创新机制的采用和发展提供了政治和政策基础（Scott，1995）。在苏格兰国家卫生服务体系中，政治权力下放似乎是鼓励采取国家级合作伙伴协议的一个关键因素，这反映了权力下放的政府立志将工会纳入改善公共服务的计划之中（Bacon & Samuel，2009）。政府领导人、国家卫生服务体系的雇主和工会拥有的共同愿景是，通过有效伙伴关系使国家卫生服务体系现代化至关重要（Bacon & Hoque，2012）。苏格兰国家卫生服务体系关键的战略发展文件多次提到和体现了这一承诺。需要指出的是，本书所研究的合作伙伴协议处于国家卫生服务体系现代化的特定环境。在此环境下，经理寻求工会合作，实现绩效目标。

第四章 政治权力下放后苏格兰国家卫生服务体系中的劳资关系

一 权力下放

对苏格兰政治权力下放产生最深远影响的措施是，1997年在威斯敏斯特当选执政的工党政府声明，就政治权力下放至苏格兰举行公投。1997年9月11日，苏格兰举行了权力下放公投，60.4%的选民支持苏格兰政治权力下放。公投后，《苏格兰法案》于1998年11月19日获得通过，赋予苏格兰立法部门组建一个议会并赋予这个议会具有税收变更权（《苏格兰法案》，1999）。因此，苏格兰议会成为一个权力下放的立法机构。《苏格兰法案》规定了如何选举产生苏格兰议会成员，并对议会内部运作做出了规定（《苏格兰法案》第1~18节做出了具体规定）。《苏格兰法案》也规定了苏格兰议会的立法权限，即苏格兰议会做出主要和次要立法的事项。然而，《苏格兰法案》并未具体阐述这些事项。相反，《苏格兰法案》规定了一份清单，包括英国议会保留职责的保留事项。权力下放的事项都不在保留事项范围内（《苏格兰法案》在计划表5中做出了具体规定）。卫生是权力下放后苏格兰议会获权的最重要政策领域之一，除职业监管和堕胎之外（《苏格兰法案》，1999）。苏格兰成立了处于议会管辖之下的独立政治体制，例如卫生和社区关怀大臣对苏格兰议会负责，掌管国家卫生服务体系的运作；议会委员会可以质询苏格兰行政院卫生部的首席行政官和所有国家卫生服务体系委员会的主席［英国医学会（BMA），2007］。

通过提供更多的政治自治和财务灵活性，权力下放为分权国家比以往以更大的决心和更有侧重点地解决地方需求提供了巨大机会。就政治环境而言，权力下放为分权国家提供了不同的投票制度，创建了不同的政府。例如，在苏格兰，苏格兰议会头两个任期内，行政院由工党和自由民主党联盟领导。2007年举行的第三次苏格兰选举发生了很大的变化，苏格兰民族党比工党赢得了更多的席位，并组建了一个少数党政府（见表4-1）。新苏格兰民族党政府用"苏格兰政府"取代了"苏格兰行政院"这个名称。

表4-1 苏格兰议会各任期组成情况

年份	苏格兰议会的组成情况
1999年——第一次选举	席位——苏格兰工党（56），苏格兰民族党（35），保守党（18），自由党（17），苏格兰绿党（1），苏格兰社会主义党（1）和其他（1）。 行政院由工党-自民党联盟领导

续表

年份	苏格兰议会的组成情况
2003年——第二次选举	席位——苏格兰工党（50），苏格兰民族党（27），保守党（18），自由党（17），苏格兰绿党（7），苏格兰社会主义党（6）和其他（5）。行政院由工党－自民党联盟领导
2007年——第三次选举	席位——苏格兰民族党（47），苏格兰工党（46），保守党（17），自由党（16），苏格兰绿党（2）和其他（1）。苏格兰民族党组建一个少数党政府

在各国，不同政党倾向于运用完全不同的杠杆和理念支持卫生政策（Greer，2004）。苏格兰新权力和决策中心的建立能够解决具体的地区需求并优先关注不同的问题。此外，不同的政党和利益相关方团体从不同战略方向塑造着卫生政策。除了工党政府的国家卫生服务体系现代化计划之外，政治环境的变化一直是苏格兰国家卫生服务体系现代化进程出现大分化的重要因素。在英格兰国家卫生服务体系中，信托经理有权决定他们自己的条款和条件。与英格兰国家卫生服务体系不同而且无论组织内部是否建立合作伙伴协议，苏格兰中央政府都要求在地方层面建立伙伴关系结构，这就构成了促进工会参与公共服务进程的重要政治动力。因此，这就创造了一个独特的政治环境，保护工会在政治舞台上的存在并为形成独特的伙伴关系奠定坚实的基础。

二 公共政策和政治承诺

自权力下放以来，苏格兰的大臣们对有效伙伴关系表达了高度的承诺（苏格兰行政院，2000、2003、2005a），并订立了一系列书面协议，旨在与众多伙伴方确立广泛的原则、共同的优先重点和接触条件。2002年，苏格兰行政院与苏格兰工会联合会签订了一份谅解备忘录（MoU），目的是建立有效合作，尤其是为在苏格兰发展真正的伙伴关系提供一个框架。2007年11月，苏格兰民族党政府与苏格兰工会联合会签订了一份新的谅解备忘录，在相互了解各方独特的价值观和作用的基础上，共同致力于在战略问题和共同关心的领域建立有效的伙伴关系。

作为公共部门最大的雇主，苏格兰国家卫生服务体系的雇主们率先制定和发展伙伴关系倡议。苏格兰卫生大臣们、国家卫生服务体系雇主们和工会领导人具有共同的愿景，即有效的伙伴关系对于建立患者视角的世界级卫生服务至关重要（苏格兰行政院，1999）。同时，他们认识到，如果不给予员工及其工会在如何规划和管理苏格兰国家卫生服务体系服务方面更大的发言权，这一愿景就可能无法实现。他们也认识到，提高员工参与影响他们工作决策的力度能够提升决策的质量，而且一支了解当地人口构成的劳动力队伍能够发展响应型、包容性的服务，并直接关系优质护理的提供和患者满意度的提升（《员工治理标准》，2007）。因此，自苏格兰启动国家卫生服务体系现代化以来，苏格兰行政院就在苏格兰国家卫生服务体系内大力致力于构建伙伴关系与合作精神。正如受访者所表达的：

> 苏格兰国家卫生服务体系中的伙伴关系密不可分，因为我们在为什么这样做的问题上达成了共识。我们都是为了给患者提供优质的护理。国家卫生服务体系在伙伴关系方面先行一步，因为我们在这个问题上意见一致，我们一起为之努力。利益动机不会影响这一点，尽管我们仍需努力。在国家卫生服务体系中，你不必进行阶级斗争，而且那些希望这样做的人，我可以告诉他们，让他们走开。人的自然本性是不希望生活在冲突之中。[苏格兰国家卫生服务体系苏格兰劳动力和员工治理委员会（SWAG）主席，2010]

> 在我加入国家卫生服务体系时，伙伴关系面临的形势非常紧张。有人质疑高层对伙伴关系的承诺。我可以向你保证，这种承诺是坚定不移的。我们犯过错误，有过短暂的偏离，但是我们仍致力于构建伙伴关系。（苏格兰国家卫生服务体系卫生服务人员临时主任，2010）

许多重要的战略性政策文件也频繁提到这些承诺（见表4-2），例如：

> 现代化议程是复杂的、高要求的，但是这是比以往需要更多精力办的事情。这种方式的核心是伙伴关系。每个人都有权利、有责任加入全国的努力中，为实现改善和改变而努力。
> ——《我们的全民健康，一个行动计划》，2000

> ……员工与雇主之间的伙伴关系，涉及工会和职业团队，是实现公共服务持续改善的必要条件。通过今年早些时间成立的苏格兰合作

伙伴论坛和人力资源论坛可以在全国层面向前推动伙伴关系承诺,以确保员工在最高层面拥有发言权。

——《护理伙伴关系》,2003

共同的国家卫生服务体系概念加强和拓展了对有效伙伴关系的承诺,而且我们将通过苏格兰合作伙伴论坛继续在战略和实践层面发展这一概念。

——《更健康的体魄,更完善的护理》,2007

表4-2 苏格兰国家卫生服务体系发展的重要事件

年份	主要文件和活动
1997	启动"精心护理"(Designed to Care)。从患者视角,提出一个建立世界级卫生服务的愿景。承认与工会和职业组织建立伙伴关系的重要性
1998	发布《迈向新的工作方式》(Towards a New Way of Working)战略。这个首份人力资源战略指出,基于伙伴关系的新员工关系框架是苏格兰国家卫生服务体系现代化成功的必要条件
1998	建立苏格兰合作伙伴论坛,旨在支持国家层面的伙伴关系努力
1999	发布第59号苏格兰国家卫生服务体系管理行政人员信函(NHS MEL)(1999),要求苏格兰国家卫生服务体系雇主必须遵守合作伙伴协议
2002	苏格兰行政院与苏格兰工会联合会签订谅解备忘录,其目的是明确彼此就广泛的公共政策问题进行接触的流程和程序
2002	建立伙伴关系支持单位(PSU)并将之纳入苏格兰行政院卫生部(SEHD)。伙伴关系支持单位是一个专用的资源,用于支持在国家和地方层面进一步发展和实施有效的伙伴关系
2003	建立人力资源论坛(HRF),其目的是确保苏格兰国家卫生服务体系成为一个示范性的雇主,并保持人力资源实践与程序的一致性
2005	发布《伙伴关系:面向未来》(Partnership: Delivering the Future)报告,建议未来实施新伙伴关系组织结构
2007	发布《员工治理标准》(修订版)(Staff Governance Standard)。该标准阐述了苏格兰国家卫生服务体系各雇主应实现什么目标,从而在公平、有效的员工管理方面持续取得改善
2007	苏格兰民族党政府与苏格兰工会联合会签订了一份新的谅解备忘录,简要阐述了就经济发展、公共部门改善和社会伙伴关系等共同的优先重点议题进行持续对话的正式机制

鉴于与工会的有效伙伴关系获得了强有力的政治承诺，加上稳固的组织支持，这就构成了国家支持的社会伙伴关系形式，并预示着一个初生并且可能独具特色的处理苏格兰劳资关系的社会民主方式的兴起。尽管苏格兰处于自由市场环境，但考虑到政党高度参与合作伙伴协议这个因素，苏格兰的社会伙伴关系也具有其他欧洲国家协调市场经济伙伴关系的特点（Bacon & Samuel, 2009）。

三 不断变化的财务环境

英国国家卫生服务体系的财务安排是由英国财政部决定的。资金来源于普通税收和国民保险税。目前，权力下放的国家以无条件一揽子拨款的形式从英国财政部获得资金，而且一揽子拨款的规模由巴奈特公式①决定。

尽管英国四个卫生系统的融资机制是相当类似的，但权力下放使得国家拥有很大的自治权和灵活性，从而可以根据他们自己的卫生政策和优先重点配置资源。从2000年至2008年，苏格兰国家卫生服务体系的卫生预算是根据2000年制定的阿布斯诺特公式配置给各委员会的。阿布斯诺特公式根据加权按人计算方式分配国家卫生服务体系预算，即首先计算各国家卫生服务体系委员会地区的居民人数，然后根据国家卫生服务体系委员会人口的年龄/性别、基于死亡率和生活环境（包括贫困）的需求以及为偏远地区和农村地区提供服务的额外成本做出调整。

这个公式符合国家卫生服务体系价值观，即寻求在需求点上提供平等获取免费卫生的机会。苏格兰国家卫生服务体系资源配置委员会（NRAC）于2005年成立，其目的是完善阿布斯诺特公式。资源配置委员会通过以下方式完善和拓展了阿布斯诺特公式，即评估确定不同人群需求的新证据来源和利用新信息确定可能影响提供卫生服务成本的事项。该委员会还考虑了如何将这一公式推广至卫生开支的其他领域（例如，初级牙科、眼科和药店服务）以及国家卫生服务体系的服务改变（例如，Kerr报告）对未来资源配置产生何种影响。根据资源配置委员会的建议，2009/2010财年在向国家卫生服务体系委员会通报资源配置情况时，新的

---

① 巴奈特公式是英国财政部使用的一个机制，用于自动调整分配给北爱尔兰、苏格兰和威尔士的公共开支金额，以反映英格兰、苏格兰和威尔士或大不列颠酌情分配给公共服务的开支水平变化情况。

苏格兰国家卫生服务体系资源配置委员会公式取代了阿布斯诺特公式。

2010年，苏格兰审计局报告称，苏格兰公共部门面临权力下放以来最大的财务压力。2001/2002财年至2009/2010财年，国家卫生服务体系开支实际增长38%（苏格兰审计局，2010）。然而，自2008/2009财年（见表4-3）以来，国家卫生服务体系资金同比增长已经减速。在2010/2011财年，预算方案仅为苏格兰国家卫生服务体系提供现金拨付增长2.4%。

表4-3　2004/2005财年至2009/2010财年苏格兰国家卫生服务体系整体财务状况

单位：百万英镑，%

苏格兰国家卫生服务体系结算	2004/2005	2005/2006	2006/2007	2007/2008	2008/2009	2009/2010
收入预算	7965	8650	9109	9726	10085	10387
资本预算	193	305	391	398	508	497
总预算	8158	8955	9500	10124	10593	10884
增长率	—	9.7	6.1	6.5	4.6	2.7

资料来源：苏格兰审计局，《2009/2010年苏格兰国家卫生服务体系财务概况》，2010，爱丁堡。

尽管资金增长速度减缓，但国家卫生服务体系仍继续面临着服务需求的不断增长。苏格兰审计局在2008/2009财年的报告中指出，苏格兰国家卫生服务体系面临诸多成本压力，包括国家卫生服务体系薪资；处方成本的不断增加；私人融资倡议项目下的现有承诺；卫生不平等、治疗肥胖和毒品与酒精滥用的成本。此外，在2008年金融危机的综合影响下，这些压力使财务环境更加恶化。因此，需要指出的是，苏格兰国家卫生服务体系中的各委员会被迫在确保卫生服务质量的情况下平衡财务状况。

更严峻的财务前景意味着苏格兰国家卫生服务体系需要更加努力地提升效率，掌握并改善生产力水平，审议可以提供何种服务并与伙伴方和患者进行更加有效的合作（苏格兰审计局，2009）。2009年，苏格兰政府卫生署（SGHD）制定了国家卫生服务体系效率和生产力计划（NHS Efficiency & Productivity Programme），期望借此提升支持服务的效率，改善基准信息，支持采用改善方法并通过重新设计核心服务减少服务提供中的变数（苏格兰行政院，2008）。根据这一计划，地方委员会在资金限制和他们所面临的成本压力内制定了他们自己的财务计划。他们已经采取了很多措施，包括对服务进行再设计，以便以新的方式提供诊疗和非诊疗服务；通过确认单位成本需求和重要的效率指标，提高资源管理成效；通过审议和重新商谈供应商合同，改善物资采购；通过审议服务收费价格，提高收入；以及通过考虑关于员工补充和调配的未来需求，完善人力规划。

就企业战略、治理结构变化和最重要的人力规划而言，这一系列的行动对国家卫生服务体系各委员会的运作产生了深远影响。由于预算压力的增长，某些领域招聘的人员数量将不可避免地减少。尽管苏格兰国家卫生服务体系奉行非强制减员政策，苏格兰国家卫生服务体系各委员会正在采取必要措施应对这一挑战，包括审议值班模式和员工调配，这可能导致受到这些行动影响的员工产生异议。

不断变化的财务环境还将对合作伙伴协议中的管理方和工会产生重要影响，正如一位人力资源经理所说：

> 展望未来，我们正在将之前舒适的财务环境推向未知的方向。与员工和工会的伙伴关系将面临压力，因为员工们发现身陷困难的环境之中。这将是一个有趣的动态变化过程。在当前财务环境下，我们管理经理和工会管理员工一样面临困境。（苏格兰国家卫生服务体系人力临时代理负责人，2010）

然而，没有迹象表明，在如此困难时期，高级经理们将放弃伙伴关系。相反，高级经理们表达了一种积极的立场。

> 由于选举和公共部门开支面临的压力，我们现在正步入艰难时期。在这样的环境下，我们可以利用伙伴关系度过这种财务困境。（苏格兰国家卫生服务体系人力临时代理负责人，2010）

需要再次强调的是，高级经理们需要建立有效的磋商和接触机制，以确保员工获知未来需要做出的困难决定，而且有效的合作伙伴协议在这一过程中可能变得更加重要。

四 苏格兰国家卫生服务体系现代化

在1997年当选后，威斯敏斯特的工党政府提出一个国家卫生服务体系现代化战略。过去十年来,英国国家卫生服务体系发生了深刻变化,其目的是改善卫生服务质量。然而,苏格兰国家卫生服务体系的现代化议程在一些方面似乎不同于其他国家,因为权力下放使得苏格兰政府有权设计一个符合苏格兰人需求的卫生服务。

国家卫生服务体系现代化是一个复杂且动态变化的过程。现代化议程的三个方面似乎对伙伴关系的发展产生重要影响,包括战略方向、治理结构的变化和绩效管理与人力资源改革。

(一) 战略方向

在过去十年的时间里,苏格兰国家卫生服务体系中卫生政策的战略方向随着权力下放进程而发生了重要变化。反映政治动态对苏格兰卫生服务产生影响的关键议题包括卫生综合战略、私营部门不断变化作用和卫生社区对战略决策的影响力。

2000年,苏格兰国家卫生服务体系颁布《我们的全民健康,一个行动计划》,被视为苏格兰迈向更卫生保健体系之路的一个重要里程碑和路标牌。该计划概述了苏格兰国家卫生服务体系现代化的核心目标、优先重点和过程,并详细说明了各项计划,包括通过改变治理和问责重建一个真正的国家卫生服务体系;提升公众和患者参与国家卫生服务体系的程度;以及实施服务改革和现代化(苏格兰行政院,2000)。2005年,名为《构建面向未来的卫生服务》的 Kerr 报告强调有必要在医院之外提供更多的服务并提高初级护理和二级护理的整合度。报告建议创建一个综合的卫生体系,使各部分紧密联系在一起。报告预计,"一个综合的、完整的系统性响应能够而且必定能够应对人口老龄化、长期状况的增长和持续的急诊床位压力。这样一个系统性的响应推动苏格兰国家卫生服务体系从一个由医院医生诊治疾病的组织转向一个与患者建立伙伴关系的组织,从而预防疾病并通过整个卫生团队的努力以持续的方式加以应对"(Kerr,2005)。

作为回应,苏格兰行政院(2005b)发布了《为卫生提供服务》(*Delivering for Health*),其目的是在诊疗问题上采取综合方式并为地方社区提供大多数护理(苏格兰行政院,2005a)。这两个文件建议的框架增强了各委员会之间建立联合工作的原则和通过社区卫生伙伴关系(CHP)平台建立地方国家卫生服务体系治理机制的原则(见图4-1)。2008年,苏格兰

第四章 政治权力下放后苏格兰国家卫生服务体系中的劳资关系

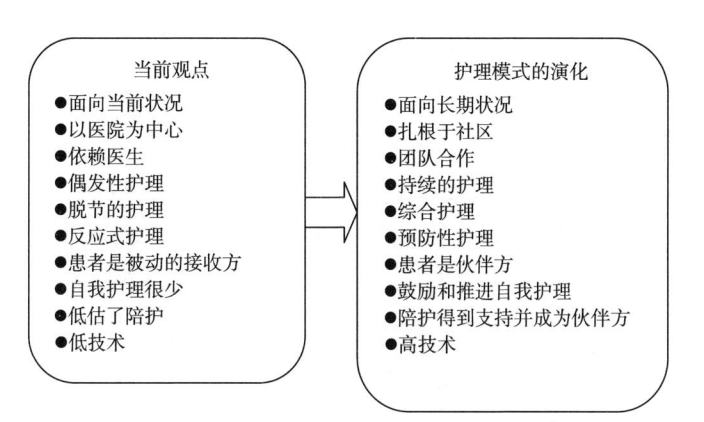

当前观点
- 面向当前状况
- 以医院为中心
- 依赖医生
- 偶发性护理
- 脱节的护理
- 反应式护理
- 患者是被动的接收方
- 自我护理很少
- 低估了陪护
- 低技术

护理模式的演化
- 面向长期状况
- 扎根于社区
- 团队合作
- 持续的护理
- 综合护理
- 预防性护理
- 患者是伙伴方
- 鼓励和推进自我护理
- 陪护得到支持并成为伙伴方
- 高技术

图 4-1 苏格兰国家卫生服务体系发展战略

民族党政府根据 Kerr 报告指出的方向发布了《更健康的体魄，更完善的护理：行动计划》（苏格兰政府，2008）。就治理而言，苏格兰民族党政府立法规定直接选举卫生委员会。通过这种方式，苏格兰政府加强了鼓励地方决策和社区参与的战略（苏格兰行政院，2007）。

就私营部门的作用而言，位于威斯敏斯特的工党政府支持提升私营部门的参与度，以便在苏格兰国家卫生服务体系建立一个内部市场。然而，苏格兰工党和苏格兰民族党却朝着不同的方向来实现英格兰基于市场的改革。1999 年生效的《卫生法案》（Health Act）废除了苏格兰国家卫生服务体系内部市场。取而代之的是基于协作而不是竞争的新组织机构。苏格兰民族党政府近期通过一项立法，拒绝接纳拥有持初级卫生服务合同股东的商业公司并禁止私人承包医院清洁和餐饮服务（英国医学会，2010）。

Greer（2004）将苏格兰国家卫生服务体系模式称为"专业化"，因为这种模式更加依赖专业人员提升质量并以专业的工作方式调整卫生组织结构。自权力下放以来，由三个皇家学院和五个大学卫生中心构成的政策圈在很大程度上影响着政策制定程序（英国医学会，2007）。决策者和卫生专业人员在制定卫生政策方面展现了更加紧密的专业关系，而这正是其他地方所缺少的（英国医学会，2007）。然而，英国医学会（2010）近期的一份报告指出，苏格兰起初对"专业化"的关注在几年前就发生了变化，那时健康服务集中化成为一大公共问题，而且倾听专业人员的做法也发生了变化，因为政府开始赋予患者和公众更大的发言权（英国医学会，2010）。

(二) 组织结构的变化

鉴于苏格兰卫生政策是要努力创建一个综合性的卫生体系，苏格兰国家卫生服务体系过去十年来已经进行了重大的组织结构改革。苏格兰国家卫生服务体系的治理结构主要侧重于协作和综合化。2004年之前，苏格兰设立了15个国家卫生服务体系委员会。这些委员会的总目的是确保地方国家卫生服务体系的效率、效用和负责任地治理并为地方国家卫生服务体系提供战略领导和方向。这些委员会基本上设立了28个信托基金。国民保健信托（acute trusts）提供基于医院的服务（包括诸如癌症专科服务等第三级服务）。基层护理信托（PCTs）负责提供基层护理服务（包括家庭、社区和心理健康服务）。基层护理信托下设地方卫生保健合作社（LHCCs），这是一个由全科医生组成的自愿团体，目的是为他们的地方社区提供护理支持（见图4-2）。

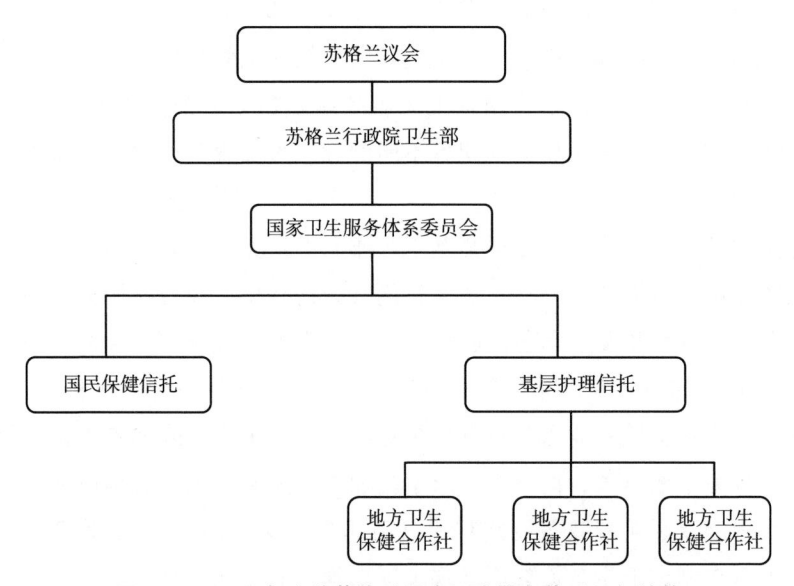

图4-2　2004年之前苏格兰国家卫生服务体系组织结构

2003年2月，苏格兰发布《面向护理的伙伴关系》白皮书，为苏格兰国家卫生服务体系推荐一个新的管理组织结构（苏格兰行政院，2003）。废除了所有国民保健信托和基层护理信托。取而代之的是14个委员会，目的是创建一个注重本地的综合卫生体系，而且不同部分之间建立密切的关系（见图4-3和表4-4）。自那时起，这些委员会负责提供社区和基础护理服务。此外，社区卫生伙伴关系（CHP）于2005年4月成立，用以管理基础和社区卫生服务并取代79个合作社。目前，社区卫生伙伴关系的数量接近40个，达到每个国家卫生服务体系委员会拥有至少一个社区卫生伙伴关系，而最大的委员会，大格拉斯哥和克莱德地区，拥有10个社区卫生伙伴关系。因此，这就与地方政府建立了一个更加密切的工作和计划关系，并直接向国家卫生服务体系委员会报告。

```
                    ┌─────────────┐
                    │  苏格兰议会  │
                    └──────┬──────┘
                           │
                    ┌──────┴──────────┐
                    │ 苏格兰行政院卫生部 │
                    └──────┬──────────┘
                           │
              ┌────────────┴────────────┐
              │                         │
      ┌───────┴──────┐    ┌─────────────┴──────────┐
      │ 特别卫生委员会 │    │ 国家卫生服务体系委员会运营部门 │
      └──────────────┘    └─────────────┬──────────┘
                                        │
                          ┌─────────────┼─────────────┐
                          │             │             │
                   ┌──────┴─────┐┌──────┴─────┐┌──────┴─────┐
                   │ 社区卫生委员会││ 社区卫生委员会││ 社区卫生委员会│
                   └────────────┘└────────────┘└────────────┘
```

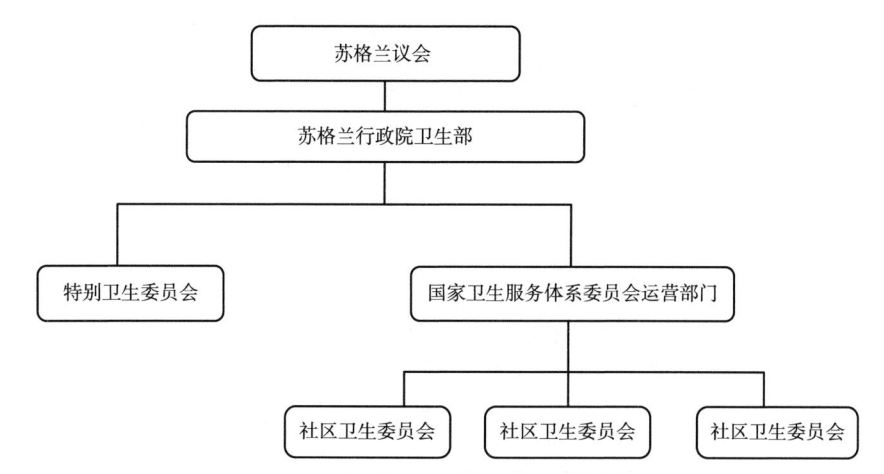

图4-3　2004年之后苏格兰国家卫生服务体系组织结构

资料来源：苏格兰行政院，2003，《面向护理的伙伴关系》，爱丁堡。

表4-4　苏格兰国家卫生服务体系组织结构

组织	作用与职责
苏格兰议会	苏格兰议会对苏格兰卫生拥有完全的立法权，并根据英国财政大臣的预算将资金配置给国家卫生服务体系。苏格兰财政大臣将这些资金分配给中央卫生服务体系、国家卫生服务体系委员会和地方层面的国家卫生服务体系。议会委员可以质询苏格兰政府卫生署首席行政官和所有国家卫生服务体系委员会主席
苏格兰政府卫生署（SGHD）	苏格兰政府卫生署负责苏格兰国家卫生服务体系和卫生与社区护理政策的制定与实施。苏格兰国家卫生服务体系首席行政官领导国家卫生服务体系的中央管理，对卫生服务效率和绩效大臣及卫生署负责人负责，监管14个国家卫生服务体系委员会的工作，而国家卫生服务体系委员会负责为本区域内民众规划卫生服务

续表

组织	作用与职责
特别卫生委员会	苏格兰特别卫生委员会提供全国服务，包括苏格兰国家卫生服务体系国民保健服务委员会、国家卫生服务体系24小时卫生服务委员会、苏格兰国家卫生服务体系教育委员会、苏格兰国家卫生服务体系卫生服务委员会、苏格兰国家卫生服务体系质量改善委员会、苏格兰救护服务委员会、苏格兰州医院委员会和全国等待时间中心委员会（National Waiting Times Centre Board）
国家卫生服务体系委员会	国家卫生服务体系委员会为其所在地区整个地方国家卫生服务体系提供战略领导和绩效管理并确保有效和高效地提供服务。这些委员会负责管理地方医院和全科医生。苏格兰有14个地区卫生委员会，包括艾尔郡和阿然国家卫生服务体系、毗邻地区国家卫生服务体系、丹弗里斯-加洛韦国家卫生服务体系、法夫国家卫生服务体系、福斯谷国家卫生服务体系、格兰扁国家卫生服务体系、大格拉斯哥与克莱德地区国家卫生服务体系、高地地区国家卫生服务体系、拉纳克郡国家卫生服务体系、洛锡安国家卫生服务体系、奥克尼国家卫生服务体系、设德兰国家卫生服务体系、泰赛德国家卫生服务体系和西部群岛国家卫生服务体系
社区卫生伙伴关系（CHP）	社区卫生伙伴关系是联合组织，在特定地区由地方政府、全科医生和其他卫生专业人士组成。社区伙伴关系直接向国家卫生服务体系委员会负责，在伙伴关系、综合和服务再设计方面发挥关键作用。他们为伙伴方提供合作机会，以改善他们所服务的地方社区的生活

这些改变形成了一个简单、相对扁平的组织结构，减少了苏格兰大臣们与经理们以及经理们与他们的员工的沟通层级。这也表明，经理们有更大的动力来寻求工会合作以促进组织机构改革，这为经理们与工会代表之间建立更密切的合作关系创造了氛围。

（三）绩效管理与人力资源改革

除了上述提及的独特的发展战略和持续的结构改革之外，苏格兰国家卫生服务体系还与英格兰国家卫生服务体系和威尔士国家卫生服务体系一起实施了一种与众不同的绩效管理体系。目前，苏格兰是用HEAT目标衡量苏格兰国家卫生服务体系的绩效管理。HEAT指健康、效率、获取和治疗，是一系列核心的部长级目的、目标和措施。这一目标的关键目的是：改善苏格兰人民的健康——提高平均寿命和健康预期寿命；改善效率和治理——继续提高国家卫生服务体系的效率和效用；获取服务——认可患者更快和更方便地使用国家卫生服务体系服务的需求；为个人提供恰当的治疗——确保患者接受满足他们需求的优质服务（苏格兰行政院，2005a）。每个目标都包含一系列指标，涵盖广泛的财务、患者服务和人力资源管理（HRM）目标。HEAT绩效管理体系为国家卫生服务体系委员会制定了目标和措施，以供公开监督和评估。苏格兰国家卫生服务体系与伙伴方每年都会就少量的HEAT目标达成协议。这些目标勾勒了全苏格兰拟加速实现的改善，以推动卫生保健质量目标（Healthcare Quality Ambitions）和成果取得进展。成功的地区服务规划（Local Delivery Plan）和年度审议是苏格兰国家卫生服务体系绩效管理的关键。国家卫生服务体系继续根据HEAT目标制定地区服务规划，确定其服务渠道、关键风险、劳动力挑战和财务计划。

根据HEAT绩效管理体系实施了重要的人力资源改革，其关键内容包括薪资现代化和员工治理。2014年启动了《改革议程》，规划在薪资、条件和工作实践方面进行影响深远的改革。该计划为所有员工提供了通用的条款和条件，并得到国家卫生服务体系工作评估计划（NHS Job Evaluation Scheme）和国家卫生服务体系知识和技能框架（KSF）的支持。该计划目的是提供：基于同工同酬原则的公平薪资制度；改善薪资与职业发展的联系；协调服务条款与条件，包括年度休假、全职工作时间、非正常工作时间薪资和病假工资水平（《改革议程》，2004）。这些建议的关键是强调与工会的有效伙伴关系，以确保工会代表有充足的时间和大力的支持来参与地方层面《改革议程》的实施。

2007年，修订版《员工治理标准》通过了立法，与诊疗和财务管理一起构成了苏格兰国家卫生服务体系治理框架的三个支柱。该标准是一份关键的政策文件并被纳入立法，成为《2004国家卫生服务体系改革（苏格兰）法案》的一部分。该标准确立了苏格兰国家卫生服务体系各雇主应实现的目标，以持续改善对员工的公平有效管理。该标准侧重于五个关键原则，以确保员工获得适当的培训；拥有安全的工作环境；及时获知信息；参与影响他们的决策；并受到公平、始终如一的待遇（苏格兰行政院，2007）。《员工治理标准》是有效伙伴关系、雇佣惯例和员工关系的首要政策。该标准建议建立地方合作伙伴协议，目的是推动、协调和监督员工方参与服务规划、战略制定和人力规划等方方面面的工作。根据这一政策的指引，国家卫生服务体系各委员会必须建立一个员工治理委员会，与诊疗治理委员会和审计委员会一起构成了国家卫生服务体系委员会的整个治理框架。

总之，上述讨论表明，合作伙伴协议主要由苏格兰国家卫生服务体系政府推动。权力下放在苏格兰创造了一个独特的政治环境（Bacon & Hoque，2012），带来了更大的财务自主权和一个与众不同的国家卫生服务体系现代化战略。最重要的是，这为与工会的合作伙伴关系带来了更坚定的政治承诺和参与度。这可能是苏格兰国家卫生服务体系合作伙伴协议与其他部门合作伙伴协议有所区别的原因所在。

第二节 内部环境

除了外部环境外，有研究也表明合作伙伴协议受限于其自身组织的性质（Kochan & Osterman，1994）。根据现有文献，四个主要组织特性影响着伙伴关系的强弱，包括地理和人口背景、组织结构和规模、劳资关系传统及工会组织与力量（Deakin et al.，2005；Haynes & Allen，2001；Oxenbridge & Brown，2002）。

一 地理和人口背景

在地理上，高地地区国家卫生服务体系是苏格兰最大的卫生委员会，覆盖面积32515平方公里，从西南部的金泰尔到东北部的凯斯内斯；服务居住于高地议会区和阿盖尔－比特议会区的39万名居民。

大格拉斯哥与克莱德地区国家卫生服务体系覆盖地理面积1190.23平方公里，服务人群120万人，几乎占苏格兰人口的1/4。该地区位于苏格兰中西部，创建于2006年4月1日，由大格拉斯哥国家卫生服务体系和阿盖尔－克莱德国家卫生服务体系的一部分合并而成。大格拉斯哥与克莱德地区国家卫生服务体系涵盖格拉斯哥市、东邓巴顿郡、西邓巴顿郡、伦弗鲁郡、东伦弗鲁郡、阿盖尔－比特和因弗克莱德单一议会区，包括北拉纳克郡的斯特普斯镇、茅迪斯本镇、缪尔海德镇和克里斯顿镇以及南拉纳克郡的肯布斯兰镇和路斯格兰镇。大格拉斯哥与克莱德地区国家卫生服务体系还为南拉纳克郡的东基尔布赖德区提供一些服务。

毗邻地区国家卫生服务体系在地理上覆盖苏格兰南部大部分农村地区。该委员会的中心是洛克斯伯郡的毗邻地区综合医院（Borders General Hospital）。该医院有员工1000多人，是毗邻地区中部的一家社区医院，服务于苏格兰毗邻地区约11万名居民，覆盖面积4732平方公里。

二 组织结构与规模

高地地区国家卫生服务体系拥有员工1.1万人，是该地区拥有最多雇主数量的组织之一。高地地区国家卫生服务体系拥有26家医院，110多个社区诊疗和卫生中心（在4个社区卫生伙伴关系下运作），以及雷格摩尔医院。中部高地社区卫生伙伴关系、东南高地社区卫生伙伴关系和北部高地社区卫生伙伴关系建立于2004年，而阿盖尔-比特于2006年4月成为高地的第四个社区卫生伙伴关系。各社区卫生伙伴关系作为卫生委员会下的一个委员会进行管理（高地地区国家卫生服务体系年度报告，2008）。

大格拉斯哥与克莱德地区国家卫生服务体系是苏格兰最大的国家卫生服务体系组织，拥有员工4.4万人。该服务体系拥有300多个全科医生诊所、35家不同类型的医院、270多个牙科服务场所、约180个验光实践（Optician Practices）服务场所、50多个卫生中心和诊所以及300多个药房。大格拉斯哥与克莱德地区建立了10个社区卫生伙伴关系，包括5个社区卫生和护理伙伴关系，同时也负责提供地方社工服务。社区卫生伙伴关系/社区卫生和护理伙伴关系具体名单如下：东格拉斯哥社区卫生和护理伙伴关系、北格拉斯哥社区卫生和护理伙伴关系、东南格拉斯哥社区卫生和护理伙伴关系、西南格拉斯哥社区卫生和护理伙伴关系、西格拉斯哥社区卫生和护理伙伴关系、东邓巴顿郡社区卫生伙伴关系、西邓巴顿郡社区卫生伙伴关系、东伦弗鲁郡社区卫生伙伴关系、伦弗鲁郡社区卫生伙伴关系和因弗克莱德社区卫生伙伴关系。

在毗邻地区国家卫生服务体系中，诊疗服务组织组成四个不同的诊疗委员会，包括基层和社区服务、毗邻地区综合医院、心理卫生服务和学习障碍服务。

三 劳资关系传统

之前的研究已表明，高级经理与工会官员之间传统的"家长制"和成熟的工作关系有利于伙伴关系的发展，而且劳资合作的良好文化更可能使合作伙伴关系产生积极成果（Oxenbridge & Brown，2002）。

从历史上而言，在建立伙伴关系之前，苏格兰国家卫生服务体系内的整体劳资关系是对抗激烈的关系。个别雇主在地方层面进行他们自己的谈判，因为当时苏格兰国家卫生服务体系的结构是松散的而且地方经理们具有很大的管理灵活性。信托和委员会缺乏凝聚力和协作精神。到20世纪90年代末，所有的事情都是通过谈判达成的。一位受访者如是说：

> 所有各方事先分别会晤。他们所有人都冲进房间，我们提出我们的立场，而工会则退席。每件事情相互交织并与其他事情交易。冲突是桌上和桌下的主要行为方式。经理们在桌上和桌下都会受到诋毁。我曾参与一家医院的关闭，而且毫不夸张地说，我不敢离开那个镇子，因为害怕受到攻击。（苏格兰国家卫生服务体系员工治理委员会负责人，2010）

经理们主导着谈判进程并采用限制工会影响力的某些策略。例如，他们拒绝与"不随和的"工会官员打交道，仅与被认为是顺从的官员打交道（Oxenbridge & Brown，2002）。工会几乎不参与管理决策进程而且很少挑战管理方的特权。一些访谈者这样表示：

> 在建立伙伴关系之前，没有太多的对话。各方都使用一个声音。任何一个表达和威胁偏离那条线的人都会被带出房间，接受惩戒。工会代表渴望更多的介入和参与。[联合工会一位全职官员（FTO），2010]

> 通往爱丁堡和接近大臣的门被彻底关闭了。苏格兰工会联合会每年有一次或两次会见大臣的机会，但没有讨论。（苏格兰国家卫生服务体系苏格兰劳动力和员工治理委员会主席，2010）

> 我们无法影响这些政策，因此我们攻击管理方。（英国公共服务业总工会一位全职官员，2010）

在这三个特定的卫生委员会中，大格拉斯哥与克莱德地区国家卫生服务体系中管理方和工会代表将他们的传统工作关系描述为极其"对抗"。

1998年，大格拉斯哥与克莱德地区国家卫生服务体系率先与工会签订合作伙伴协议，建立了格拉斯哥伙伴关系论坛，为第59号苏格兰国家卫生服务体系管理行政人员信函（NHS MEL）推荐的伙伴关系框架提供了初始模型。在确立有效伙伴关系的范围后，参与者表示"在大格拉斯哥与克莱德地区，我们曾经适应的文化转向了伙伴关系论坛"（英国公共服务业总工会一位全职官员，2010）。然而，受访者认为劳资冲突程度依然相对较高。在高地地区国家卫生服务体系中，经理和工会代表将劳资关系描述为"合作性的"关系。管理方与工会代表建立了良好的关系而且工会代表参与很多管理事务。然而，这并不意味着高地地区国家卫生服务体系中的劳资关系环境是自由的。因薪资问题和员工申诉处理程序而引发的对抗不时地会对合作关系构成挑战。但是，此类对抗性挑战不会伤及管理方与工会之间的合作关系。在发生争议时，问题的最终解决都是靠一方向另一方做出妥协。有时是管理方做出妥协，而其他时候是工会做出妥协。在毗邻地区国家卫生服务体系，劳资关系被描述为"良好"。然而，与高地地区国家卫生服务体系不同的是，这种良好关系是建立在这样一个事实上的：管理方主导着劳资关系，而在讨论战略性问题时，管理方可以绕过工会。

四 工会组织与力量

在伙伴关系的辩论中有一派观点认为，具有很高工会会员密度的、稳健成熟的工会组织被认为是伙伴关系发展和成功运作的一个必要条件因素（Oxenbridge & Brown，2004；Kochan & Lipsky，2003）。需要指出的是，在这所有三个卫生委员会中，其工会会员密度相当紧密，约为70%。然而，在合作伙伴协议下，这三个卫生委员会的工会组织及其力量却各不相同（见表4-5）。

表4-5 三个卫生委员会中的工会组织

高地地区国家卫生服务体系	大格拉斯哥与克莱德地区国家卫生服务体系	毗邻地区国家卫生服务体系
公共服务业工会（Unison）	公共服务业工会	公共服务业工会
英国皇家护理学院（RCN）	英国皇家护理学院	英国皇家护理学院
英国皇家助产士学会（RCM）	英国皇家助产士学会	英国皇家助产士学会

续表

高地地区国家卫生服务体系	大格拉斯哥与克莱德地区国家卫生服务体系	毗邻地区国家卫生服务体系
英国医学会（BMA）	英国医学会	联合工会－英国制造业技术工人联合会
联合工会－英国制造业技术工人联合会（Unite－Amicus）	联合工会－埃姆克思	运输和普通工人工会（TG-WU）
物理理疗协会（CSP）	英国总工会（GMB）	物理理疗协会
英国放射技师学会（SoR）	物理理疗协会	联合工会－社区从业人员及巡回医务人员协会
英国视轴矫正协会（BOS）	英国放射技师学会	英国手足病医生协会
英国手足病医生协会（SoCP）	诊疗科学家学会（FCS）	英国饮食协会
	英国职业病治疗学家协会（BOAT）	英国职业病治疗学家协会
	英国视轴矫正协会	
	英国手足病医生协会	
	英国饮食协会（BDA）	

在大格拉斯哥与克莱德地区国家卫生服务体系中，13 个不同工会组织获得了认可并参与区域合作伙伴论坛，代表着不同部门的员工，例如护士、医生、牙医和辅助工人。苏格兰工会联合会和包括公共服务业工会在内的许多工会组织的总部都位于格拉斯哥，这可能意味着比其他卫生委员会更容易接近中央工会权力和拥有更大的工会力量。在高地地区国家卫生服务体系案例中，9 个不同的工会获得认可并参与区域合作伙伴论坛。长期以来，委员会中的工会组织一直保持稳定，而且许多工会代表与经理保持着长期的友好关系。在毗邻地区国家卫生服务体系中，10 个不同工会组织获得认可并参与区域合作伙伴论坛。然而，自合作伙伴协议出现以来，仅有少数工会是正式的组织并配备了全职官员。包括运输和普通工人工会、英国饮食协会、英国职业病治疗学家协会和英国手足病医生协会在内的工会是在 2006 年之后才加入区域合作伙伴论坛的。

第三节 本章概要和结论

总之，本章阐述了苏格兰国家卫生服务体系中社会伙伴关系产生和发展的整体环境。本章首先通过对比其他国家，说明了政治权力下放及其对苏格兰卫生政策分化的影响。权力下放不仅为各种权限带来更大的政治自治，为各国提供实施不同优先重点的新机会，而且加快了许多方面分化的程度。本书主要阐述了政治环境、财务环境（BMA，2007、2010）、政策环境和现代化议程。

正是在政治权力下放的环境下，苏格兰国家卫生服务体系独特的国家卫生服务体系现代化方式才具备了更大的政治自治和财务灵活性。总的来说，有效的伙伴关系和员工参与成为苏格兰行政院卫生政策声明的中心议题。由于缺乏政治支持和一些部门工会力量的薄弱，私营部门的伙伴关系遇到了困难。相对于私营部门，权力下放和伙伴关系的结合为公共部门伙伴关系的兴起带来了一种与众不同的方式，尤其是在苏格兰国家卫生服务体系案例中（Bacon & Samuel，2009）。然而，对于这种伙伴关系发展的运作和成果及其条件，知道的还很少。政治自治的程度、财务支持不断变化的环境以及高层的承诺程度可能最终限制或促进权力下放国家社会伙伴关系的发展。

除了外部环境外，本书还分析了三个卫生委员会独特的内部环境。本研究设计的主要目的是，在相同的立法和政治环境下，对比分析具有不同内部环境的不同委员会伙伴关系的运作、演化和成果。区分三个卫生委员会的主要特征是：地理和人口环境；组织结构和规模；劳资关系传统；工会组织及其力量（见表4-6）。

表4-6 三个区域合作伙伴论坛运作特点对比

内部环境	高地地区国家卫生服务体系	大格拉斯哥与克莱德地区国家卫生服务体系	毗邻地区国家卫生服务体系
覆盖地理面积（平方公里）	32512	1190	4732
服务人群（百万人）	0.39	1.2	0.11
员工数量（万人）	1.1	4.4	0.1

续表

内部环境	高地地区国家卫生服务体系	大格拉斯哥与克莱德地区国家卫生服务体系	毗邻地区国家卫生服务体系
组织规模	中等	最大	最小
劳资关系传统	合作型劳资关系	对抗型劳资关系	工会边缘化
工会力量	中等	强大	薄弱

  本书认为，大格拉斯哥与克莱德地区国家卫生服务体系的组织结构最复杂且组织规模最大，而且在格拉斯哥地区服务的人群最多。该委员会具有劳资对抗传统。工会组织完全融入委员会，而且工会力量在三个案例中是最强大的。高地地区国家卫生服务体系在三个委员会中处于中等，无论是地理面积和人口环境，还是组织结构和规模。然而，需要着重指出的是，该委员会具有"合作型"劳资关系传统。毗邻地区国家卫生服务体系在三个案例中是最小的。虽然管理方和工会建立了良好的关系，但是毗邻地区国家卫生服务体系中的工会力量似乎是三个委员会中最弱的。因此，三个委员会具有的这些变量可能导致不同的运作模式，正如许多研究人员所指出的那样（Kelly，2004；Oxenbridge & Brown，2002）。第五章将重点阐述这一问题。

第五章　合作型劳资关系的运行实践

此前的研究显示，为了充分理解伙伴关系，我们必须在了解它的成果之前弄清楚其运行方式（Danford et al.，2005；Johnstone et al.，2009；Martinez – Lucio & Stuart，2004；Oxenbridge & Brown，2004）。因此，本书的第二个目标是从四个方面，包括伙伴关系架构、议程、参会者的话语权以及行为来介绍苏格兰国家卫生服务体系中的伙伴关系的运行情况。

本章首先描述苏格兰国家卫生服务体系中的伙伴关系在全国、地区/委员会和地方/社区卫生伙伴关系（CHP）层面的结构；接下来将深入探讨三个卫生委员会内部在地区/委员会层面伙伴关系论坛的构成。此外，本书将继续探讨每个委员会伙伴关系的议程，研究伙伴关系磋商会议不同小组的参与者发表的观点；然后根据 Bacon 和 Samuel 提出的分析框架来研究论坛不同小组的参与者的行为。最后一部分对本章的主要论点进行总结。

第一节　伙伴关系架构

有观点认为，要提高伙伴关系的效率，需要从战略、政策和工作场所的层面建立牢固的伙伴关系架构和流程，确保员工尽早参与制定规划，这项工作往往是经理的特权（Kochan & Osterman，1994；Kochan et al.，2008）。对于邀请合作伙伴参与决定机构的总体战略方向，为伙伴关系制定合适的劳动力政策，并让各方共同解决问题来说，建立伙伴关系架构至关重要。本章将从三个层面分析苏格兰国家卫生服务体系的伙伴关系架构，并重点详细探讨三个卫生委员会内部的伙伴架构。

一　苏格兰国家卫生服务体系中的伙伴关系架构

苏格兰国家卫生服务体系中的伙伴关系架构在全国、地区/委员会和地方/CHP层面根深蒂固。在全国层面，伙伴关系发展为三个独立且切合主题的论坛，每一个论坛都包含更小规模的秘书处。在地区/委员会层面，每个国家卫生服务体系（NHS）委员会都设立了区域合作伙伴论坛（APF）和员工治理委员会（SGC）。在地方/CHP层面，本地合作伙伴论坛（LPF）负责确保针对CHP员工制定的员工管理标准得到公平和持续的贯彻。

全国层面的伙伴关系架构

1999年，苏格兰管理层建立了一套伙伴关系安排模型，要求所有利益相关方在磋商阶段之前首先参与探讨潜在的变化或发展［NHS MEL（1999）59］。所有的利益相关方也应共同支持变化的有效管理，并且本着持续改进、追求卫生和机构卓越发展的精神负责审查和审计伙伴关系采用的方法。此外，协商也应包含在伙伴关系安排中，所有知名的工会应当代表本工会会员参与条款的讨论，并要求双方达成一致（见图5-1）。

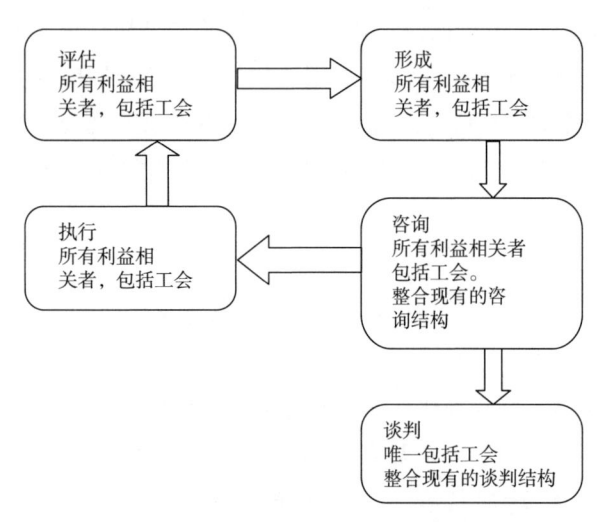

图5-1 苏格兰国家卫生服务体系中的伙伴关系模型（NHS MEL，1999）

遵循全国架构的指导，苏格兰国家卫生服务体系的整体伙伴关系架构自1998年从三个层面上建立起来（见表5-1）。在国家层面，1998年苏格兰合作伙伴论坛（SPF）成立，其宗旨是引领苏格兰国家卫生服务体系中所有伙伴关系的运作。SPF提供了一个主场，让所有利益相关方，包括苏格兰国家卫生服务体系的雇主、工会以及专业机构共同合作，对国家在卫生诊疗问题上的工作重点和政策施加影响。2003年，人力资源论坛

（HRF）成立，职责在于确保苏格兰国家卫生服务体系发挥示范性雇主的作用，并保证人力资源实践和流程具有连贯性。2004年，全国劳动力委员会（NWC）由苏格兰行政院卫生部（SEHD）成立，其作用是为苏格兰国家卫生服务体系的劳动力规划和发展制定工作重点，并发挥领导作用。

从1999年到2005年，有超过30个分组与SPF、HRF和NWC有直接或间接的关联。例如，NWC将工作分成9个工作流，包括劳动力市场供给与需求；全国劳动力规划；教育委托计划；劳动力重新规划；职业发展、招聘和人员保留；劳动力表现和效率；劳动力表现；职业、专业和监管标准；以及现代化卫生职业发展等。这些分组相互之间也有交流，其职能与SPF和HRF有很大程度上的重叠。2005年，苏格兰管理层发表了一份关于全国层面伙伴关系的报告。结果显示，最初的伙伴关系架构呈现官僚主义、繁冗、复杂和耗时的迹象，有必要对其进行重建，一个清晰的目标是"通过让员工及其代表参与所有层面的早期决策，使决策的制定更完善、更有信息依据；并通过实现和维持一个积极稳定的员工关系文化，集体解决问题来获得承诺、所有权和一致意见，改善卫生服务和苏格兰人民的健康状况"（Scottish Executive，2005a）。有人认为，国家层面的伙伴关系架构应提高分析能力，并对变化的环境做出迅速积极的反应，而不应当是复杂或官僚主义的。随后，在2006年，一个重新建立的伙伴关系架构出现。SPF经重组后成为其唯一的论坛，SEHD、NHS的雇主、工会和专业机构共同合作，努力改善针对苏格兰人民的卫生服务。SPF的议程经过修改，目前有三个关注重点，包括服务的变化与现代化、服务的提供以及劳动力。此外，作为全国层面伙伴关系的领导者，SPF有责任提供指导、支持、培训和发展来推进职工董事小组；并通过组织定期的沟通和培训与发展活动为APF提供支持。HRF和NWC最初的职责被苏格兰劳动力和员工治理委员会（SWAG）所代替，后者目前是SPF唯一一个常务分委会。SWAG的功能是为劳动力策略的制定、劳动力总监和苏格兰国家卫生服务体系招聘政策的执行和具体实践提供支持。苏格兰条款与条件委员会（STAC）的职责是在国家层面组织谈判。与SPF和SWAG的由政府、NHS雇主和工会三方组成的结构不同，STAC是NHS雇主和工会之间的双边组织，它的作用在于推动各方共同讨论针对苏格兰国家卫生服务体系员工的条款和条件问题，而非受制于独立的英国集体协商条款。STAC向SPF汇报活动进展。此外,伙伴关系秘书处成立,负责监管 SPF、SWAG 和 STAC 的工作,确保各机构在正确的地点开展合适的业务。

地区/委员会层面的伙伴关系架构

在地区/委员会层面,1999 年,主题为"开发新的工作方式"的人力资源战略出台,号召所有卫生委员会在 1999 年 10 月之前与各自的员工代表制定出地方伙伴关系协议。该文件简要提出了针对卫生委员会的基本要求,确保员工能够参与决策,有获取信息的渠道,可以参与委员会会议,并有机会表达有关可能影响到他们机构变化的想法。同时,NHS MEL (1999) 第 59 页提供了一个伙伴关系协议样本,要求所有卫生委员会参考。SPF 制定了地方伙伴关系协议指南,为地区/委员会层面伙伴关系架构的建立提供指导。对于卫生委员会来说,高级经理们强烈表示应当与工会建立伙伴关系,他们将伙伴关系的运行视为执行关键性国家政策(例如"变革议程")的重要因素。

区域合作伙伴论坛(APF)是将全国的环境与卫生委员会高级经理的努力结合起来的产物,其中包含多个 NHS 委员会。以全国论坛为指导,不同委员会的 APF 宗旨很相似,至少从书面上来看是如此。人们期待 APF 在通过政策、引领区域/委员会层面伙伴关系的运行、支持劳动力开发、支持机构变革、为 NHS 委员会提供有关员工管理方面的建议上起到关键作用。APF 与 SPF 衔接,提供有关本地区上述问题进展的报告。APF 实行主席制,每位合作伙伴推选一位主席,轮换主持会议。值得注意的是,代表员工的 APF 主席的选举是代表员工的机构本身的事务。代表员工的主席一旦获得提名,将履行 NHS 委员会职工董事的职责。这一任命在一段时间内由委员会主席决定,并需得到卫生与社会保障部部长的同意。在每一个 NHS 委员会中,职工董事也同时兼任委员会成员。

在这里还要提到另一个 NHS 委员会中的员工管理委员会,虽然它不属于任何伙伴关系架构。根据 2007 年《员工管理标准》,每个 NHS 委员会都成立了员工治理委员会(SGC),作用是确保建立一个有效的体系来保障所有员工的公平和有效管理。SGC 由一位高级经理和一位职工董事共同领导,成员来自管理层和工会的代表。委员会的议程主要包括五个方面,与 2007 年员工管理标准中列出的五项员工管理准则相对应。在这种情况下,APF 和 SGC 的工作范围将无法避免地出现重叠。

地方/CHP 层面的伙伴关系架构

我们在前文中谈到，CHP 于 2005 年 4 月成立，由苏格兰国家卫生服务体系的卫生委员会管理，负责管理基层和社区卫生服务。因此它需要伙伴关系推广到地方/CHP 层面。2004 年的员工管理标准中提供了全国指南。该文件明确指出，伙伴关系架构应当在所有 CHP 中建立，原则是员工及其代表的机构应当尽早参与对他们产生影响的决策制定。在这个背景下，本地合作伙伴论坛（在一些委员会中也称作员工伙伴关系论坛）成立了，它的目标是提供一个机制，满足员工管理标准中提出的要求，并保证各方协商一致的战略决策得到妥善执行。

表 5-1　苏格兰国家卫生服务体系目前的伙伴关系架构

主要机构	作用和职责	成员
苏格兰合作伙伴论坛（SPF）	SPF 为苏格兰政府、苏格兰国家卫生服务体系雇主和工会/专业机构提供了一个共同合作为苏格兰人民提供更好的卫生服务的平台	针对每个成员机构，SPF 提供 7~14 个席位，通常一年召开四次会议
苏格兰劳动力与员工治理委员会（SWAG）	SWAG 是 SPF 唯一的常务分委会。它的主要职责是为劳动力策略的制定、劳动力总监和苏格兰国家卫生服务体系招聘政策的执行和具体实践提供支持	SWAG 包含来自三家成员机构的 38 名参与者，为工会和专业组织提供最初 19 个席位，通常一年召开四次会议
苏格兰条款与条件委员会（STAC）	STAC 是一家伙伴关系机构，它的作用在于推动各方共同讨论针对苏格兰国家卫生服务体系员工的条款和条件问题，而非受制于独立的英国集体协商条款	STAC 为每家成员机构提供同等数量的席位。各方均有 16 名代表。STAC 在必要的时候召开会议
伙伴关系秘书处	伙伴关系秘书处负责管理和推动 SPF、SWAG 和 STAC 的业务。它从比较高的战略高度审查总体议程，确保建立适当的联系，业务得到有效开展	包含来自 SPF、SWAG 和 STAC 的 8 名联合主席和 9 名联合秘书
员工治理委员会（SGC）	SGC 是每个 NHS 委员会的常务委员会，它与卫生管理委员会和审计委员会一道，构成了 NHS 委员会的完整治理框架。SGC 的职责是支持和维护卫生体系内部的文化环境，在这个环境里，最高水平的员工管理是系统内每个人的职责，应当通过伙伴关系与合作来实现	地方 SGC 至少应当有四个全职席位留给 NHS 委员会中的非常务总监，其中一个应当是职工董事；两名来自工会和专业机构、由 APF 指派的非专业代表，或者根据本地需求任命

续表

主要机构	作用和职责	成员
区域合作伙伴论坛（APF）	APF的职责是提供一个论坛，在遵守员工管理标准五项要求的前提下，让机构通过工会和专业组织与员工接触，讨论会对员工产生影响的运营和战略问题	APF的成员包含来自NHS员工理事会下设的所有工会和专业机构的代表，以及行政总监管理团队的所有组员
本地合作伙伴论坛（LPF）	CH（C）P地方伙伴关系论坛的作用是确保为CH（C）P的员工公平、一致地执行员工管理标准	CH（C）P本地合作伙伴论坛将由CH（C）P总监和NHS任命的员工代表共同领导。管理层成员应当由CH（C）P总监从高级管理团队成员中派。员工代表必须由苏格兰国家卫生服务体系承认的、有成员在CH（C）P中工作的工会/专业机构来指派

资料来源：参考苏格兰管理层（2005）《伙伴关系：实现未来》爱丁堡；苏格兰管理层（2007）《员工管理标准》（第三版），爱丁堡，有所修改。

二 三个卫生委员会中的伙伴关系架构

上一个部分介绍了全国、区域/委员会和地方/CHP层面的苏格兰国家卫生服务体系中的伙伴关系架构。本部分将深入探讨三个NHS委员会中的APF。下方的研究结果涵盖伙伴关系会议召开的频率，以及每个卫生委员会中APF的构成。结果显示，尽管三个委员会中的APF都是在相同的苏格兰国家卫生服务体系背景下建立的，但不同委员会下设的APF构成与伙伴关系会议频率存在一些差别。

高地地区国家卫生服务体系

研究参与率高的伙伴关系会议频率非常重要，因为关键决策的制定需要定期召开参与率高的伙伴关系会议。出席人数少、召开频率低的会议显示，关键决策都是在会议之外决定的，体现了伙伴关系协议失效（Bacon & Samuel, 2009）。

在高地地区国家卫生服务体系APF，2005年2月到2009年9月共召开了35次会议（见表5-2）。在2008年以前，APF每年召开5~6次会议，但2008年，伙伴关系架构发生了重大变化，APF以及支付方式现代化和劳动力规划委员会合并在一起，组成了高地伙伴关系论坛（HPF），会议频率提高到每年10次。

第五章 合作型劳资关系的运行实践

值得注意的是，下属分组仍然是伙伴关系制定政策的重要方法，正在开展的伙伴关系活动随时在高地地区国家卫生服务体系 APF 以外进行。例如，在 2005~2007 年，高地地区国家卫生服务体系 APF 成立了 5 个下属分组负责业务开发，并针对特定问题给予反馈，包括"人力资源问题""共同的未来合伙关系""学习与发展""卫生工作生活"以及"劳动力规划"。2008 年 APF 重组以后，分组的数量增加到 9 个，针对"工作尊严""组织变革""平等与多样性"以及"CHP 合作伙伴关系论坛"等项目增设了专门工作组。

表 5-2 2005 年 2 月到 2009 年 9 月高地地区国家卫生服务体系 APF 会议频率

项目	2005 年	2006 年	2007 年	2008 年	2009 年
APF 会议频率	6	5	6	10	8

该论坛由行政总监和职工董事轮流主持。在调研期间，共有 127 人次参加了论坛，包括苏格兰国家卫生服务体系行政总监和高地地区国家卫生服务体系委员会主席的多次访问。从整体上看，高地地区国家卫生服务体系 APF 有 64 名管理层代表、来自 9 家不同工会（见表 4-5）的 34 名代表、16 名人力资源经理和 9 名其他访客参加。

平均每场 APF 会议有 22 人出席。从图 5-2 和表 5-3 中可以看到，管理层代表占论坛总席位的一半（50%）。管理层其他代表（32%）的席位多于人力资源经理（18%）。员工代表的席位超过 1/3（34%）。此外，在参与论坛的 9 家工会中，Unison、Miwives 皇家学院（RCM）、Nursing 皇家学院（RCN）和英国视轴矫正协会（BOS）出席论坛的频率高于其他组织。

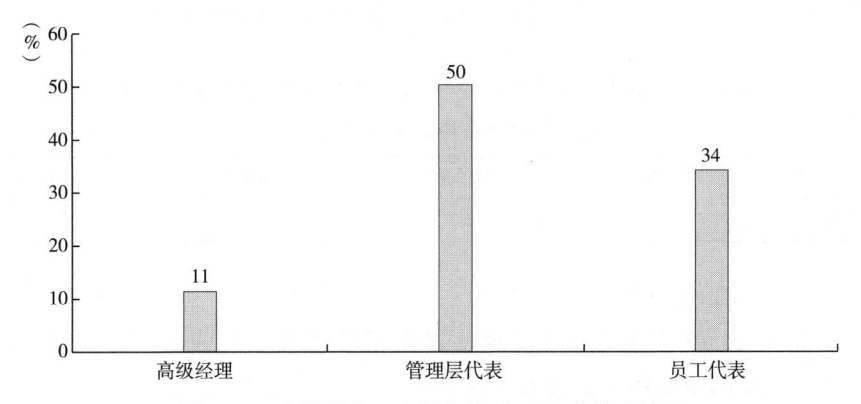

图 5-2 高地国家卫生服务体系 APF 的构成情况

表 5-3 2005 年 2 月至 2009 年 9 月高地地区国家
卫生服务体系 APF 出席人员比例（按群体分）

单位:%

群体	人数百分比
高级经理	11
管理层其他代表	32
人力资源经理	18
员工代表	34

高级经理在论坛中占 11% 的席位。此外，参与 35 场论坛的高级经理包括行政总监、人力资源总监、财务总监和护理总监，其中行政总监参加 23 场会议，人力资源总监参加 32 场，财务总监参加 18 场，护理总监参加 4 场，职工董事参加 32 场。在此期间，委员会其他高级经理仅参加一到两次论坛，大多数时候他们为了做报告而在论坛上发言，而没有参与具体问题的讨论。例如，医务总监于 2006 年 11 月 17 日和 2007 年 1 月 19 日参加了论坛活动，做了与新卫生框架有关的演讲，目的是寻求论坛在员工知识、技能和行为发展方面的合作，但在那以后没有出席过会议。

（二）大格拉斯哥与克莱德国家卫生服务体系

在 2003 年 1 月到 2009 年 11 月，大格拉斯哥与克莱德地区国家卫生服务体系 APF 召开了 50 次会议。从 2003 年到 2006 年，论坛平均每年举办 5~6 次会议。2006 年该论坛重组，自 2007 年以来平均每年活动频率增加到 9~10 次（见表 5-4）。论坛由行政总监和职工董事轮流主持。

表 5-4 2003 年 1 月到 2009 年 11 月大格拉斯哥与克莱德地区
国家卫生服务协会 APF 会议频率

项目	2003 年	2004 年	2005 年	2006 年	2007 年	2008 年	2009 年
APF 会议频率	6	5	5	6	10	9	9

在研究期间，182 人次参加了会议，包括行政总监、职工董事等 49 名管理层代表，42 名人力资源经理，来自 13 家工会（见表 4-5）的 81 名代表，7 名 CHP/CHCP 总监和 3 名访客。

平均每场会议有 25 人参加。图 5-3 和表 5-5 显示，员工代表占论坛参会人数的大多数,大约有3/5(59%)。在13个工会中,来自 Unison、RCN 和 Unite – Amicus 的代表参会频率更高。管理层代表参会人数少于员工代表,占总人数的不到1/3(30%)。另外,在管理层代表中,人力资源经理(20%)的人数多于其他代表(10%)。

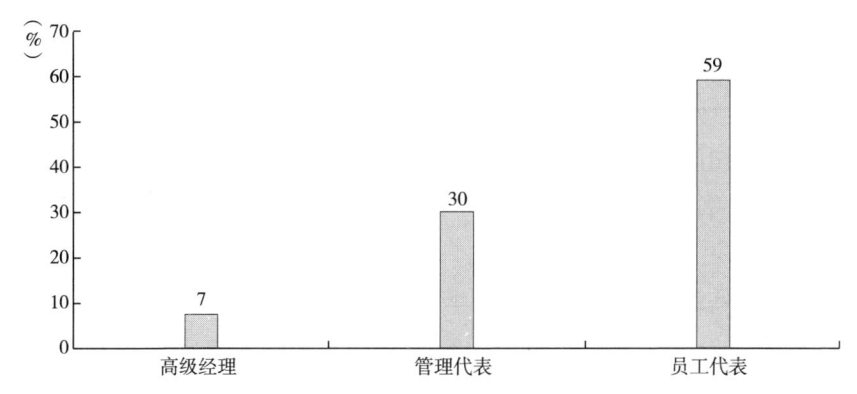

图5-3 大格拉斯哥与克莱德地区国家卫生服务体系 APF 的构成情况

表5-5 2003年1月至2009年11月大格拉斯哥与克莱德地区国家卫生服务体系 APF 出席人员比例(按群体分)

单位:%

群体	人数百分比
高级经理	7
管理层其他代表	10
人力资源经理	20
员工代表	59

高级经理占总参与人数的7%,低于高地地区国家卫生服务体系高级经理的占比。在大格拉斯哥与克莱德地区国家卫生服务体系,参与论坛的高级经理主要包括行政总监、财务总监和护理总监,其中行政总监参加34场会议(将近70%),财务总监参加10场(20%),护理总监参加6场(12%)。职工董事参加了全部50场会议。其他高级经理偶尔受邀参加论坛,参与针对特定问题的讨论,例如,2008年12月23日,CHP 总监被邀请参加一场特别会议,作为雇主讨论改善 CHP 和大格拉斯哥与克莱德地区国家卫生服务体系之间的战略接触。

(三)毗邻地区国家卫生服务体系

2004年1月到2009年8月,毗邻地区国家卫生服务体系 APF 共召开了26次会议，平均每年4~5次。2004~2007年，论坛平均每年举办4次活动。2007年重组以后，2008年，APF会议的频率提高至7次（见表5-6）。

表5-6 2004年1月到2009年8月毗邻地区国家卫生服务体系APF会议频率

项目	2004年	2005年	2006年	2007年	2008年	2009年
APF会议频率	4	3	4	5	7	3

在研究期间，106人次参加了论坛，包括委员会主席、行政总监、职工董事的81名管理层代表，来自10个不同工会（见表4-5）的22名代表和3名卫生专家。

平均每场会议有17人参加。图5-4和表5-7显示，管理层参会者占总人数的一半以上（54%）。此外，在管理人员中，人力资源经理的数量（16%）少于其他代表（38%）。员工代表占总人数的不到1/3（26%）。来自RCN、RCM和Unison的工会代表比其他机构人员参会频率高。

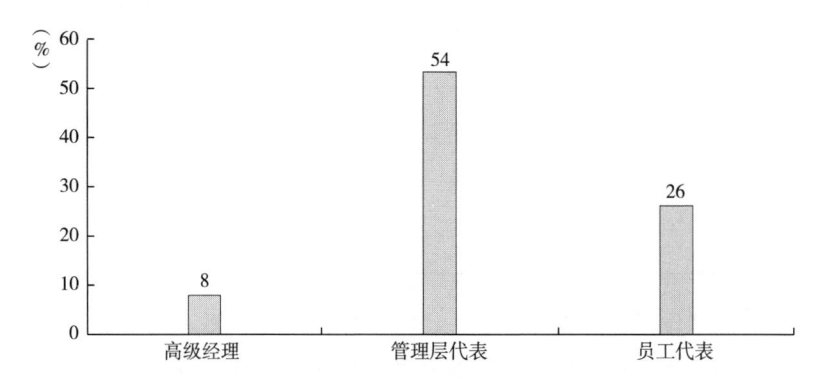

图5-4 毗邻地区国家卫生服务体系APF的构成情况

表5-7 2004年1月至2009年8月参加毗邻地区国家
卫生服务体系APF的人员比例（按群体分）

单位：%

群体	人数百分比
高级经理	8
管理层其他代表	38
人力资源经理	16
员工代表	26

高级经理占参会总人数的8%。参会的高级经理主要包括委员会主席、行政总监和财务总监，其中委员会主席参加了7场会议（27%），行政总监参加16场（62%），财务总监参加6场（23%）。职工董事参加了25场会议，占总数的96%。与大格拉斯哥与克莱德地区国家卫生服务体系一样，人力资源总监不属于委员会的行政人员，但职工董事是。人力资源总监只参加了8场会议，其他高级经理，例如护理总监和医务总监很少参会。

三 对三个案例的比较

通过比较发现，三个APF的伙伴关系架构有很多相同点，也有不少差异。第一个相同点与APF的建立有关。在全国SPF的指导下，三个委员会按照同样的结构建立APF，并运行良好。第二个相同点是高级经理的责任感。在所有三个委员会中，行政总监或委员会主席会定期参加APF会议，并与职工董事共同主持。然而其他的高级经理，例如医务总监和护理总监，很少参加论坛。第三个相同点是所有的职工董事都是委员会成员，这意味着可以定期与高级经理见面，也体现了工会对管理层决策的影响有所增加。第四个相同点是三个委员会全都包含多个工会。然而大规模的工会，例如Unison、RCN和Unite参加论坛的频率高于其他工会。

同时几个APF之间也存在较大的差异。最明显的一点与APF的构成有关。前文显示，三个委员会APF的结构有所不同（见图5-5）。高地国家卫生服务体系APF的规模处于三者之间（平均每场会议有22人参加），其中1/3（34%）的参会者为员工代表。三个案例之中高级经理参加论坛的频率很高，参与人数占总数的11%。行政总监坚持参会，参加了所有会议的66%。大格拉斯哥与克莱德国家卫生服务体系的APF规模最大（平均每场会议有25人参加），员工代表占总人数的接近3/5（59%），参会频率较高，但高级经理参与度相对低，只占总人数的7%。然而需要注意的是，行政总监坚持参会，参加了几乎70%的会议。与其他两个委员会相比，毗邻地区国家卫生服务体系APF规模最小（平均每场会议只有17人参加），员工代表的比例最低（26%），参会频率也是三个论坛中最低的。尽管高级经理数量占总人数的8%，但他们未能坚持参会也是论坛面临的一个问题。行政总监的参会率为62%，也是三个案例中最低的，其中8次由委员会主席代替行政总监主持会议。

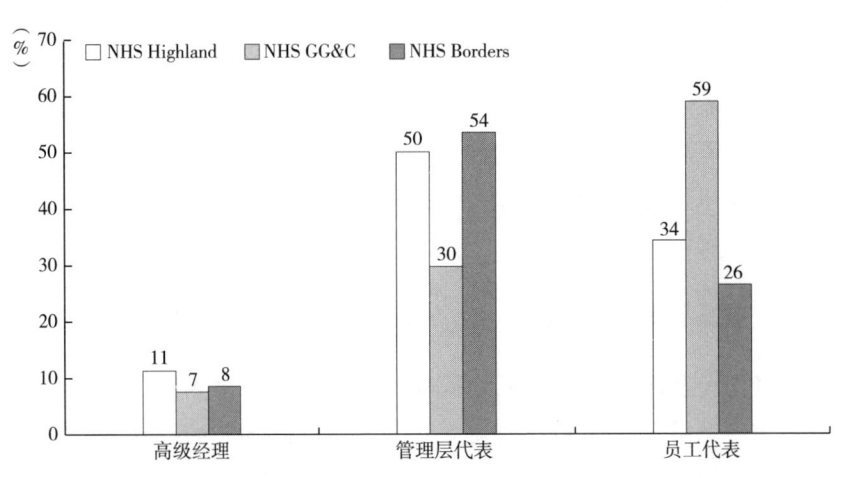

图 5-5　三个案例中 APF 的构成对比

此前的研究证明，工会的积极参与、高级经理的责任感、积极参与定期高频率举办的磋商会更有可能产生积极的伙伴关系成果，而如果工会对磋商会的参与不够，高级经理或管理层对协商委员会的控制不足，这将导致伙伴关系协议无法充分发挥作用（Oxenbridge & Brown, 2004; Samuel, 2007）。目前给出的数据显示，高地地区国家卫生服务体系和大格拉斯哥与克莱德地区国家卫生服务体系的伙伴关系协议很有可能比毗邻地区国家卫生服务体系的更有效。此外，似乎大格拉斯哥与克莱德地区国家卫生服务体系 APF 更好地实现了劳工平等，这也许意味着工会的影响更广泛，实现共同利益的可能性也更大（Kelly, 2004）。本报告将在下面的内容里继续深入探索这一点。

第二节　伙伴关系议程

此前的研究显示，反映了管理层和工会共同利益的伙伴关系议程是延续伙伴关系协议的关键因素（Haynes and Allen, 2001）。此外，更广泛的议题，加上运营和策略层面健全的结构，很可能产生更加积极的成果（O'Dowd and Roche, 2009）。上一部分已经探讨过三个卫生委员会中的伙伴关系架构，本部分将分析伙伴关系议程。

一 高地地区国家卫生服务体系

2005年2月至2009年9月，高地地区国家卫生服务体系APF的伙伴关系议程涵盖180个不同的项目，涉及9项广泛议题（见图5-6和表5-8）。尽管一些评论人员担心管理人员会限制工会参与战略问题的讨论，将伙伴关系磋商的议题缩减到仅限于工作场所的问题（Kelly，1996，2004；Terry，2003），但这在高地地区国家卫生服务体系却不存在，该机构邀请工会参与可能对自己的未来，以及提供卫生服务的方式产生影响的战略问题的协商。表5-8中的数据显示，现代化问题（22%）和员工规划与发展（20%）是论坛的主要关注点，占所有议题的2/5以上（42%），几乎每场会议都组织讨论。

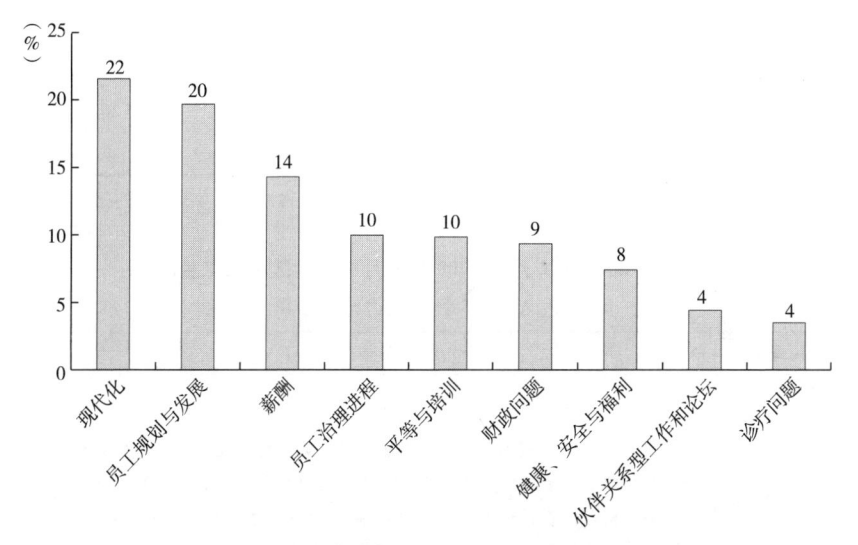

图5-6 2005年2月至2009年9月高地地区国家卫生服务体系APF 35场会议讨论的问题

有证据表明，伙伴关系扩展了工会参与的讨论范围，使其不仅仅局限于传统的工业关系。从总体上来看，有关现代化和员工规划与发展的议题就有72项，占论坛议题总数的2/5（42%）（见表5-9）。此外，薪酬的问题在几乎每场会议上都被提出来，占总讨论内容的14%。关于这个问题的大多数讨论都包含执行一项全国政策——变革的议程。财政问题、平等与培训、员工治理进程以及健康、安全与福利是论坛固定讨论的内容，每一项占所有讨论内容的10%上下。然而伙伴关系型工作和论坛,还有诊疗问题的讨论频率不高,每个问题只占总讨论的4%。

表5-8 2005年2月至2009年9月高地地区国家卫生服务体系APF 35场会议讨论的议题

单位:%

议题	议题出现的会议数量（共有35场会议）	会议讨论的事项总数（共有180个事项）	议题占所有讨论内容比重（计数百分比）
现代化	34	40	22
薪酬	34	19	14
伙伴关系型工作和论坛	20	19	4
财政问题	26	12	9
平等与培训	28	12	10
健康、安全与福利	26	24	8
员工治理进程	30	13	10
员工规划与发展	34	32	20
诊疗问题	15	9	4

说明:比重数据为在Nvivo软件中统计每个议程讨论的字数占总记录文档字数的比例。下同。

表5-9 2005年2月至2009年9月高地地区国家卫生服务体系APF 35场会议讨论的事项

议题	具体内容
现代化	Argyll和Clyde磋商;更好的卫生与卫生;推动力;更好的未来;沟通策略;公司目标;打击诈骗倡议;提高卫生水平;数字化口述;电子卫生策略;NHS委员会战略日活动反馈;HPF分组-机构变化分组;执行社区医药合约;内部沟通;Kerr报告;地方执行计划;地方发展计划;面向未来;CHP全国审查;全国共享服务;NHS60周年活动;高地地区国家卫生服务体系简介;业绩-政策和谐;PIN调查时间表;与第五频道拍摄视频;公共卫生改革计划;偏远地区和农村工作流程;精神关爱委员会代表;公司服务审核;AHP服务模型审核;政策、程序、指导原则与协议管理方面的修订政策;风险管理政策;服务改善计划;服务重新设计与转型;高地国家卫生服务体系内部服务转型;高效治理;单一成果协议-劳动力;精神关爱策略;CHP研究;SWISS;提高效率和有效性

第五章 合作型劳资关系的运行实践

续表

议题	具体内容
薪酬	A4C-同化、拖欠与审查；停车问题；养老金计划改革；论坛上的苏格兰国家卫生服务体系行政总监；为员工提供儿童托管；Farepak-可行的支持；固定条款合约；假期；租车政策；长期服务奖励；针对行政人员、高级经理的薪酬和服务条件，以及过渡地带；福利实现计划；评估服务奖励；咨询合约；员工统一津贴；学习假政策；最低生活保障；薪酬审查委员会的造访；待工期间倡议支付-负面情绪
平等与培训	KSF门户审查政策；学习习题；工作尊严政策；平等与多样化；领导层与管理层发展框架；学习与发展战略；终身学习伙伴关系协议与许可；强制性统计信息-参与PDP的员工数量；产假与护理假；KSF和PDP的执行；SAAT-恰当的培训；SAAT-公平持续的照顾
财政问题	现金发放储蓄；高效储蓄；捐赠基金；能源节约；财务规划；财务储蓄计划；财务报告；护理价格水平的优化；非病人护理价格；财产审查；SG-2005-2006年投资开发重点；捐赠委员会的工作
伙伴关系型工作和论坛	APF分组-共同的未来伙伴关系论坛；委员会伙伴关系论坛；沟通与参与计划；合理利用时间；来自高地地区国家卫生服务体系伙伴关系论坛分组的反馈；HPF分组-CHP雷格莫伙伴关系论坛；HPF分组-CHP SSU伙伴关系论坛；不构成法定人数的会议；伙伴关系中的管理人员；高地地区国家卫生服务体系伙伴关系论坛职权范围-职责、宗旨和成员身份；雷格莫医院伙伴关系；委员会伙伴关系论坛、PM、劳动力规划委员会审查；调节服务审查-SWAG关于伙伴参与的反馈；SAAT-参与对自己产生影响的决策制定；APF发展；伙伴关系协议；伙伴关系实现未来；伙伴关系运行；选举代表员工的主席
员工规划与发展	恶劣天气政策与流程；APF/HPF分组-人力资源分组；APF/HPF分组-劳动力规划小组；职业框架；劳动力策略开发；员工支持计划；员工行为；卫生支持工作人员；医院夜间服务领导小组；强制性统计信息；全国劳动力框架；新克雷格转换模型；护士登记监管报告；医护与助产登记操作政策；医护与助产工作规划项目；社区医护工作；欧洲工作时间监管行动计划；保证出勤与管理缺勤；更安全的入职前后检查；居住安排；护士长审查；员工支持项目资源利用；HEAT目标；员工能力管理；劳动力报告；员工周转率；志愿工作政策；劳动力建立的监管；劳动力重要新闻与劳动力规划；劳动力监管与空缺职位管理；劳动力规划-进度报告；劳动力规划-工作要点
诊疗问题	病床使用；卫生状况改善-流行病报告；互联网监管政策；全国统一的政策；办公用房；值班管理安排；针对病患的预定；苏格兰病患安全计划；禽流感

续表

议题	具体内容
健康、安全与福利	APF 分组 - SHAWHWL 分组；骑车上班计划；火灾警报系统；性别暴力员工政策；卫生与安全委员会分组 - 预防暴力与侵犯分组；卫生与安全委员会分组 - 压力管理引导小组；卫生奖励；卫生对话；卫生条件改善 - 健康工作生活 SHAW；HPF 分组 - 健康工作生活分组；移动与应对政策；生化危险品政策；手套的挑选；事件管理；移动电话使用政策；防止工作场所暴力与侵犯政策；移除卫生建筑内的汽水贩售机；提供并完善安全的工作环境；更安全的入职前后检查；员工筛查政策；物质误用政策；烟草政策；顺利开展工作挑战基金；对不重视手部卫生的行为零容忍政策
员工治理进程	SAAT；年度审查；行政报告；设备预算；委员会反馈；SG 自行评估外部审查反馈；ICAS；集中行动计划；宣传手册；协商结构与流程；制定规划与工作重点；员工管理标准；员工调查

二 大格拉斯哥与克莱德地区国家卫生服务体系

从 2002 年 12 月到 2009 年 11 月，大格拉斯哥与克莱德地区国家卫生服务体系 APF 的伙伴关系议程涵盖 144 个不同的事项。从图 5-7 上可以看出，大格拉斯哥与克莱德地区国家卫生服务体系 APF 的战略重点比高地地区国家卫生服务体系更为突出。战略问题包括现代化、员工规划与

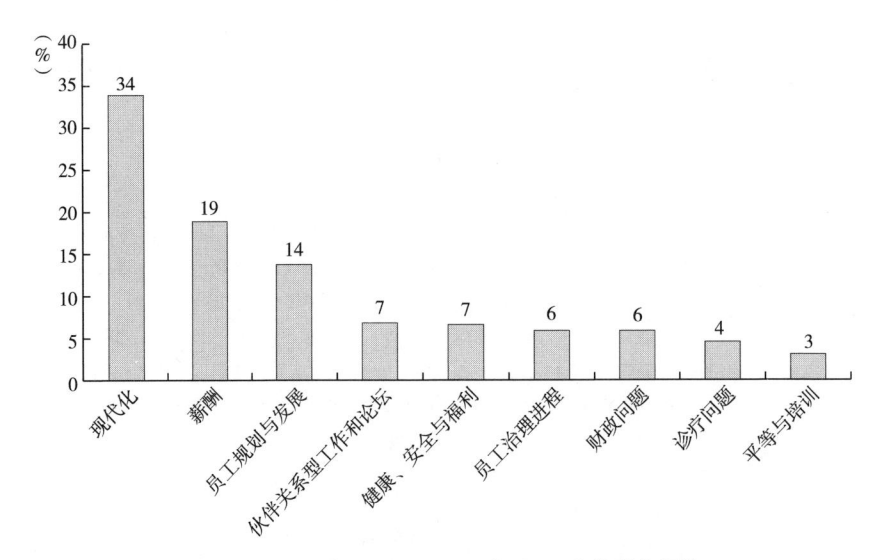

图 5-7 2002 年 12 月至 2009 年 11 月大格拉斯哥与
克莱德地区国家卫生服务体系 APF 50 场会议讨论的问题

发展，占论坛讨论内容的接近一半（48%）。此外，针对这两个主题提出的问题范围更加广泛。表5-10显示，有关现代化和员工规划与发展的不同事项有69个，具体来看，现代化是论坛的主要议题，占所有讨论的34%。表5-10中的数据支持以下观点：纯粹的伙伴关系会扩展工会参与的谈论范围，相关的伙伴关系协议不太可能受到管理人员的限制。

值得注意的是，该论坛非常重视薪酬问题，占所有讨论内容的19%，几乎在每场会议上都有讨论。同时，超过3/5（67%）的讨论内容围绕着现代化、薪酬和员工规划与发展这三大主题。对其他议题的探讨浅尝辄止，平等与培训是该论坛讨论最少的问题，仅占3%。

表5-10　2002年12月至2009年11月大格拉斯哥与
克莱德地区国家卫生服务体系APF 50场会议讨论的议题

单位:%

议题	议题出现的会议数量（共有50场会议）	会议讨论的事项总数（共有144个事项）	议题占所有讨论内容比重（计数百分比）
现代化	44	43	34
薪酬	38	23	19
伙伴关系型工作和论坛	25	15	7
财政问题	19	5	6
平等与培训	19	6	3
健康、安全与福利	22	11	7
员工治理进程	27	7	6
员工规划与发展	37	26	14
诊疗问题	15	8	4

说明：比重数据为在Nvivo软件中统计每个议程讨论的字数点总记录文档的比例。下同。

表5-11　2002年12月至2009年11月大格拉斯哥与
克莱德地区国家卫生服务体系APF 50场会议讨论事项

议题	具体内容
现代化	应急服务加速计划；责任审查；应急服务审查；Argyll和Clyde整合；最佳采购计划；改善卫生服务；有关交通的委员会文件；CamGlen与北部走廊转移实施；行政总监报告；CHP问题；卫生管理策略；卫生服务策略审查；Clyde-独立监管；控制服务；公司目标；提供卫生服务；基本护理指南；诈骗政策；GGNHSB

续表

议题	具体内容
现代化	重组；格拉斯哥应急服务策略；格拉斯哥卫生策略；与格拉斯哥市参议会合作；Kerr报告；完善的政策与流程；地方卫生计划；绘图；全国共享支持服务；新格拉斯哥市民项目；新患病儿童医院；新南部格拉斯哥医院；NHSGG市参议会开拓者项目；机构安排；机构变革政策；机构发展；PIN指南；政策发展－公共利益披露政策；基本卫生框架；恢复计划；康复框架；秘书处报告；服务重新设计；单一体系服务；SWISS；信托行动计划等
薪酬	A4C；年度休假和病假；Argyll与Clyde支付日期；停车；儿童保育税务凭证；圣诞节与新年收入；制定应对贫穷的策略；一般性工作描述；起薪指南；低收入协议和收入协定；值班补贴标准；病假期间值班报酬；项目委员会的建立；收益实现计划；养老金通报活动；养老金选择；固定条款合约；公共假期；公共交通补助；小额支付审查；高级经理收入；员工福利；病假期间的非工作时间
平等与培训	KSF；种族平等委员会－劳动力监管；领导力发展；产假；学习与教育；分组报告－公平与一贯的对待
财政问题	Clyde恢复计划；就餐审查；财务分配；财务计划；财务报告。
伙伴关系型工作和论坛	APF发展；请假；沟通；DTI资金lNHS会议；伙伴关系安排与协议；伙伴关系会议；医务工作中的伙伴关系－卫生报批书；NHSGG中的伙伴关系运行；减少缺勤；伙伴关系大会；从员工代表中选举主席；员工代表致函行政总监及回复；分组报告等
员工规划与发展	AHP咨询职位与主导小组；卫生专业合伙人工作量计算与管理；卫生服务人员卫生监管模型；医务工作者重新设计项目；纪律政策与流程；员工联盟；投诉政策与流程；人力资源论坛；人力资源计划；人力资源政策开发项目；病假管理；卫生职位现代化；NHSGG草案政策；医护人员工具；政策开发－行为准则；政策开发－纪律与投诉；政策开发－出勤管理；卫生支持人员管理；高级护士长审查；分组报告－劳动力规划项目小组；支持人员项目；劳动力挑战；员工规划与发展；劳动力重新设计项目；工作－生活平衡等
诊疗问题	儿童服务研讨会；针对ASR的病床模式；Clude卫生咨询；HAI Watt小组报告；执行器官捐赠行动组的建议；实验室药物策略审查；流行传染病；病患安全
健康、安全与福利	卫生与安全论坛；挑战基金；净化；卫生访客；微型格拉斯哥与格拉斯哥卫生情况；职业健康；员工健康；卫生与安全政策更新；吸烟政策；分组报告－职业健康分组；顺利开展工作挑战基金
员工治理进程	行动计划；年度报告；协商；改革计划；SAAT；员工管理标准；员工调查

三 毗邻地区国家卫生服务体系

表 5-12 显示，毗邻地区国家卫生服务体系 APF 的伙伴关系议程涵盖 9 个大的议题中的 158 个不同事项。与高地地区国家卫生服务体系和大格拉斯哥与克莱德地区国家卫生服务体系不同，该论坛中薪酬的议程是讨论最多的，占总内容的 23%。此外，该议题下面有广泛的具体讨论事项（22 个）。

毗邻地区国家卫生服务体系 APF 的战略关注点比高地地区国家卫生服务体系和大格拉斯哥与克莱德地区国家卫生服务体系弱，有关现代化（19%）和员工规划与发展（12%）的战略问题的讨论仅占所有讨论内容的 31%。尽管在这两个议题下面有 68 项讨论内容，占论坛所有内容的约 1/3（31%）。大多数时候，管理人员在论坛上寻求对已有政策的支持，或者针对某个问题提供信息，而不是在一项政策制定初期推进有关它的讨论。

值得注意的是，健康、安全与福利的议题在论坛上被频繁提及，占所有讨论内容的 13%。此外，关于健康、安全与福利的讨论事项也相对广泛。其他议题，例如伙伴关系型工作和论坛（10%）、财政问题（8%）、平等与培训（7%）和员工治理进程（6%）也都是固定的讨论内容。诊疗问题探讨频率低，仅占 2%。

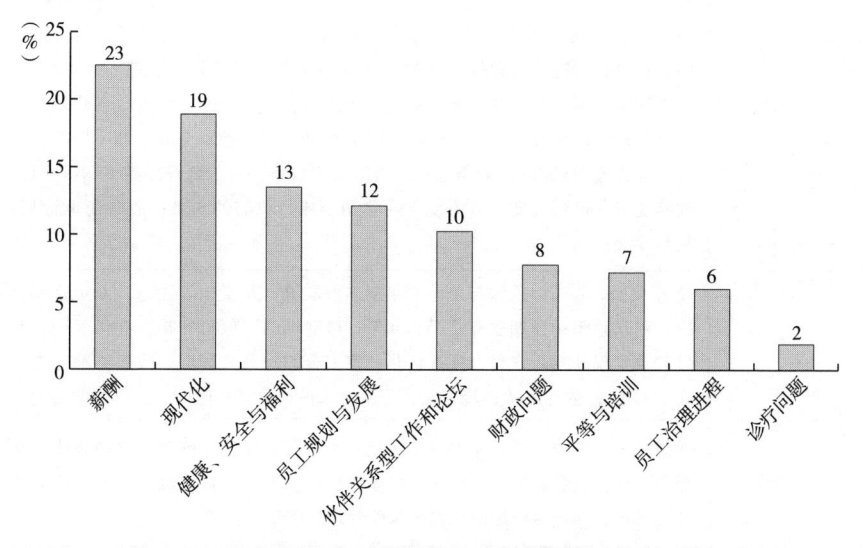

图 5-8 2004 年 1 月至 2009 年 8 月毗邻地区国家卫生服务体系 APF 26 场会议讨论的问题

表 5-12 2004 年 1 月至 2009 年 8 月毗邻地区国家卫生服务体系 APF 26 场会议讨论的议题

单位:%

议题	议题出现的会议数量（共有 26 场会议）	会议讨论的事项总数（共有 158 个事项）	议题占所有讨论内容比例（计数百分比）
现代化	23	31	19
薪酬	20	22	23
伙伴关系型工作和论坛	18	9	10
财政问题	14	7	8
平等与培训	17	11	7
健康、安全与福利	23	23	13
员工治理进程	12	5	6
员工规划与发展	22	37	12
诊疗问题	11	13	2

表 5-13 2004 年 1 月至 2009 年 8 月毗邻地区国家卫生服务体系 APF 26 场会议讨论的事项

议题	具体内容
现代化	责任审查；委员会表现报告；变革矩阵；CHI 号码；CHP 问题；社区规划；公司目标；数据保护政策；电子卫生；员工快速意见汇总；住院重新设计；Kerr 报告；关键绩效指标；LEAN；本地卫生与交付计划；管理式卫生团队；全国诈骗计划；全国共享服务；毗邻地区国家卫生服务体系委员会领导力发展计划；组织发展；OHS-策略与服务行动小组；组织架构；PIN 指南；政策"点击按钮选择"；政策发展；风险管理政策；员工调查问卷-CHI 项目；战略变革-谨慎开支；战略变革-你的健康，我们的未来；战略变革计划；战略发展计划
薪酬	15 年奖励；A4C；条款与条件；年度休假政策；儿童托管优惠；固定条款合约；租车政策；长期服务奖励；MSG；移动电话；值班安排；支付奖励；支付收益实现计划；支付方式现代化；咨询合约；公共假期；服务奖励与退休礼；STAC；员工旅游；转折点-条款与条件；非工作时间；工作时间指南
平等与培训	评估政策；工作尊严；平等机会小组；平等与多样化-伙伴关系的作用；平等与多样化任务；KSF；OHS-教育项目；OHS-急救培训；OHS-移动与处理培训；OHS-管理层培训之风险管理；OHS-培训
财政问题	Arbuthnott 公式；大奖基金-向社区投资；财务报告；筹资；冰岛银行；NRAC；运营成本节约

续表

议题	具体内容
伙伴关系型工作和论坛	APF 发展；会议出席率；BGH 地方伙伴关系论坛主席选举；第四届关于支持服务的伙伴关系论坛；不构成法定人数的会议；联合管理；共同员工论坛；OHS-联合运行；伙伴关系假日
员工规划与发展	恶劣天气政策；行为与能力政策；合约控制政策；投诉政策；人力资源论坛；人力资源指南；人力资源政策协商建议；人力资源政策开发与培训；人力资源架构；诱导政策；职位评估政策；本地劳动力计划；病假管理；产假管理；毗邻地区国家卫生服务体系欢迎手册；社区医护；医护工具；OHS-职业自我评估工具；OHS-单独工作；OHS-OHS 服务人员；OHS-员工咨询；OHS-员工管理；PDP；养老金审核；职业匹配志愿者；项目经理；入职前检查；HCW 政策中的 HAI 扫描；员工咨询流程；推动人力资源工作；表达担忧政策；劳动力发展；劳动力委员会；劳动力计划；劳动力规划-医护与助产；劳动力报告；在家办公
诊疗问题	BECC；儿童保护；儿童服务咨询；夜间卫生；IT 状况；IT 安全政策待通过；针头政策；传染性流感；病患安全；物质与酒精滥用政策；员工制服；USB；弱势成人协议
健康、安全与福利	清洁度冠军 & 卫生项目报告；针对 NHS 病退补贴的咨询；危害健康的物质控制政策；卫生与健康；卫生计划；OHS-血液传播病毒政策；OHS-计算机政策；OHS-流感疫苗；OHS-手套的使用和选择，以及员工免疫政策；OHS-卫生工作生活；OHS-HSE；OHS-事故报告；OHS-法律行动；OHS-职业健康与安全政策；OHS-其他；OHS-审查工作小组；OHS-烟草审查小组；OHS-工作环境；个人安全政策；工作压力预防与管理；烟草政策等
员工治理进程	年度审核；行动计划；协商；信息系统；员工调查

四 对三个案例的比较

通过对比，我们发现三个 APF 伙伴关系议程的范围有很多相同点和不同点。现代化、员工规划与发展，还有薪酬是所有论坛的首要关注点，反映出苏格兰国家卫生服务体系深入开展现代化产生的影响。此外，工会通过 APF 真实参与了管理层的现代化议程，尽管工会对管理层决策的影响程度仍然有待研究。然而三个案例之间还存在一些差异。例如，高地地区国家卫生服务体系 APF 的伙伴关系议程更广泛，平等涉及了策略和运行方面的问题，而大格拉斯哥与克莱德地区国家卫生服务体系 APF 更关注策略问题，毗邻地区国家卫生服务体系 APF 的首要关注点是薪酬。

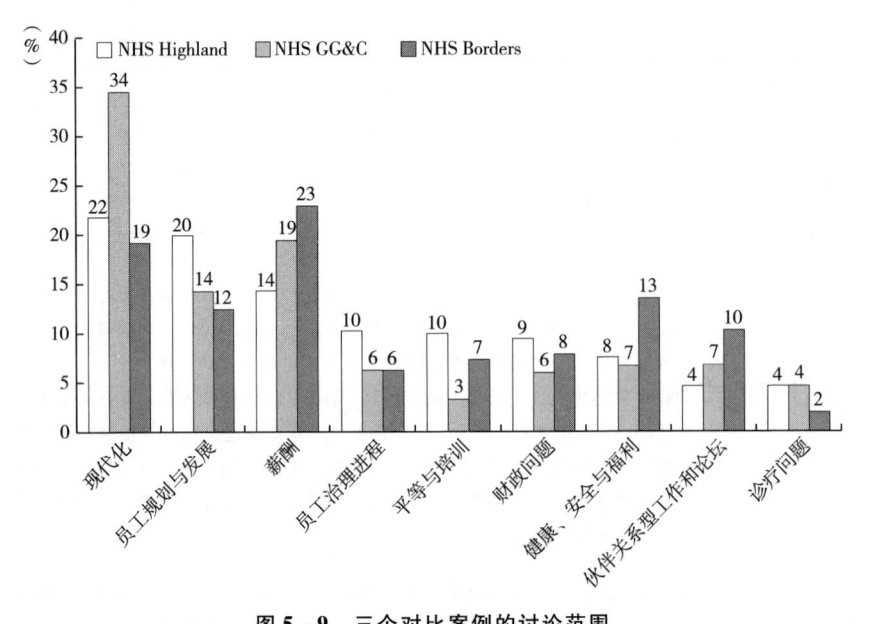

图 5-9 三个对比案例的讨论范围

总体而言，三个卫生委员会的 APF 会议内容显示，管理层与工会代表正在共同合作制定卫生政策和解决问题。大格拉斯哥与克莱德 APF 尤其关注战略问题，这也许如一些评论人员提出的那样，意味着工会对管理层决策的影响力更大，产生的效果也更积极（Kelly，2004；O'Dowd & Roche，2009）。本研究将继续探讨这个问题。

第三节 APF 参会者的话语权

上面两个部分已经对三个卫生委员会中的伙伴关系架构和议程做了研究，找出了三个卫生委员会 APF 的诸多相同点和差异。然而我们仍然需要进一步分析，从整体上了解 APF 中的伙伴关系如何运行。

本部分将探究伙伴关系协商会议中参与者的话语权。我们期待伙伴关系协议会通过推动员工参与更广泛的对话来增强他们的话语权（Bacon & Hoque，2012）。此外，伙伴关系协商会议中来自各方的话语权的分布可能显示出伙伴关系权力的平衡，最终影响潜在收益的走向（Katz et al.，2008；Kelly，2004）。

一　高地地区国家卫生服务体系

图 5-10 显示，几乎没有迹象证明管理人员主导了高地地区国家卫生服务体系 APF 的讨论，因为员工代表（包括职工董事和工会代表）占总讨论的 24%。高级经理在论坛中的参与度较高，参加了近 1/3（32%）的讨论。管理层人员（包括人力资源经理和其他代表）对论坛的贡献超过 2/5（42%）。

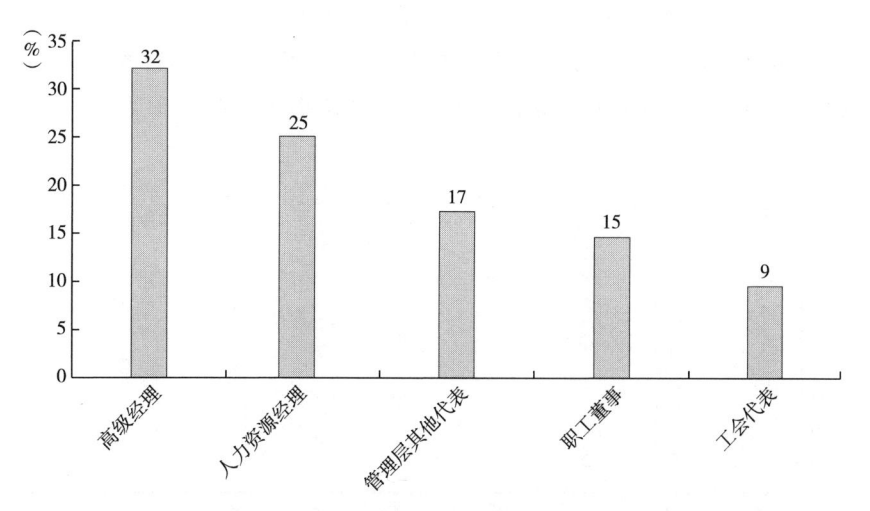

图 5-10　2005 年 2 月到 2009 年 9 月高地地区国家卫生服务体系 APF 35 场会议中各群体参与讨论的比例

图 5-11 显示了不同群体参与讨论的事项分布。值得注意的是，高级经理在现代化（39%）和财政问题（57%）的讨论中起到领导作用，符合预期，但出人意料的是，他们也引领了员工规划与发展（34%）和员工治理进程（32%）的讨论，这反映了高级经理在更广泛的问题上为推动伙伴关系运行做出了努力。

管理层代表在几项议题，包括健康、安全与福利（35%）和诊疗问题（41%）的讨论上起带头作用，但在员工治理进程（7%）和员工规划与发展（10%）上的贡献度较低。人力资源经理主导着员工规划与发展（39%）、薪酬（35%）和平等与培训（34%）议题的讨论，对所有讨论内容的贡献率达到 25%（见表 5-14）。这并不奇怪，因为这些问题都属于人力资源管理的范畴，需要由相关人力资源经理来执行。

员工代表（职工董事和工会代表）在一些问题上有较强的话语权，例如他们对伙伴关系型工作和论坛议题的贡献率超过了一半（53%）（见图 5-11）。此外，员工代表在薪酬（30%）、员工治理进程（32%）以及健康、安全与福利（28%）的会议上也有适当参与。然而值得注意的是，工会代表在论坛上的声音较弱，仅占所有讨论的 9%。有必要看到，带领员工群体的职工董事在论坛上的参与达到 15%，也占员工全部声音的 3/5（63%）。这显示出职工董事在员工代表中强大的领导力。数据还显示出工会代表在健康、安全与福利（17%）和平等与培训（15%）这两个议题上表现出极大的关注，而职工董事才是推动论坛伙伴关系运行的主要动力，他们在伙伴关系型工作和论坛这个议题上的贡献率达到 45%（见表 5-14）。

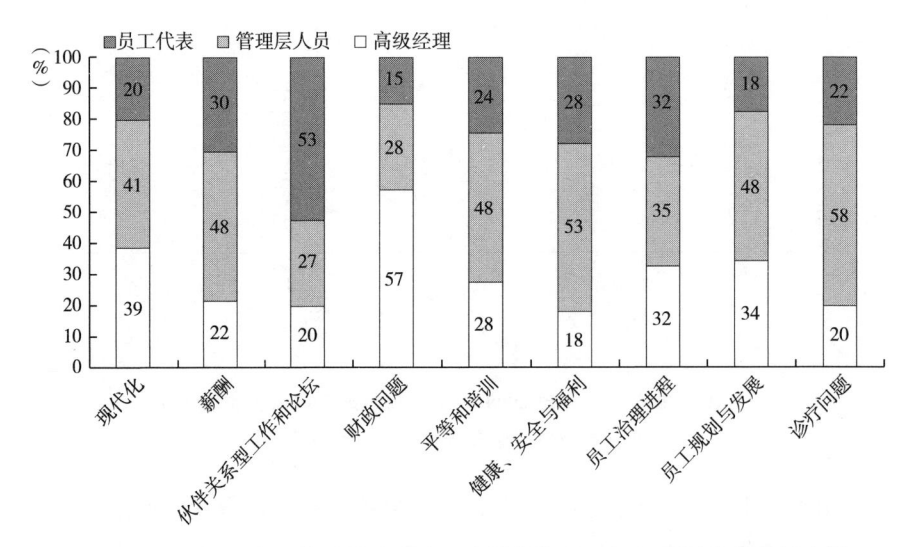

图 5-11 不同群体对高地地区国家卫生服务体系 APF 问题讨论的贡献比例

表 5-14 2005 年 2 月到 2009 年 9 月高地地区国家卫生服务体系 APF 35 场会议中不同群体讨论的问题和所做贡献

单位:%

议题	高级经理论述问题	管理层代表论述问题	人力资源经理论述问题	职工董事论述问题	工会代表论述问题
现代化	39	20	21	11	9
薪酬	22	13	35	20	10
伙伴关系型工作和论坛	20	15	12	45	7
财政问题	57	22	6	7	8
平等与培训	28	14	34	10	15

续表

议题	高级经理论述问题	管理层代表论述问题	人力资源经理论述问题	职工董事论述问题	工会代表论述问题
健康、安全与福利	18	35	18	11	17
员工治理进程	32	7	29	27	5
员工规划与发展	34	10	39	8	9
诊疗问题	20	41	18	16	7
总计	32	17	25	15	9

二 大格拉斯哥与克莱德地区国家卫生服务体系

与高地地区国家卫生服务体系 APF 的研究结果相似，来自大格拉斯哥与克莱德地区国家卫生服务体系的数据显示，APF 并非由管理人员主导，员工代表对所有讨论的贡献约达到 30%。图 5-12 显示，高级经理积极参与论坛，参与度达到 1/3 (33%)，另外 1/3 强 (38%) 的参与者是管理层人员。然而需要注意的是，员工群体内部的话语权分布与高地地区国家卫生服务体系和大格拉斯哥与克莱德地区国家卫生服务体系有很大差异。分析证明，在大格拉斯哥与克莱德地区国家卫生服务体系，职工董事在 APF 会议上的发言是最少的（仅有 4%），工会代表比高地地区国家卫生服务体系的同行更活跃，对讨论的参与度达到 25%（见表 5-15）。

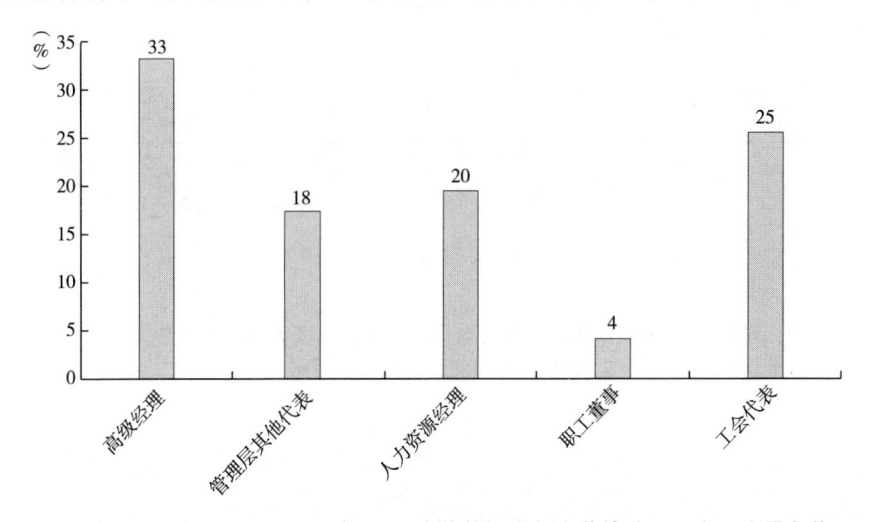

图 5-12　2002 年 12 月到 2009 年 11 月大格拉斯哥与克莱德地区国家卫生服务体系 APF 50 场会议中各群体参与讨论的比例

图 5-13 显示了在具体的议题上不同群体的参与情况。高级经理在现代化（42%）、财政问题（92%）、诊疗问题（57%）和员工规划与发展（29%）等议题的讨论上起主导作用。

在管理层人员主导的议题上，人力资源经理和其他管理人员之间有一条清晰的界线。表 5-15 显示，大格拉斯哥与克莱德地区国家卫生服务体系中的人力资源经理主要关注薪酬（34%）、员工治理进程（44%）和平等与培训（86%），其他管理人员更重视现代化（30%）、伙伴关系型工作和论坛（39%）和诊疗问题（25%）。

从图 5-13 中可以看出，员工代表引领着薪酬（45%）、健康、安全与福利（51%）、员工治理进程（50%）和员工规划与发展（41%）等议题的讨论。具体来看，表 5-15 体现出工会代表在薪酬（42%）、健康、安全与福利（36%）、员工治理进程（41%）和员工规划与发展（38%）上有很强的话语权，同时职工董事最关注的议题是伙伴关系型工作和论坛（14%）和健康、安全与福利（15%）。

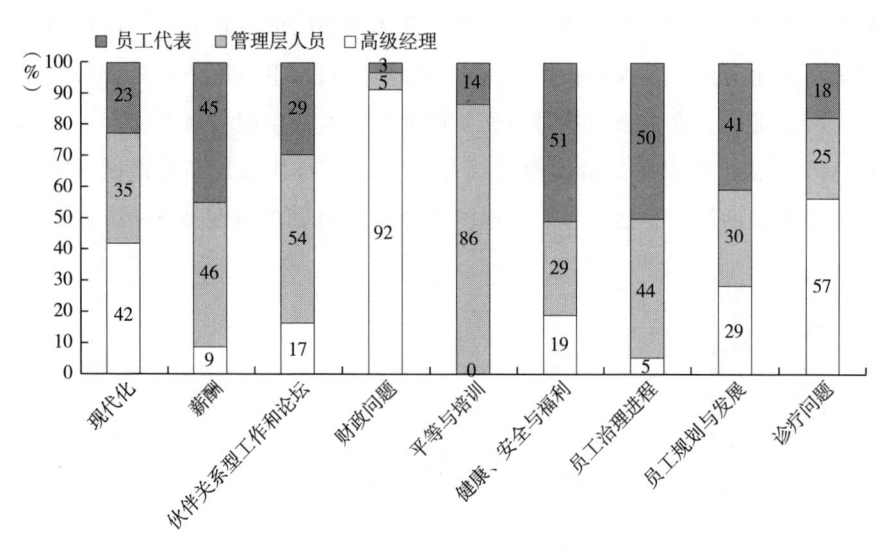

图 5-13 不同群体对大格拉斯哥与克莱德地区国家卫生服务体系 APF 上的问题讨论所做的贡献

表5-15 2002年12月到2009年11月大格拉斯哥与克莱德地区国家卫生服务体系 APF 50场会议中不同群体讨论的问题和所做贡献

单位:%

议题	高级经理论述问题	管理层其他代表论述问题	人力资源经理论述问题	职工董事论述问题	工会代表论述问题
现代化	42	30	5	3	20
薪酬	9	12	34	3	42
伙伴关系型工作和论坛	17	39	14	14	15
财政问题	92	1	4	1	2
平等与培训	0	0	86	5	9
健康、安全与福利	19	4	26	15	36
员工治理进程	5	0	44	10	41
员工规划与发展	29	4	27	2	38
诊疗问题	57	25	0	3	14
总计	33	18	20	4	25

此外，有意思的是，有关伙伴关系型工作和论坛议题的讨论超过一半（54%）都是在管理层人员中开展的，职工董事对这一议题的参与度为14%。这体现出大格拉斯哥与克莱德地区国家卫生服务体系的独特运行方式，即管理层人员积极寻求工会合作，与职工董事主导这一议题（45%）的高地地区国家卫生服务体系存在差异。此外，大格拉斯哥与克莱德地区国家卫生服务体系中职工董事与高地地区国家卫生服务体系的职责也不同，前者只参与所有活动的4%。我们从图中可以看到，大格拉斯哥与克莱德地区国家卫生服务体系和高地地区国家卫生服务体系的职工董事作用和职责可能存在差别，在大环境中，大格拉斯哥与克莱德地区国家卫生服务体系 APF 的工会数量与工会代表数量多于高地地区国家卫生服务体系，这也许会对职工董事的权力范围产生影响。

三 毗邻地区国家卫生服务体系

在三个案例中，毗邻地区国家卫生服务体系 APF 可能是唯一一个由管理人员主导的论坛。图5-14显示，管理层人员在所有讨论活动中的参与度超过 3/5 (68%)。具体来看，人力资源经理贡献 16%，管理层其他代表占 52%。

需要注意的是，与高地地区国家卫生服务体系和大格拉斯哥与克莱德地区国家卫生服务体系不同，毗邻地区国家卫生服务体系 APF 中高级经理的参与度很低，仅有 9%。员工代表的参与程度与其他两个论坛比较接近。然而我们发现，工会代表在这里的参与程度是最低的，只有 7%，职工董事占 16%（参见图 5-14）。

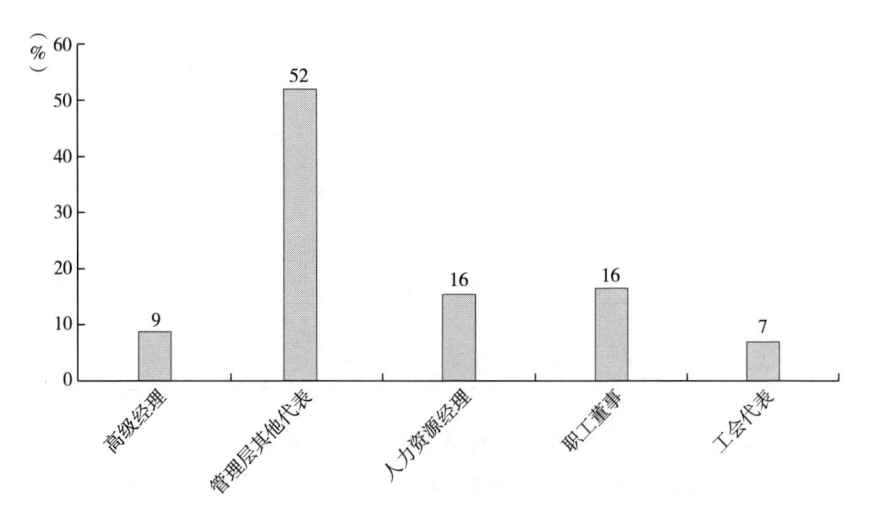

图 5-14 2004 年 1 月到 2009 年 8 月毗邻地区国家卫生服务体系 APF 26 场会议中各群体参与讨论的比例

在具体问题的讨论上，高级经理没有明显的偏好。管理层代表几乎主导了每项议题，除了伙伴关系型工作和论坛。人力资源经理在薪酬 (23%)、平等与培训 (30%) 和员工规划与发展 (34%) 的讨论上同时发挥领导作用。

图 5-15 显示，员工代表最关注的问题是薪酬 (31%)、伙伴关系型工作和论坛 (66%)、员工治理进程 (44%) 和诊疗问题 (31%)。与高地地区国家卫生服务体系的同行一样，毗邻地区国家卫生服务体系的职工董事在很大程度上致力于推动伙伴关系型工作和论坛的议题，对讨论的参与度达到 65%。职工董事在员工治理进程 (35%) 的讨论中也起主导作用。

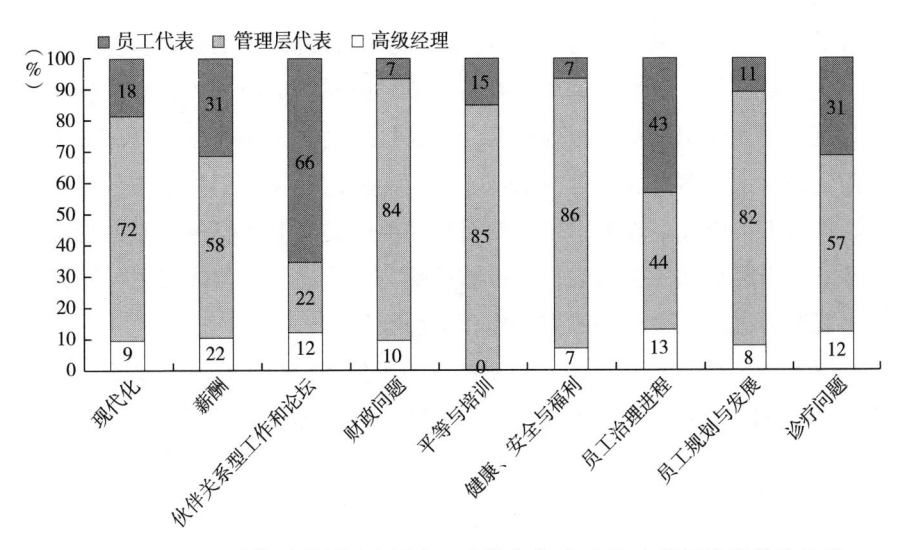

第五章 合作型劳资关系的运行实践

图 5-15 不同群体对毗邻地区国家卫生服务体系 APF 中的讨论所做的贡献

表 5-16 2004 年 1 月到 2009 年 8 月毗邻地区国家卫生服务体系 APF 26 场会议中不同群体讨论的问题和所做贡献

单位：%

	高级经理论述问题	管理层代表论述问题	人力资源经理论述问题	职工董事论述问题	工会代表论述问题
现代化	9	66	6	13	6
薪酬	11	35	23	15	17
伙伴关系型工作和论坛	12	12	9	65	2
财政问题	10	84	0	4	3
平等与培训	0	55	30	4	11
健康、安全与福利	7	84	2	5	2
员工治理进程	13	21	23	35	9
员工规划与发展	8	47	34	10	0
诊疗问题	12	57	0	23	8
总计	9	52	16	16	7

四 对三个案例的比较

本部分针对每个群体对伙伴关系议程的贡献展开了明确分析。首先，有必要指出三个案例之间的共同点。一些议题的讨论由某些群体主导，体现了这些群体的专业性。例如，在高地地区国家卫生服务体系和大格拉斯哥与克莱德地区国家卫生服务体系，高级经理主导了现代化和财务等策略性问题的讨论。薪酬、平等与培训、员工治理进程和员工规划与发展的讨论往往由人力资源经理来引领。然而毗邻地区国家卫生服务体系的情况很特殊，高级经理和工会代表往往不够活跃，而管理层其他代表主导了几乎每个议题的讨论，伙伴关系型工作和论坛除外。

图 5-16 对比了三个 APF 中不同参与者的话语权。根据前文中讨论的三个 APF 构成情况，数据显示三个 APF 的领导风格各不相同。

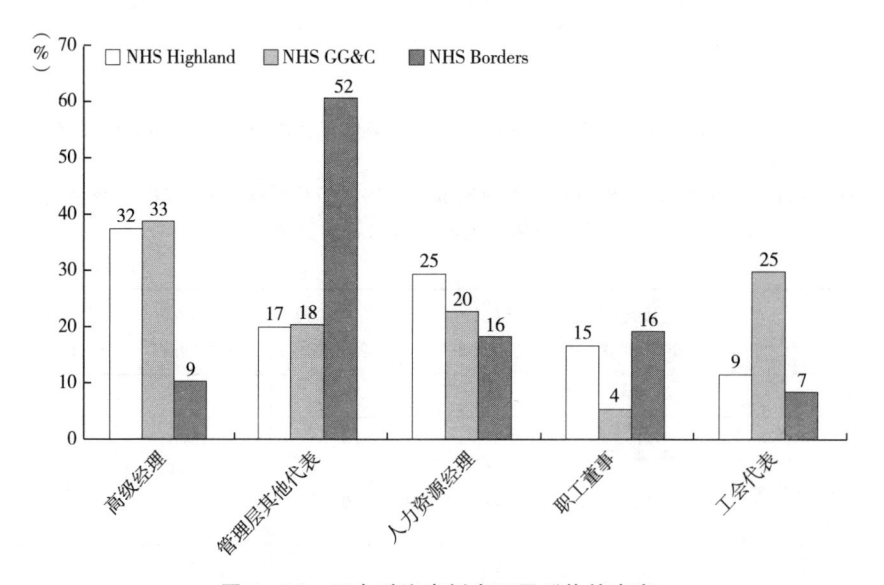

图 5-16　三个对比案例中不同群体的声音

在高地地区国家卫生服务体系，高级经理、管理层其他代表和员工代表有平等的话语权。高级经理积极参与论坛，在多个议题上起主导作用。同时，员工代表也表现出较强的话语权，职工董事在员工代表中发挥强有力的领导作用。

在大格拉斯哥与克莱德地区国家卫生服务体系，高级经理同样积极参与论坛活动。与高地地区国家卫生服务体系 APF 相比，用工会代表和高级经理共同领导来描述大格拉斯哥与克莱德地区国家卫生服务体系更为恰当，只是工会代表数量占活动总人数的接近 3/5，发出的声音也更响亮。

此外，两个 APF 之间有很大的差别，大格拉斯哥与克莱德地区国家卫生服务体系的职工董事与高地地区国家卫生服务体系同行相比权力更弱。

与高地地区国家卫生服务体系和大格拉斯哥与克莱德地区国家卫生服务体系形成鲜明对比的是，毗邻地区国家卫生服务体系 APF 的管理层其他代表显然主导了论坛，并拥有话语权。毗邻地区国家卫生服务体系 APF 缺少高级经理的关注。在高地地区国家卫生服务体系和毗邻地区国家卫生服务体系，职工董事的参与度很接近，双方在伙伴关系运行和发展议题的讨论上都起主导作用。

第四节 三个 APF 中的伙伴关系行为

伙伴关系的核心内容是工会和管理方积极合作找出问题的最佳解决方案。支持者认为，各参与方都应该积极主动，建立一个合作良好的伙伴关系氛围。他们进一步指出，合作行为，例如在更高水平上分享信息、规划和问题，或者以更加公开和坦诚的方式解决问题，建立一个更有活力的伙伴关系，使管理层和工会产生更积极的成果（Kochan & Osterman, 1994; Oxenbridge & Brown, 2002）。然而对于广泛开展合作持反对意见的人认为，伙伴关系很可能被管理层所利用，将工会从其他成员中孤立出来（Kelly, 1998; Taylor & Ramsay, 1998）。到目前为止，还没有针对伙伴关系协议中合作或冲突行为的平衡，或考虑这些行为对伙伴关系的运行和成果产生影响的系统性研究。为了深入研究这些问题，本部分通过借鉴 Bacon 和 Samuel（2009）、Bacon & Hoque（2012）制定的"行为编码框架"来研究伙伴关系行为。

一 参与者总体行为

首先，本部分将分析三个 APF 中不同参与者的总体行为。

（一）高地地区国家卫生服务体系

相关数据显示，高地地区国家卫生服务体系 APF 的合作程度很高，超过 90% 的参与者行为包括中立（50%）与积极行为（41%），其余的 8% 为消极行为，如包括向其他各方提出挑战（见图 5-17）。

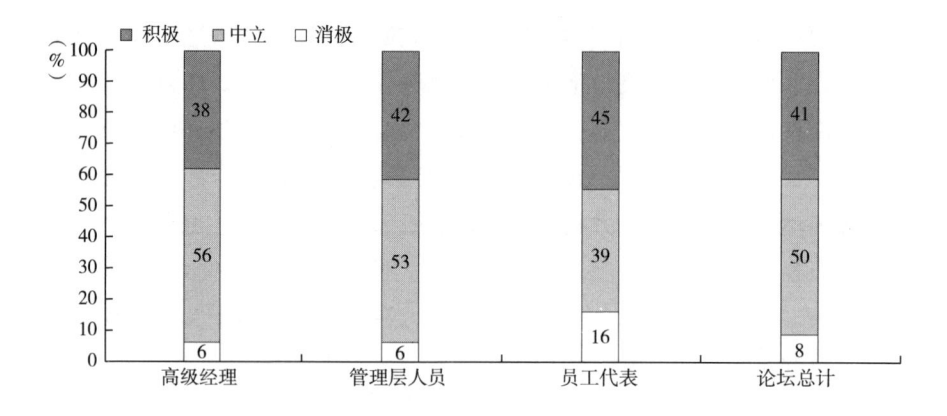

图5-17 高地地区国家卫生服务体系APF中不同参与者的行为

高级经理、人力资源经理和管理层其他代表的行为模式非常相似，主要包括中立行为和积极行为（见表5-17）。然而看起来员工行为比其他群体更具挑战性，16%的行为包括表达担忧和批评。具体来看，工会代表是论坛上最具斗争性的参与者，25%的行为为攻击和批评管理人员。有趣的是，职工董事的行为模式与工会代表和管理层其他代表有很大差别，11%的行为是消极的，低于工会代表的25%，但比管理层的5%要高。这意味着职工董事的角色已经从完全站在工会一边转向了介于工会和管理层之间复杂的位置，他们的行为也相应地发生了变化。

表5-17 2005年2月至2009年9月高地国家卫生服务体系APF会议中各群体的行为比例

单位:%

群体	积极	中立	消极
高级经理	38	56	6
管理层其他代表	45	50	5
人力资源经理	40	54	6
职工董事	45	45	11
工会代表	45	31	25
论坛总计	41	50	8

图5-18中的数据显示了参与论坛的不同群体的不同行为类型。注意，员工代表在论坛上的消极行为占所有人的将近一半（49%），而管理人员是合作意愿最强的群体，积极行为占2/5强（42%）。

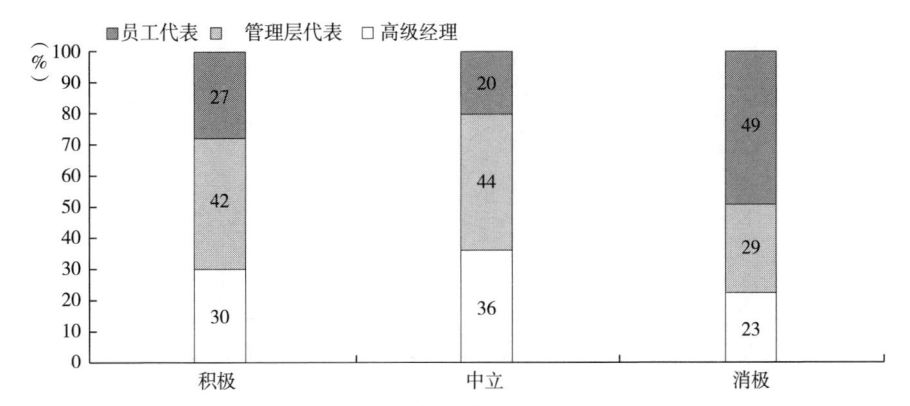

图 5-18 高地地区国家卫生服务体系 APF 会议中不同群体的行为比例

表 5-18 高地地区国家卫生服务体系 APF 会议上不同群体的行为模式

单位:%

群体	积极	中立	消极
高级经理	30	36	23
管理层代表	18	17	11
人力资源经理	24	27	18
职工董事	17	14	20
工会代表	10	6	28

（二）大格拉斯哥与克莱德地区国家卫生服务体系

与高地地区国家卫生服务体系相比，大格拉斯哥与克莱德地区国家卫生服务体系 APF 更具进攻性。尽管 4/5 的参与者行为偏向积极（32%）或中立（52%），其余 16% 则包括向其他各方发起挑战或攻击（见表 5-19）。

几乎没有证据显示工会有管理层站在一边。相反，员工代表在论坛上非常具有批评性和攻击性，近 2/5（39%）的员工行为都是消极的。有很大比例的管理层人员行为包括与其他各方分享信息。高级经理是论坛中最有合作意愿的群体，仅有 4% 的行为是消极的（见图 5-19）。

与高地国家卫生服务体系的情况相同，大格拉斯哥与克莱德地区国家卫生服务体系的职工董事比其他工会代表更有合作意识，但比管理人员更具进攻性（见表 5-19）。人力资源经理、管理层其他代表和高级经理的行为模式非常相似，他们 90% 及以上的行为偏向中立和积极。

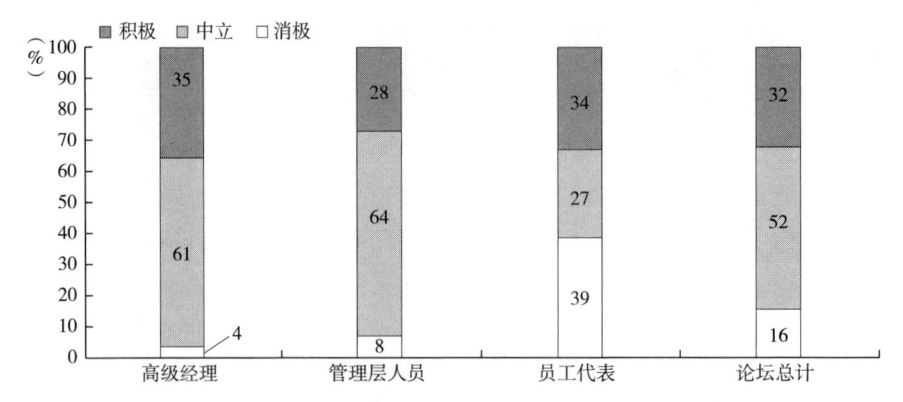

图 5-19 大格拉斯哥与克莱德地区国家卫生服务体系 APF 中不同参与者的行为

表 5-19 2002 年 12 月至 2009 年 11 月大格拉斯哥与克莱德地区国家卫生服务体系 APF 中各群体的行为比例

单位:%

群体	积极	中立	消极
高级经理	35	61	4
管理层代表	28	66	6
人力资源经理	28	62	10
职工董事	30	49	21
工会代表	35	24	42
论坛总计	32	52	16

图 5-20、表 5-20 显示员工是论坛上最具斗争性的群体,占消极行为的 74%。具体来说,大多数消极行为来自工会代表,而非职工董事。管理层其他代表和人力资源经理在论坛上频繁分享信息,在消极行为中占的比例非常低。

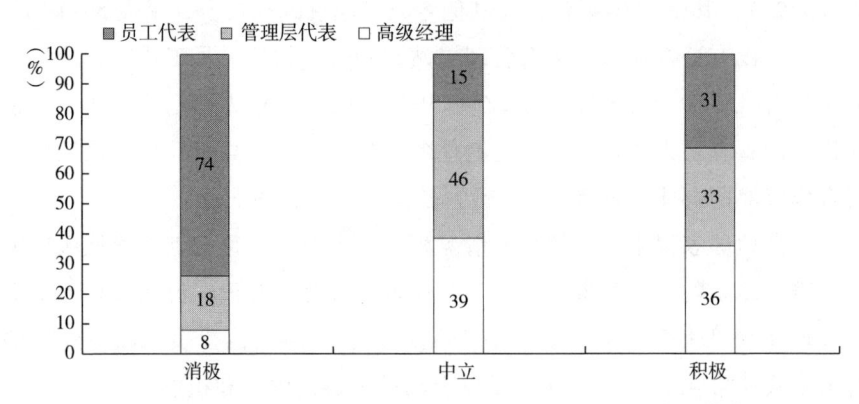

图 5-20 大格拉斯哥与克莱德地区国家卫生服务体系 APF 中各群体的行为贡献

表 5-20　大格拉斯哥与克莱德地区国家卫生服务体系 APF 会议上不同群体的行为比例

单位:%

群体	积极	中立	消极
高级经理	36	39	8
管理层代表	15	22	6
人力资源经理	17	24	12
职工董事	4	4	6
工会代表	27	11	68

（三）毗邻地区国家卫生服务体系

总体而言，该论坛的合作性较强，大约90%的参与者行为包含中立行为（60%）和积极行为（29%）。其余的11%是消极行为，包括向其他各方发出挑战（见图5-21、表5-21）。数据显示毗邻地区国家卫生服务体系的高级经理比高地地区国家卫生服务体系和大格拉斯哥与克莱德地区国家卫生服务体系的同行更具斗争性，他们行为的约1/5（18%）是消极的。管理层其他代表的行为模式与人力资源经理非常相似，大部分是中立行为。毗邻地区国家卫生服务体系的职工董事也与另外两个论坛相同，比工会代表更有合作意识，同时比管理人员更消极。

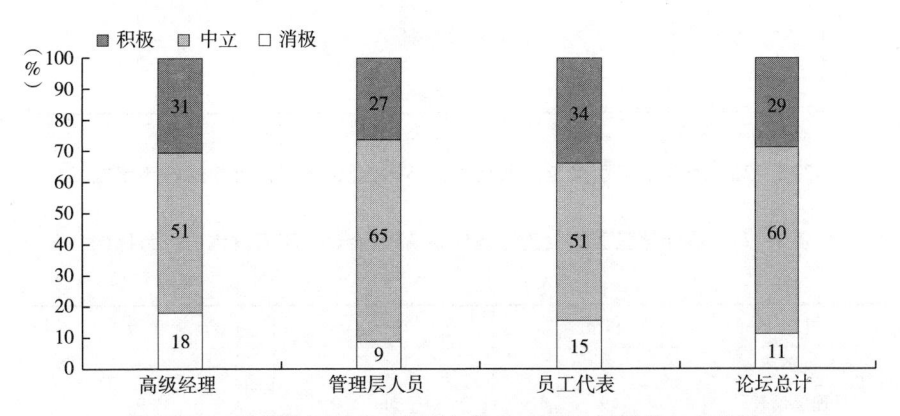

图 5-21　毗邻地区国家卫生服务体系 APF 中不同参与者的行为

表 5-21　2004 年 1 月至 2009 年 8 月毗邻地区国家卫生服务体系 APF 中各群体的行为比例

单位:%

群体	积极	中立	消极
高级经理	31	51	18

续表

群体	积极	中立	消极
管理层其他代表	27	65	8
人力资源经理	25	65	10
职工董事	33	54	13
工会代表	36	44	20
论坛总计	29	60	11

从图5-22中可以看出，管理层人员的各种行为都占所有参会者的一半以上，这意味着管理层人员主导了论坛的大部分活动。此前的研究成果显示，管理层人员的人数更多，话语权也更强，体现出毗邻地区国家卫生服务体系APF是一个由管理层主导的论坛。

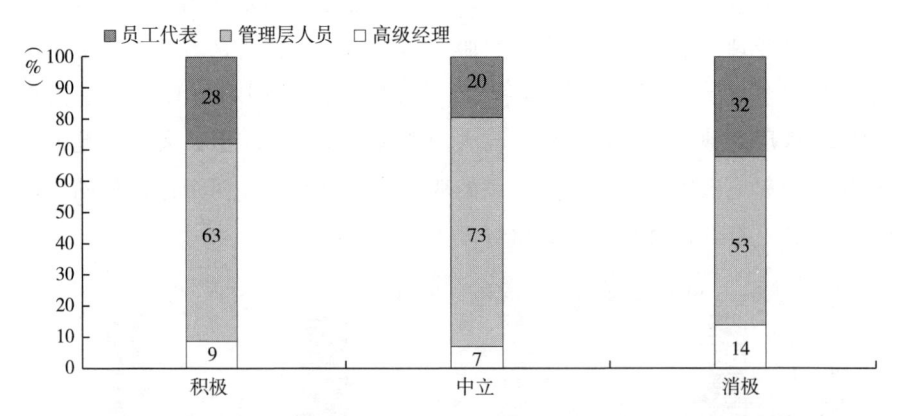

图5-22 毗邻地区国家卫生服务体系APF会议上不同群体的行为贡献

表5-22 毗邻地区国家卫生服务体系APF会议上不同群体的行为比例

单位：%

群体	积极	中立	消极
高级经理	9	7	14
管理层代表	49	56	39
人力资源经理	14	17	14
职工董事	20	15	20
工会代表	8	5	12

（四）对三个案例的比较

总体而言，三个APF的行为模式不同。高地地区国家卫生服务体系的伙伴关系特点是管理层和工会是合作关系，合作行为占总行为的41%。大格拉斯哥与克莱德地区国家卫生服务体系 APF 是最具斗争性的论坛，挑战和冲突行为占总行为的16%。毗邻地区国家卫生服务体系 APF 的一个重要作用是分享信息，3/5 的行为是寻找和提供信息（见图5-23）。

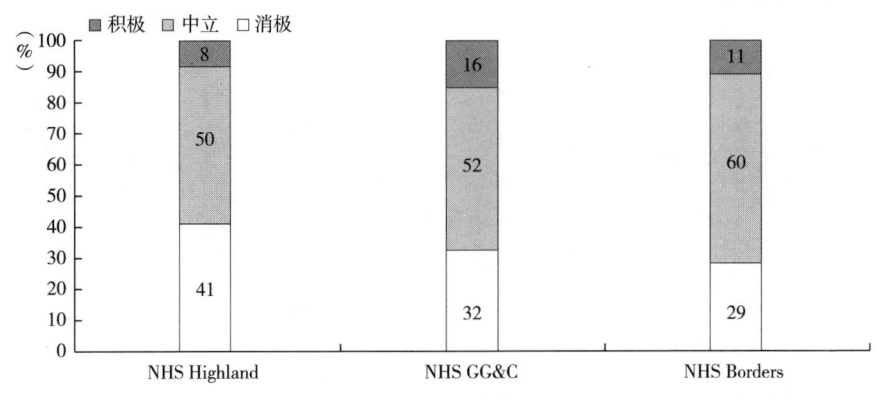

图 5-23 三个对比 APF 的行为模式

在高地地区国家卫生服务体系和大格拉斯哥与克莱德地区国家卫生服务体系，高级经理、管理层其他代表和人力资源经理的行为模式很相似，大部分是合作性的。然而在毗邻地区国家卫生服务体系，高级经理比其他管理人员更具斗争性。在所有三个论坛中，工会代表比管理人员更具斗争性。与其他两个论坛相比，大格拉斯哥与克莱德地区国家卫生服务体系的员工表现相当激进，占总消极行为的74%。

三个论坛有一个共同特点，即职工董事的行为模式与管理人员和工会代表都不同，他们的斗争程度低于工会代表，高于管理人员。这反映出职工董事作为工会领导和委员会非常务成员具有复杂的职责。这种行为模式也体现出职工董事并非由一些研究人员担心的那样，遭到了管理人员的孤立。

二　在一些问题上的谈判行为

前面我们分析过三个 APF 参与者的总体行为。研究结果还显示，高地地区国家卫生服务体系 APF 是最具合作性的论坛，大格拉斯哥与克莱德地区国家卫生服务体系 APF 正好相反。毗邻地区国家卫生服务体系 APF 的主要活动是分享信息。本部分的研究将继续探讨参与者在不同问题上的谈判能力。

(一) 高地地区国家卫生服务体系

图 5-24 显示，论坛上没有任何一个问题显得特别有争议。健康、安全和福利 (13%) 以及薪酬 (10%) 的争议性比其他的高一些，要注意，这些问题在员工最关心的问题中排进了前三。

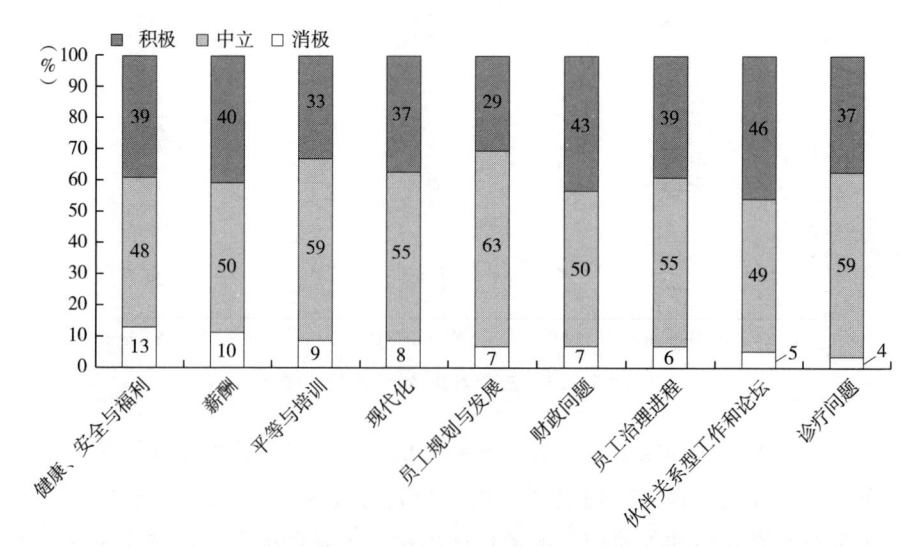

图 5-24 高地地区国家卫生服务体系 APF 上就问题而做出的行为

图 5-25 显示了高地地区国家卫生服务体系员工代表在不同问题上的谈判行为。员工代表在财政问题以及健康、安全与福利问题上的行为比其他人更具冲突性。在现代化、薪酬、平等与培训以及员工规划与发展上的行为模式很相似，大约所有行为的 1/5 是消极的。在伙伴关系型工作和论坛、员工治理进程和诊疗问题上的行为更倾向合作，只有不到 1/10 的行为是消极的。

(二) 大格拉斯哥与克莱德地区国家卫生服务体系

从图 5-26 中可以看出，薪酬 (15%)，健康、安全与福利 (15%) 以及平等与培训 (14%) 是最具争议性的三个问题。总体而言，GG&C 工会在大多数问题上都表现出斗争性，除了财政问题、伙伴关系型工作和论坛以及员工管理进程几个议题。要注意，财政问题只占所有讨论内容的 6%，大多数时候在相关会议上都是管理人员向论坛做报告。

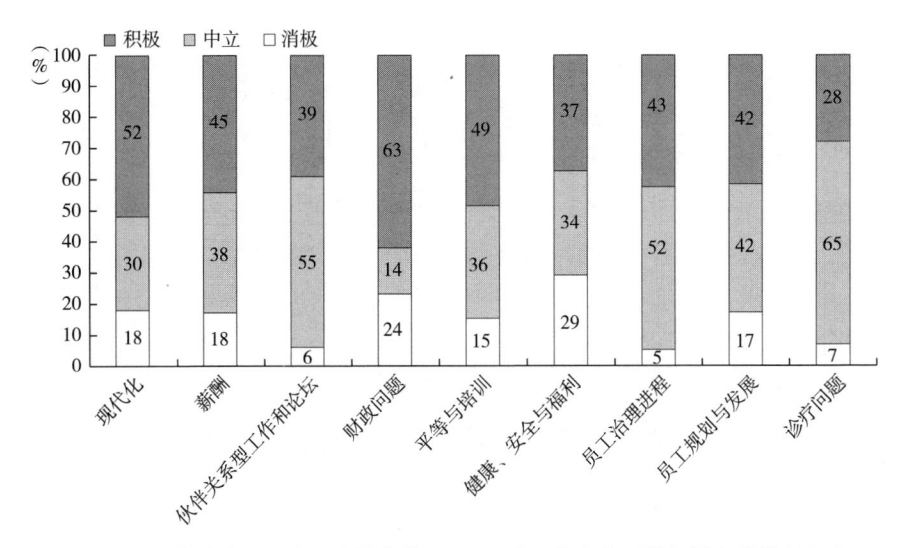

图 5-25 高地地区国家卫生服务体系 APF 员工代表在不同问题上的谈判行为

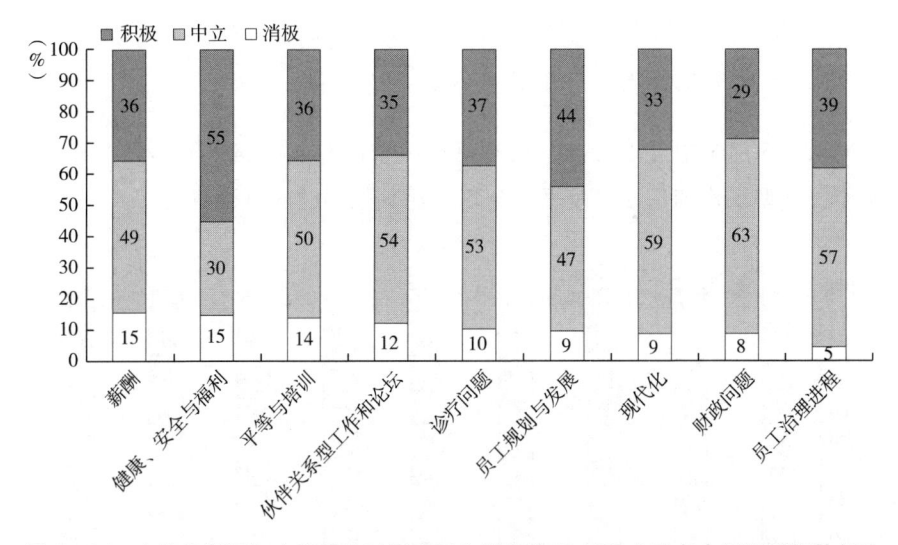

图 5-26 大格拉斯哥与克莱德地区国家卫生服务体系 APF 上就各个问题采取的行为

图 5-27 体现了大格拉斯哥与克莱德地区国家卫生服务体系员工代表在不同问题上的谈判行为。他们在薪酬、平等与培训以及健康、安全与福利问题上比其他人更具斗争性，一半以上的行为是消极的。在现代化、员工规划与发展上的行为模式很相似，近 2/5 的行为是消极的。在伙伴关系型工作和论坛、员工治理进程和诊疗问题上的表现相对具有合作性。

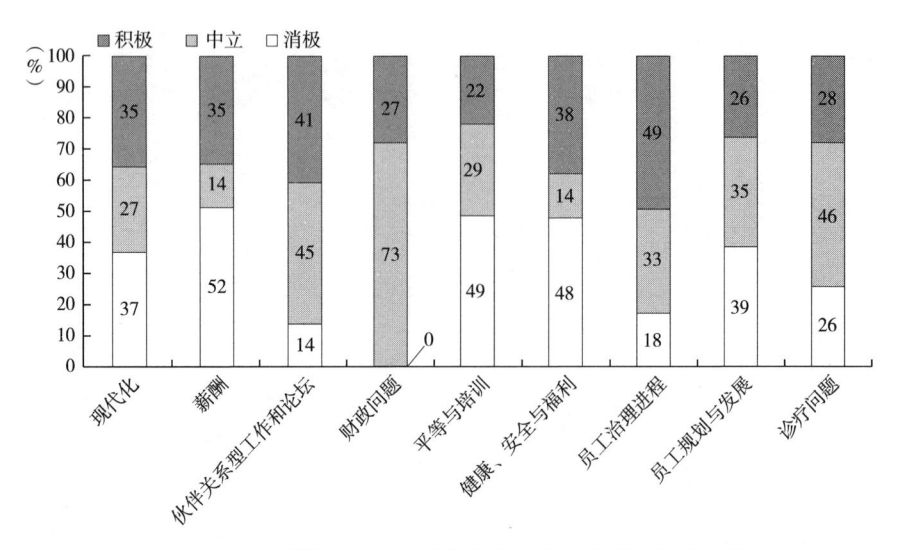

图 5-27 大格拉斯哥与克莱德地区国家卫生服务体系 APF 上员工代表在不同问题上的谈判行为

(三) 毗邻地区国家卫生服务体系

从图 5-28 中可以看出,没有任何一个问题显得格外有争议。薪酬、伙伴关系型工作和论坛以及平等与培训比其他议题的争议更大。

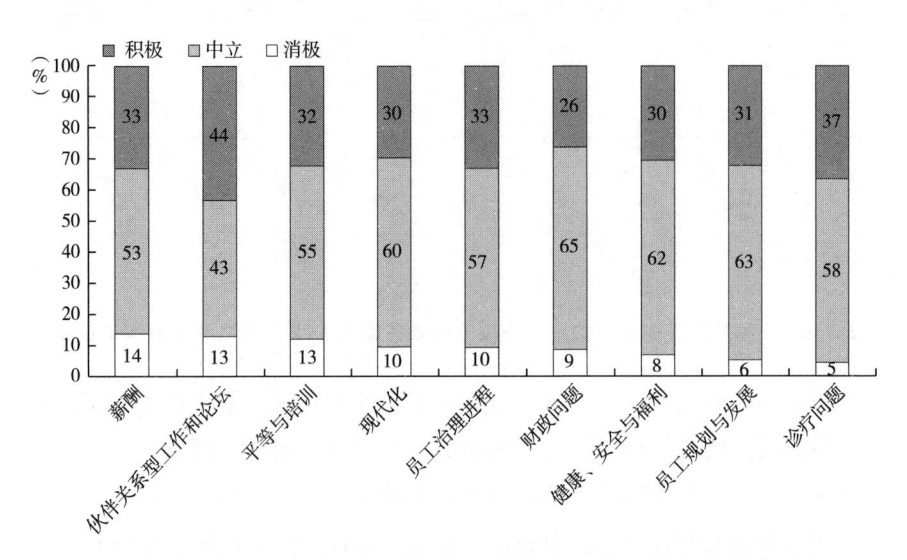

图 5-28 毗邻地区国家卫生服务体系 APF 上就各个问题采取的行为

图 5-29 显示出员工在财政问题和诊疗问题上有很强的合作意识，没发现消极的行为。然而有必要指出，诊疗问题在论坛上很少被讨论到（见图 5-8）。关于财政问题，大多数时候是管理人员向论坛提供最新的财务数据，会议期间也没有实质性的讨论。员工代表主要关注人力规划与发展，平等与培训，健康、安全与福利以及现代化，在这些议题中的消极行为占 20% 及以上。有意思的是，与其他两个委员会相比，员工代表在薪酬上的表现相对平和。这主要是由于有关薪酬的最具争议性的问题在会议期间没有被提出讨论，例如停车费用问题。

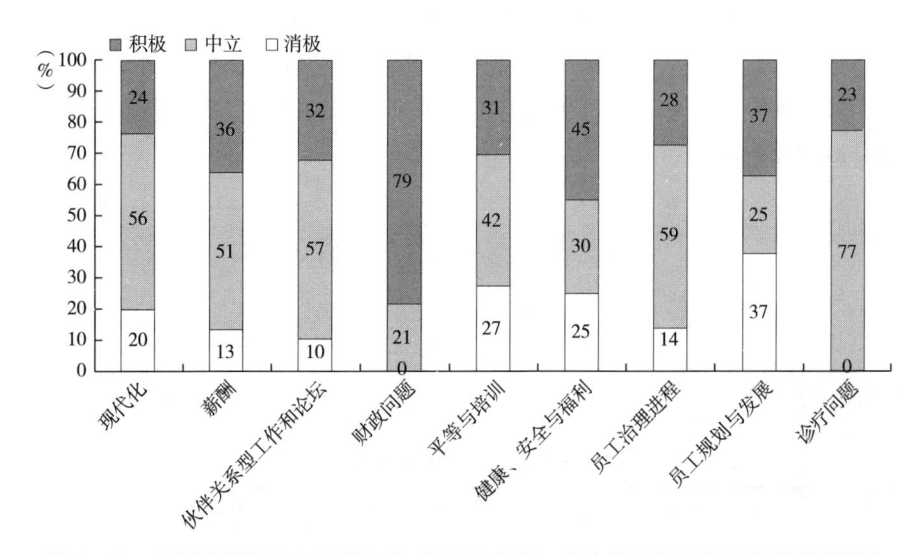

图 5-29 毗邻地区国家卫生服务体系 APF 上员工代表就不同问题采取的谈判行为

（四）对三个案例的比较

总体而言，这一部分分析了 APF 的行为模式，以及参会者在不同问题上的表现，尤其是员工代表的行为。结果显示，三个案例的行为模式完全不同，详见本章第五节的结论。此外，在具体问题上参与者的行为存在多种相同点和差异。例如，在三个案例中，人们在薪酬、平等与培训以及健康、安全与福利问题上的表现比其他问题更有斗争性，一方获胜可能意味着其他各方会受损。差异主要体现在参与者针对具体问题的行为上。例如，在大格拉斯哥与克莱德地区国家卫生服务体系，员工代表几乎在所有问题上都向管理人员提出挑战。与之相反，高地地区国家卫生服务体系APF的员工和管理层之间合作良好。

这里得出的结论与人力资源管理和工业关系的一场核心辩论关系密切，即工会和管理层应当采取怎样的谈判策略才能让双方都获益。一些人认为，管理层和工会之间的合作行为可以带来更好的工作业绩，符合股东和员工的利益（Kochan & Osterman，1994）。然而也有批评人士指出，竞争市场为管理层提供了利用工会合作和工作重组来破坏员工条款和条件的机会（Kelly，1998；Taylor & Ramsay，1998）。Bacon 和 Blyton（2007）认为，工会在谈判中需要采用冲突策略来实现双方共同获利。

这里由此产生了一个重要的问题：不同的行为模式如何与结果关联起来，或者冲突或合作行为是否能给工会带来积极的成果。本书将在后面的部分解答这个问题。

第五节　本章小结与结论

从整体上来看，这一章介绍了三个 APF 伙伴关系不同的运行模式（见表 5-23）。

表 5-23　三个 APF 的运行特点

运行特点	高地地区国家卫生服务体系	大格拉斯哥与克莱德地区国家卫生服务体系	毗邻地区国家卫生服务体系
APF 构成	分布相对平均	工会代表占大多数	管理层人员占大多数
APF 规模	22 名参会者	25 名参会者	17 名参会者
高级经理参与情况	坚持参会	坚持参会	不坚持参会
伙伴关系议程范围	广泛	中等	有限
对战略议题的关注	强烈	最强	中等
APF 话语权	分布平均	分布平均	由管理层主导
行为模式	合作、积极	挑战、批评	信息交换
职工董事的作用	声音强	声音弱	声音强

高地地区国家卫生服务体系 APF 代表了一种伙伴关系模式，工会积极参与论坛并与管理层合作。在伙伴关系架构、议程、话语权和行为方面有突出特征。员工代表和管理层代表的人数均等。高级经理坚持参加会

议，参与了所有讨论的约 1/3（32%），并主导了现代化和财政问题等战略问题的讨论。工会在很多议题的讨论中都积极参与。总体而言，该论坛的参与者非常有合作意识，超过 90% 的行为是合作与共享信息。

大格拉斯哥与克莱德地区国家卫生服务体系 APF 的伙伴关系模式中，管理层和工会共同主导论坛，工会随时可以对管理层提出质疑。论坛参与人员的约 3/5（59%）是工会代表，体现了劳工平等。更多证据表明，工会在很多议题的讨论上起主导作用，例如薪酬，健康、安全与福利，平等与培训以及员工规划与发展。此外，工会在论坛上表现出极强的斗争性，占所有消极行为的 3/5 以上（74%）。与高地地区国家卫生服务体系相似，大格拉斯哥与克莱德地区国家卫生服务体系的高级经理坚持参加会议，参与了所有讨论的 1/3（33%），并在现代化和财政问题等战略问题的讨论上起主导作用。

毗邻地区国家卫生服务体系 APF 所代表的伙伴关系模式体现出管理层对论坛的主导，尽管员工占总人数的 26%，并参与了 23% 的讨论。高级经理对论坛活动的参与度较低，行政总监和委员会主席轮流参加活动。论坛总体行为是合作性的，但一个主要问题在于对员工产生影响的有争议性的问题几乎没有提出来讨论。

第六章 劳资关系的演变及其影响因素

众所公认，合作伙伴协议随着时间的推移不断演变，以适应变化的组织环境（Bacon & Samuel，2009；Kochan et al.，2008）。在苏格兰国家卫生服务体系进行深刻重组和推行现代化议程的背景下，地区/委员会层面上的合作伙伴协议将不可避免地相应发生变化。因此，本书的第三项目标是探索三个卫生委员会的合作伙伴协议如何随着时间的推移而演变。

本章首先探索了三个卫生委员会合作伙伴关系结构的变化。接着分析各个委员会合作伙伴关系议程范围的变化。然后研究三个 APF 参与者话语权的变化。接着，分析三个 APF 行为模式的变化以及不同参与者行为的变化。最后一节概述了本章的主要研究结果。

第一节 合作伙伴关系结构的变化

过去十年来，苏格兰国家卫生服务体系合作伙伴关系结构经历了重大变化（苏格兰行政院，2004）。例如，在国家层面上，2006 年签署了新的合作伙伴协议，促致苏格兰合作伙伴关系论坛的重建以及 SWAG 等新组织的建立（苏格兰行政院，2006）。与此同时，还要求国家卫生服务体系委员会将合作伙伴协议扩展到新建立的社区卫生合作伙伴关系。正是在这一背景下，在研究期间，所有三个案例组织都经历了重大的结构变化。

一 高地地区国家卫生服务体系

在高地地区国家卫生服务体系 APF，关于合作伙伴关系结构变化的讨论一直是一个持续的项目，这不仅受到国家背景的推动，而且是论坛成员激励的结果，他们都认为，论坛为适应变化的环境有必要进行变革。

第六章 劳资关系的演变及其影响因素

2005年2月至2009年10月，高地地区国家卫生服务体系APF发生了两项重大变化。第一次重组发生在2006年3月，APF签署新修订的合作伙伴协议，该协议旨在推进正式的合作伙伴关系结构嵌入地方/社区卫生合作伙伴关系层面。应当注意的是，在签署修订的合作伙伴协议前，高地地区国家卫生服务体系社区卫生合作伙伴关系在地方/社区卫生合作伙伴关系层面上缺乏伙伴关系型工作。正如职工董事所述：

> 诸如社区卫生合作伙伴关系和特别支助股等业务部门，总体上只能够就员工问题进行短暂讨论。（职工董事，高地地区国家卫生服务体系）

2004年发布的更新的《员工治理标准》[①]要求为APF在社区卫生合作伙伴关系和特别支助股范围内建立资助结构，遵照该标准，自从2005年3月以来，高地地区国家卫生服务体系委员会开始在APF范围内进行早期磋商。地方/地区层面上对建立新的合作伙伴关系组织的态度在员工与一些社区卫生合作伙伴关系管理人员之间出现两极分化。一方面，员工倾向于选择在地方/社区卫生合作伙伴关系层面上建立正式论坛的模式，例如，为各个业务部门建立地方合作伙伴关系论坛。另一方面，社区卫生合作伙伴关系和特别支助股的一些总经理对于建立补充的论坛感到关切。经理人员认为，并非所有社区卫生合作伙伴关系或特别支助股都在其议程上有实质性的员工治理项目，因此，他们的社区卫生合作伙伴关系不需要建立正式的论坛。

为在这一问题上取得进展，人力资源主管和职工董事建议为相关社区卫生合作伙伴关系管理人员和员工召开特别会议，讨论可能的解决方案。本着子结构将以最佳方式解决社区卫生合作伙伴关系和特别支助股范围内地方问题的精神，许多高级经理对于在社区卫生合作伙伴关系和特别支助股范围内建立合作伙伴关系基础设施和协议表达积极意见。例如，正如人力资源主管所述：

[①] 苏格兰国家卫生服务体系《员工治理标准》（第二版）于2004年8月发布，它要求各个社区卫生合作伙伴关系必须根据地方结构建立员工合作伙伴关系论坛。

伙伴关系型工作的原则对于帮助建立当年早些时候发布的克尔报告"提供卫生服务"的背景至关重要，特别是在组织的业务领域……有必要强调一个概念，即伙伴关系型工作对于实现益处、员工治理等至关重要。（人力资源主管，高地地区国家卫生服务体系）

2006年1月23日召开的一次特别会议，其主要目标是将员工治理嵌入特别支助股和社区卫生合作伙伴关系领域，最终促使在地方/社区卫生合作伙伴关系层面上建立APF的子结构。共计46人出席会议，包括SE-HD合作伙伴关系支助股的代表、高地地区国家卫生服务体系委员会兼任社区卫生合作伙伴关系主席的非执行成员、员工治理委员会的成员、社区卫生合作伙伴关系的总经理和副经理、委员会护理部主任以及APF的代表。应当注意的是，在高地地区国家卫生服务体系的六个业务部门中，[①]最初的合作伙伴关系基础设施和工作协议非常不同。这一特别会议促使在将合作伙伴关系子结构嵌入一些业务部门方面取得了巨大进展，包括新克雷格斯精神病医院、阿盖尔和比特社区卫生合作伙伴关系、高地东南部地区社区卫生合作伙伴关系以及高地北部地区社区卫生合作伙伴关系。新克雷格斯精神病医院以及阿盖尔和比特社区卫生合作伙伴关系在讨论会之前已经设立了地方合作伙伴关系论坛，这两个部门的总经理保证说，合作伙伴协议将继续有效。高地东南部地区社区卫生合作伙伴关系和高地北部地区社区卫生合作伙伴关系在特别会议之后取得了重大进展，这些社区卫生合作伙伴关系的总经理都承认在他们的社区卫生合作伙伴关系中建立了地方合作伙伴关系论坛，并要求指定地方代表成为论坛的一员。新的论坛每两个月召开一次，成员由相关领域的管理人员和员工代表组成。

但是，特别支助股和高地中部地区社区卫生合作伙伴关系的管理人员仍然拒绝在他们的部门建立新的合作伙伴关系论坛。他们表示不想建立另一个论坛。而且，他们建议，鉴于员工治理是所有领域议程上的一个标准项目，一体化途径是向前推进工作的更适宜方式。

[①] 高地地区国家卫生服务体系的六个业务部门包括四个社区卫生合作伙伴关系（高地北部地区社区卫生合作伙伴关系、高地中部地区社区卫生合作伙伴关系、高地东南部地区社区卫生合作伙伴关系以及阿盖尔和比特社区卫生合作伙伴关系）、新克雷格斯精神病医院以及特别支助股。

高地地区国家卫生服务体系 APF 的第二项深刻变化发生在 2008 年，职工董事发现，中层管理人员对论坛失去兴趣，许多管理人员选择不出席 APF。2007 年 5 月，职工董事提出这一问题，最终促使 2008 年 APF 重组。应当注意的是，在重组之前，与首席执行官、人力资源主管、职工董事以及管理层和工会代表进行了充分磋商。论坛召开了数次会议，讨论管理人员为什么对 APF 失去兴趣。

在出席率问题方面，员工和管理层团队表示关切。一些关键问题涉及战略问题审议、会议频率以及共同议程。代表们称，论坛对更加战略性的问题缺乏审议，管理人员觉得没有参加论坛的必要。总体来说，可以将 APF 视作例行公事的事情，而不是一个可以因此影响到出席率的决策机构。而且，管理人员认为，APF、薪酬现代化和员工规划委员会以及员工治理委员会关于员工规划的议程，存在议程项目的重复。他们对 APF 的作用以及它做决定的权威性提出质疑，对于管理人员来说，他们有时候发现，很难看到它在运行层面上产生影响。此外，纯粹的会议数量也可能是一个影响出席率的问题，因为缓慢的响应速度不能适应快速变化的组织环境。因此，正如职工董事所建议的，有必要重新审议论坛的作用、职权范围、职责和成员资格。这一点得到了人力资源主管和首席执行官的积极呼应。正如首席执行官所述：

> 管理层要求进一步审议这一点，旨在建立一个小型的一致的团体。（首席执行官，高地地区国家卫生服务体系）

2007 年 11 月，在评估了 APF 与薪酬现代化和员工规划委员会的职能之后，高地地区国家卫生服务体系委员会批准了将 APF 与薪酬现代化和员工规划委员会合并成一个论坛的提案，称为高地合作伙伴关系论坛。新的论坛将每年召开 10 次会议，议程与高地地区国家卫生服务体系委员会审议的问题相联系，后者同样基于替代战略/绩效会议召开会议。关于成员资格，员工和管理层团队都有义务鼓励适当的人获得成员资格，使得成员能够在必要时充分为任何讨论做出贡献并被赋予做决定的权力。随后，2008 年 4 月，APF 批准对论坛的作用、职权范围和成员资格相关条款进行变更。

因此，基于上述讨论，可以将高地地区国家卫生服务体系 APF 的历史分成两个主要时期：2005年2月至2007年11月和2008年1月至2009年10月，论坛重组之前和之后。

图6-1显示了这两个时期论坛的组成情况。应当注意的是，管理层方面在APF里的出席者比例在论坛重组后从54%下降到了50%。与此同时，高级经理的出席比例也从13%下降到12%。与之相反的是，2008年1月之后，出席APF会议的员工代表增多，员工代表比例从33%增加到了38%。

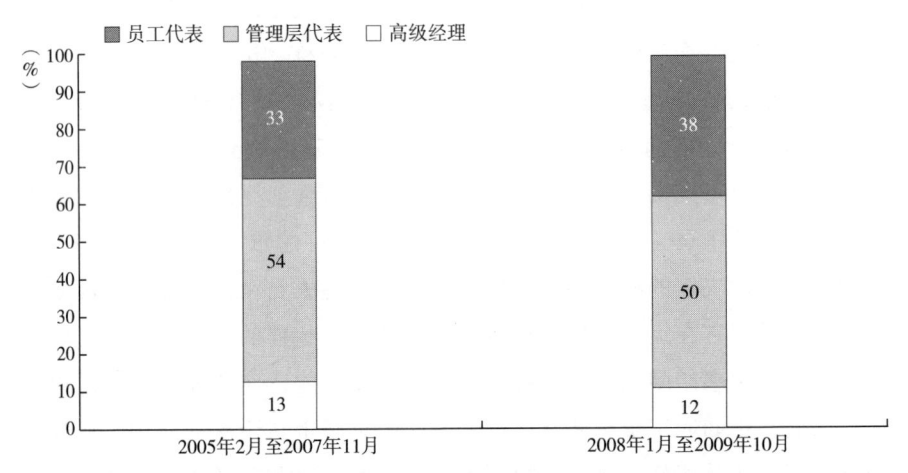

图6-1 高地地区国家卫生服务体系APF两个时期的组成情况

表6-1显示了APF每年组成情况变化的详细情况。高级经理的比例从11%增加到15%，但是在2009年，大幅下降到9%。同样应当注意的是，尽管论坛的高级经理出席比例减少，但一些关键参与者参与论坛的次数增加。例如，2005年2月至2007年12月，首席执行官在总共17次会议中出席了10次会议。而2008年1月至2009年10月，总共召开了17次会议，首席执行官出席了13次会议。

应当注意的是，自从2005年以来，管理层方面出席论坛者比例开始下降，2008年之后则保持稳定。特别是，管理层代表的比例从2006年的37%下降到2007年的27%，证明在2008年重组之前，存在中层管理人员失去对APF的兴趣这一现象。但是，2006年至2009年，人力资源管理人员在论坛的出席比例始终保持十分稳定，反映出人力资源管理人员对于参与APF始终保持兴趣。员工代表的比例在重组后显著增加并在此后保持稳定，表明工会代表更加广泛地参与了APF。

表6-1　2005年2月至2009年10月高地地区国家卫生
服务体系APF出席人员比例（按群体分）

单位：%

群体	2005年	2006年	2007年	2008年	2009年
高级经理	11	11	15	12	9
管理层代表	34	37	27	33	31
人力资源管理人员	23	15	18	17	17
员工代表	29	32	37	37	36
每次会议的平均出席人数（人）	22	26	20	21	22

简单来说，上述数据分析表明，正如首席执行官所说的，高地地区国家卫生服务体系论坛的成员资格倾向于保持稳定，2008年重组之后，更多的工会代表参与进来，并且正在形成人数较少、定期出席的风格。

二　大格拉斯哥与克莱德地区国家卫生服务体系

2003年至2009年，遵照国家指令，大格拉斯哥与克莱德地区国家卫生服务体系的组织结构经历了重大变化。成员们公认有必要变革合作伙伴关系结构，以适应变化的组织结构。

自2003年以来，大格拉斯哥与克莱德地区国家卫生服务体系就开始对APF重组问题进行讨论。关键方面包括使APF参与战略问题、APF的成员资格和论坛议程。例如，2003年4月9日，举行了息工日。这一活动的宗旨是使APF进入一个"公平竞争的环境"，目标是以一种更加有效的方式与大格拉斯哥和克莱德国家卫生服务体系委员会合作。例如，有人建议，对于重要问题，应当在战略层面上实现合作伙伴关系的参与，大格拉斯哥响应国家政策磋商和急性服务评估。正如职工董事所述：

> 这是在新结构范围内建立合作伙伴关系的一个积极开始……APF过去更加倾向于以进程为导向，但是现在它需要更多地侧重于关键战略问题，例如，包括国家和地方卫生政策、公司服务的提供、人力资源政策的制定及相关问题。（职工董事，大格拉斯哥与克莱德地区国家卫生服务体系）

从成员资格的角度看，众所公认，一些成员一段时间以来一直未出席会议，同时也有必要更新 APF 的成员，因为自从论坛启动以来已经发生了变化。在 2004 年 2 月 5 日举行的会议上，员工代表提议，应当修订 APF 的章程，以显示论坛的员工合作伙伴成员将包括来自各个地方合作伙伴关系论坛的两名代表、来自各个工会/专业组织的一名代表，以及特别是，来自 Unison 的两名代表。管理层方面的答复原则上是积极的。

2006 年 1 月 23 日，大格拉斯哥与克莱德地区国家卫生服务体系 APF 安排了一次特别的 APF 会议，认识到阿盖尔和克莱德国家卫生服务体系权力下放和一体化的影响，旨在联合建立一个结构，使伙伴关系型工作能够在改革后的大格拉斯哥与克莱德地区国家卫生服务体系被推动向前发展。在这次特别会议上，大家一致同意新论坛未来的职权范围将侧重于参与制定委员会的战略以及监督制定和实施系统范围内的人力资源政策和事务。从成员资格和议程的角度看，大家一致同意新的 APF 每年在 4 个会议场合讨论战略问题，每年在 5~6 个场合讨论人力资源发展和其他运行问题；由两名高级经理和两名高级工会代表组成的正式秘书处将支持重组后的论坛；APF 将主办年度合作伙伴关系会议。新的合作伙伴协议最终阐述了这些提案，2006 年 3 月，首席执行官和职工董事签署协议。应当注意的是，没有任何证据表明大格拉斯哥与克莱德地区国家卫生服务体系合作伙伴关系的发展遇到了来自中层/一线管理人员的反对，因为管理层团队和工会都认为，"这是在新结构范围内建立合作伙伴关系的一个积极开始"。

广泛地说，大格拉斯哥与克莱德地区国家卫生服务体系 APF 的历史可以被分为两个主要时期：2003 年 2 月至 2005 年 12 月论坛重组前的时期和 2006 年 3 月至 2009 年 11 月论坛重组后的时期。

图 6-2 的数据显示了大格拉斯哥与克莱德地区国家卫生服务体系 APF 在重组之前和重组之后的组成情况。可以注意到的是，员工代表在 APF 重组后的比例显著增加，占出席者总数的 62%。

应当注意的是，高级经理在论坛里所占席位从 2003 年的 9% 下降到 2007 年的 5%（见表 6-2）。重组之后，高级经理始终坚持参与论坛似乎是一个问题。例如，在论坛重组之前，2002 年 12 月至 2005 年 12 月，共举行了 17 次会议，首席执行官出席了每一次会议。但是，在论坛重组之后，2006 年 3 月至 2009 年 11 月，在总共 33 次会议中，首席执行官仅出

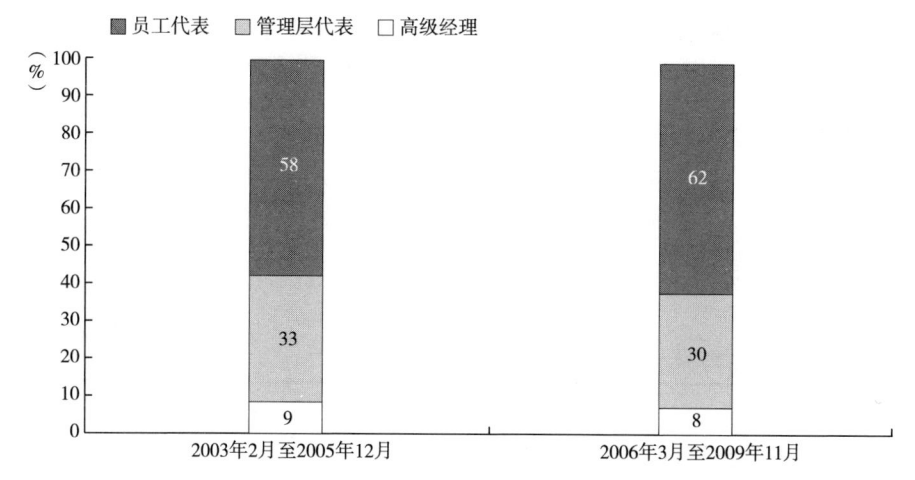

第六章 劳资关系的演变及其影响因素

图 6-2 大格拉斯哥与克莱德地区国家卫生服务体系 APF 两个时期的组成情况

席了 16 次会议。这主要是因为在重组之后，论坛的会议分为处理战略问题的会议与处理员工和一般就业问题的会议，首席执行官和其他高级经理没有出席后者当中的大多数会议。与此同时，不同于高地地区国家卫生服务体系的同行，其 APF 的会议形式向着小群体风格演变并且正式成员始终参与其中，大格拉斯哥与克莱德地区国家卫生服务体系的 APF 由于越来越多的参与者参与论坛而扩大了论坛的规模。正如表 6-2 所示，出席论坛的平均人数从 2005 年的 19 人大幅增加到 2006 年的 30 人，并在此后的年度里始终保持较高水平。

员工代表是论坛的最大方，始终主导论坛的大多数席位。2003 年至 2005 年，APF 的员工代表出席者比例从 51% 增加到 61%，并在此后的年度里始终保持稳定。前几年员工代表合作伙伴在论坛的增加主要是因为在 2003/2004 年度，Unison 和 BMA 受邀成为论坛的成员。

与之相反，管理层方面论坛出席者的比例从 2003 年的 35% 下降到了 2005 年的 24%。在轻微反弹之后，在此后的年度里，其所占比例始终保持相对稳定。在管理层方面，还应当注意的是，人力资源管理人员所占席位多于其他管理层代表，反映出论坛倾向于解决与员工和人力资源相关的问题。

表6-2 2003年2月至2009年11月大格拉斯哥与克莱德地区国家卫生服务体系APF出席人员比例（按群体分）

单位：%

群体	2003年	2004年	2005年	2006年	2007年	2008年	2009年
高级经理	9	7	8	8	5	6	9
管理层代表	7	11	7	12	10	12	7
人力资源管理人员	28	22	17	17	19	19	21
员工代表	51	54	61	60	63	60	60
每次会议的平均出席人数（人）	21	24	19	30	27	29	27

三　毗邻地区国家卫生服务体系

在毗邻地区国家卫生服务体系，员工代表一般非常积极地促进组织范围内的伙伴关系型工作，特别是职工董事。但是，管理层方面似乎对于与工会建立合作伙伴关系没有任何热情。例如，2004年1月6日，论坛召开了一次不同寻常的会议，旨在讨论伙伴关系型工作的未来。但是，管理层方面的反应非常消极，管理人员表现出没有任何兴趣与工会建立长期的合作伙伴关系。随后，论坛召开了另一次会议，四个诊疗委员会的总经理[①]参与了讨论。会议的主要议题是针对如何在组织范围内推动伙伴关系型工作与诊疗委员会进行磋商。同样地，论坛仅仅收到了一个诊疗委员会的评论意见，其他三个诊疗委员会管理人员的答复都是他们对于磋商感到困惑，不理解期望他们做些什么。在2004年3月召开的会议上，职工董事再次提出新提案，提及APF的新作用、职能和成员资格。但是，没有达成任何协议。管理人员认为APF组织不善，对于日常运行没有任何效果，因此，没有必要加入APF。正如其中一名管理层代表所述：

> 伙伴关系型工作不仅是一个管理问题，它还是一个整体性的问题。我们没有成功地使它达到组织层面上。（人力资源管理人员，毗邻地区国家卫生服务体系）

---

① 毗邻地区国家卫生服务体系有四个诊疗委员会，涵盖急性、初级和社区服务、心理健康服务以及学习障碍服务。

因此，合作伙伴关系的发展卡在了这一阶段，一直没有取得任何进步，直到2006年底首席执行官感到"需要启动APF"。2006年12月1日，毗邻地区国家卫生服务体系首席执行官呼吁召开一次关于APF发展的特别会议。这次会议最终促使就新的合作伙伴协议和职权范围达成共识。在首席执行官的支持下，论坛接着仿效阿伦岛和艾尔郡国家卫生服务体系的合作伙伴关系模式，放弃了职工董事最初提议的计划。新协议明确定义了员工治理委员会、人力资源论坛和APF的作用和职能。员工治理委员会的作用是确保员工治理标准同样得到遵守。人力资源论坛将是一个专门的谈判委员会。至于APF，它负责监督员工治理委员会，是开展业务和批准人力资源政策的场所。从成员资格的角度看，预计管理层和员工方面在APF群体中的代表人数相等。

因此，这表明毗邻地区国家卫生服务体系APF的历史可以分成两个主要时期：2004年1月至2006年12月论坛重组前的时期，以及2007年3月至2009年8月论坛重组后的时期。

应当注意的是，论坛在重组之后发生了重大变化。如图6-3所示，重组之后，员工方出席者的比例从23%增加到了33%，表明更多的工会代表参与了APF。详细来说，自从2005年以来，论坛里的员工方出席比例一直增加，而自从2007年以后，增加得更加快速。2008年，论坛里有1/3强的参与者（34%）是工会代表（见表6-3）。

管理层方面在APF中的出席者比例在重组之前和之后始终保持稳定。尽管管理层方面的APF代表比例在重组之后略有下降，但他们随着时间的推移在论坛中占到了出席者总数的一半以上。

但是，可以观察到，高级经理在APF重组之后对它失去了兴趣，高级经理的出席比例从18%急剧下降到8%。自从2006年以来，出席的高级经理在论坛所占比例显著下降，并且在论坛重组后始终保持非常低的水平（见表6-3）。2004年1月至2006年12月，职工董事和委员会主席共同担任论坛的主席。总共召开了11次会议，主席出席了其中的7次。在2007年论坛重组之后，由职工董事和首席执行官共同担任主席。到2009年8月，共召开了15次会议，首席执行官出席了其中的8次。

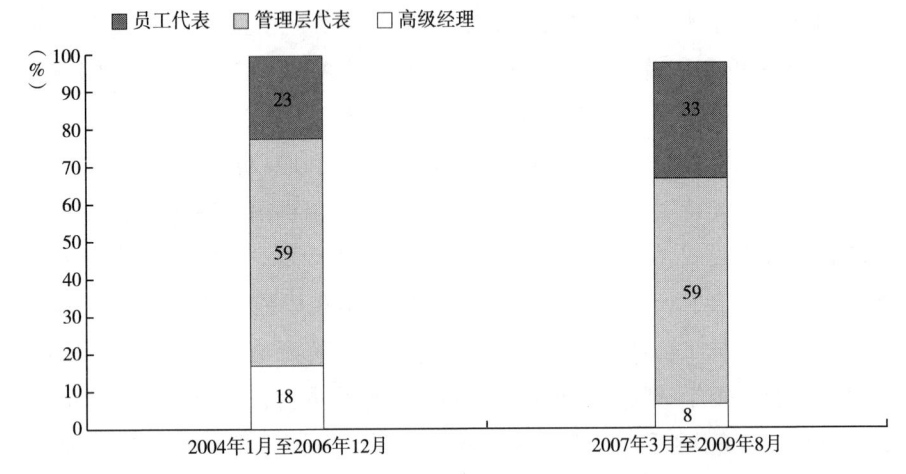

图 6-3 毗邻地区国家卫生服务体系 APF 两个时期的组成情况

表 6-3 2004 年 1 月至 2009 年 8 月毗邻地区国家卫生
服务体系 APF 出席人员比例（按群体分）

单位：%

群体	2004 年	2005 年	2006 年	2007 年	2008 年	2009 年
高级经理	19	6	18	3	5	8
管理层代表	34	45	37	40	35	39
人力资源管理人员	17	21	12	19	15	15
员工代表	19	18	22	25	34	26
每次会议的平均出席人数（人）	12	11	13	18	21	24

还应当注意的是，自从重组以来，论坛的规模显著扩大，从 2006 年平均 13 名参与者，增加到 2009 年平均 24 名参与者，表明尽管管理层和员工方在 APF 内代表人数相等的目标仍然有待实现，但论坛明显在朝着结构更加合理的方向演变，更加广泛的参与者参与到论坛中来。

四　对三个案例的比较

总之，上述分析表明，在国家指令和地方需求的背景下，所有三个国家卫生服务体系委员会都经历了结构变革。在重组过程方面，有许多相似点和差异。第一个相似点是关于影响 APF 重组的外部背景。应当注意的是，所有三个委员会都接到了关于 APF 重组的国家指示。这为所有这三个委员会推动 APF 重组提供了类似的外部背景。第二个相似点是，自从重组以来，员工代表的比例在所有三个 APF 中都有所增加，反映出 APF 在朝着参与者范围更加广泛的方向演变。

但是，三个卫生委员会之间存在几个重要差异。尽管三个委员会的合作伙伴关系论坛的演变轨迹非常相似，但上述分析还表明，在各个 APF 中，不同方对重组的态度不同。在高地地区国家卫生服务体系，合作伙伴协议的发展始终是论坛的一个主导问题。高级经理和工会代表都承诺进一步发展合作伙伴关系。尽管在新的社区卫生合作伙伴关系里建立新的合作伙伴关系结构时，论坛遇到了一些中层管理人员的反对，管理人员和工会代表共同努力，成功地解决了问题。而在大格拉斯哥与克莱德地区国家卫生服务体系，高级经理同样承诺与工会建立伙伴型工作关系。由于工会在大格拉斯哥与克莱德地区国家卫生服务体系的强大力量，APF 的发展没有遇到任何阻碍，表明工会力量对于推动合作伙伴关系发展起着重要作用。与之相反，在毗邻地区国家卫生服务体系，合作伙伴关系的发展遇到了许多中层管理人员的强烈反对。首席执行官最终对这一问题加以干预。其次，尽管所有三个卫生委员会都进行了全面磋商，并且工会代表在很早的阶段就参与其中，高地地区国家卫生服务体系和大格拉斯哥与克莱德地区国家卫生服务体系的讨论对于问题以及对结构变革的期望达成了明确认识。此外，应当注意的是，在这两个 APF 里，首席执行官从一开始就出席了讨论，而在毗邻地区国家卫生服务体系，首席执行官仅在较晚阶段才出席讨论，管理人员推动结构变革的主要动机是响应国家指令。

第二节 合作伙伴关系议程的变化

一些先前关于英格兰国家卫生服务体系的实证研究指出，地方联合磋商委员会的合作伙伴关系议程在很大程度上取决于人力资源部门的关切，国家政策优先重点事项限制了地方委员会的自由裁量权并对工会参与工作场所构成了制约（Bach, 2004; Tailby et al., 2004）。在进行本研究期间内，苏格兰国家卫生服务体系推行了一系列奉行现代化议程的政策，例如，变革议程。这些政策的实施要求工会通过伙伴关系型工作进行合作，意味着它可能为工会提供更大的机会，对传统的管理层领域施加更多影响，或者，如一些评论家所认为的，它可能制约工会参与工作场所问题。

因此，为探讨这一问题，本节将研究工会在三个卫生委员会所参与的合作伙伴关系议程范围所发生的变化。

一 高地地区国家卫生服务体系

正如前文所指出的，高地地区国家卫生服务体系 APF 合作伙伴关系重组的一个中心目标是让工会合作伙伴在较早阶段就参与更具战略性的问题。图 6-4 的数据表明，高地地区国家卫生服务体系 APF 成功地实现了这一目标。根据 5 年时间的记录，议程中涉及现代化及员工规划与发展的战略问题所占百分比翻了近一番。例如，关于现代化问题的讨论从 2005 年的 16% 增加到了 2009 年的 31%（见表 6-4）。应当注意的是，5 年来，现代化问题在高地地区国家卫生服务体系 APF 始终是一个被高度关注的问题，占所有讨论的 22%。但是，还应当注意的是，该百分比在 2007 年下降到 12%，但是，2008 年重组后大幅增加。关于员工规划与发展问题的讨论翻了一番，从 2005 年的 11% 增加到 2007 年的 22%，该百分比在此后的年度里始终保持非常稳定。它反映出 2008 年重组论坛的战略取得了成功，因为重组的目标是将 APF 与薪酬现代化和员工规划委员会合并成一个论坛，从而更加侧重战略问题。

此外，关于平等与培训问题的讨论频率也翻了一番，从 2005 年的 7% 增加到 2009 年的 18%。但是，应当注意的是，只有在 2009 年时才发生重大变化。而在其他大多数年度里，关于这一问题的讨论所占百分比相对较低。

关于诊疗问题的讨论频率显著增加，从 2005 年的 1% 增加到 2009 年的 7%。还应当注意的是，对这一问题的讨论呈增加趋势。

数据还揭示出关于一些其他问题的讨论呈明显下降趋势。例如，论坛对薪酬和员工治理进程相关问题的关注减少了一半。详细来说，关于薪酬问题的讨论从 2005 年的 22% 下降到 2009 年的 10%，而与员工治理进程相关问题的讨论从 2005 年的 12% 下降到 2009 年的 6%。

此外，关于财政问题及伙伴关系型工作和论坛的讨论显著下降。处理财政问题的合作伙伴关系论坛会议所占百分比从 2005 年的 17% 急剧下降到 2009 年的 2%。2009 年，高地地区国家卫生服务体系的财政主管仅仅两次出席论坛，相比之下，2008 年出席了 5 次。关于伙伴关系型工作和论坛问题的讨论从 2005 年的 10% 下降到 2009 年的 1%。

第六章 劳资关系的演变及其影响因素

关于健康、安全与福利问题的讨论每年所占百分比呈现不规律的模式。关于这一问题的讨论从 2005 年的 4% 大幅增加到 2006 年的 19%，并在 2007 年保持在 15%，但是，该数字在 2009 年下降到 5%。

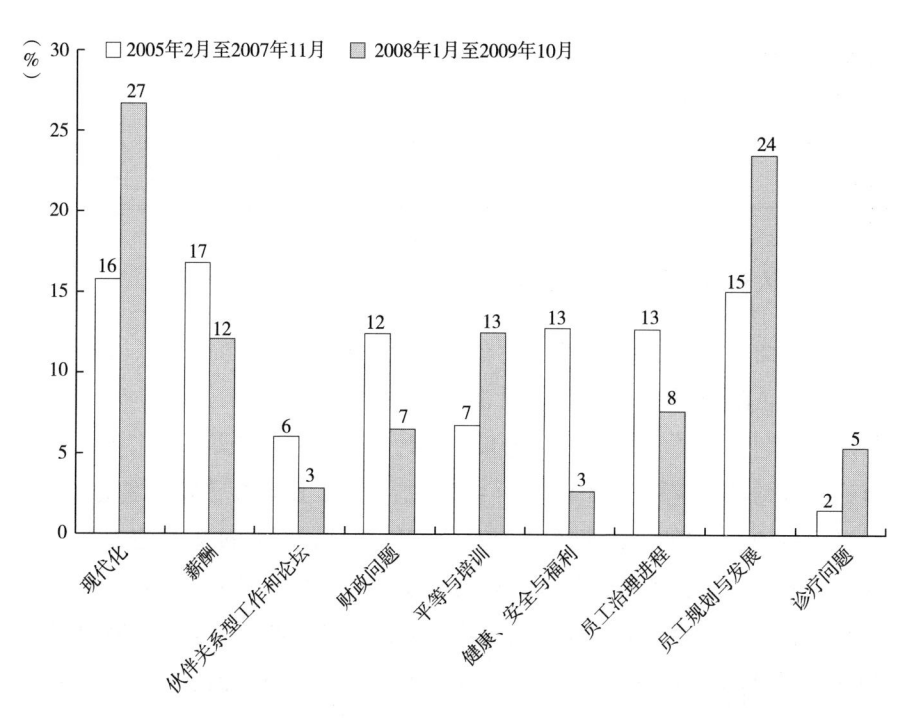

图 6-4 高地地区国家卫生服务体系 APF 两个时期合作伙伴议程的变化

表 6-4 2005 年 2 月至 2009 年 10 月高地地区国家卫生服务体系 APF 各种讨论所占百分比（按议题分）

单位：%

议题	2005 年问题占所有讨论的百分比	2006 年问题占所有讨论的百分比	2007 年问题占所有讨论的百分比	2008 年问题占所有讨论的百分比	2009 年问题占所有讨论的百分比
现代化	16	20	12	23	31
薪酬	22	11	17	14	10
伙伴关系型工作和论坛	10	5	3	4	1
财政问题	17	13	7	11	2
平等与培训	7	1	12	8	18

续表

议题	2005年问题占所有讨论的百分比	2006年问题占所有讨论的百分比	2007年问题占所有讨论的百分比	2008年问题占所有讨论的百分比	2009年问题占所有讨论的百分比
健康、安全与福利	4	19	15	1	5
员工治理进程	12	17	9	9	6
员工规划与发展	11	13	22	26	20
诊疗问题	1	1	3	4	7

二 大格拉斯哥与克莱德地区国家卫生服务体系

正如图6-5里的数据所揭示的，大格拉斯哥与克莱德地区国家卫生服务体系APF在重组之前和之后都特别侧重于现代化、薪酬、员工规划与发展问题。在整个期间内，论坛定期讨论这三个广泛问题，2009年占讨论总数的将近4/5（78%）。详细地说，现代化是论坛最普遍的主题。应当注意的是，2004年至2006年，论坛所有讨论中超过2/5是关于现代化。此外，论坛关于薪酬和员工规划与发展问题的讨论从2003年到2009年翻了近一番（见表6-5）。关于薪酬的讨论从2003年的14%增加到了2009年的24%，而关于员工规划与发展的讨论从2003年的16%增加到了2009年的30%。但是，应当注意的是，2005年和2006年关于员工规划与发展问题的讨论很少。

关于伙伴关系型工作和论坛的讨论呈明显下降趋势。如表6-5的数据所示，伙伴关系型工作和论坛问题，在2005年是第二大普遍的主题，2005年占讨论总数的17%。但是，2006年，在重组之后，出现了转折，关于这一问题的讨论在后面几年里逐渐减少，所占百分比最终下降到2009年的2%。

论坛定期提到财政问题和员工治理进程问题。但是，这些问题并未被纳入论坛的主要议程中。论坛关于平等与培训的讨论呈增加趋势，尽管该百分比仍然始终保持相对较低水平。

一些问题在特定年度里得到更多的讨论，例如，2003年（16%）和2008年（14%），更加频繁地提及了健康、安全与福利问题。但是，在其他年度里，关于这一问题的讨论所占百分比始终保持在相对较低水平。诊疗问题是论坛里讨论最不频繁的问题之一，2004 年和 2007 年 APF 甚至没有讨论该问题。

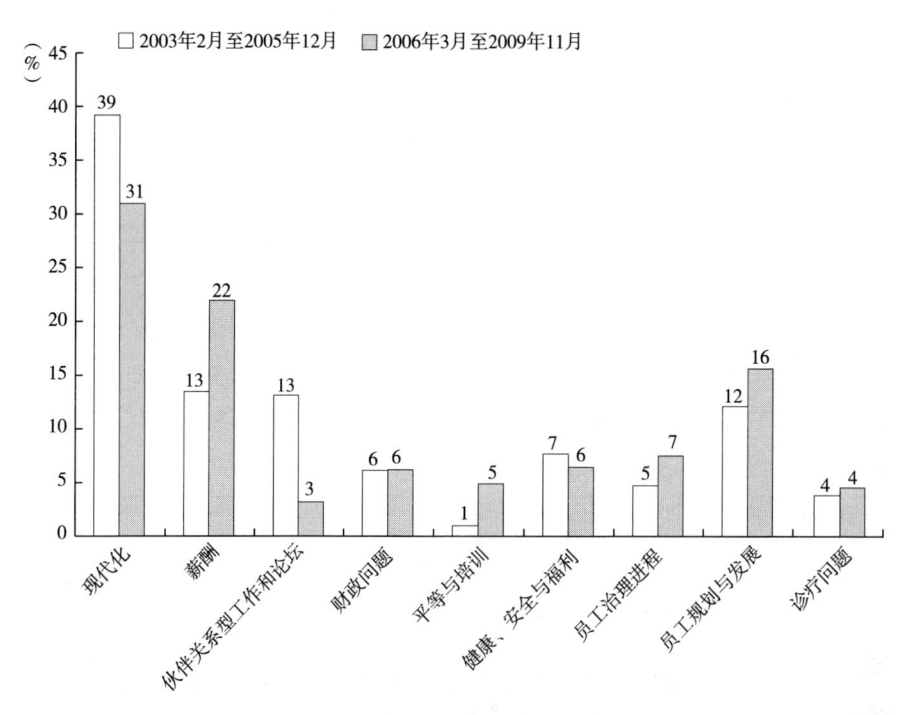

图 6-5 大格拉斯哥与克莱德地区国家卫生服务体系
APF 两个时期合作伙伴议程的变化

表 6-5 2002 年 12 月至 2009 年 11 月大格拉斯哥与克莱德地区国家卫生服务体系 APF 各种讨论所占百分比（按议题分）

单位:%

议题	2002 年 12 月问题占所有讨论的百分比	2003 年问题占所有讨论的百分比	2004 年问题占所有讨论的百分比	2005 年问题占所有讨论的百分比	2006 年问题占所有讨论的百分比	2007 年问题占所有讨论的百分比	2008 年问题占所有讨论的百分比	2009 年问题占所有讨论的百分比
现代化	28	27	43	49	48	25	31	24
薪酬	44	14	15	11	17	31	14	24
伙伴关系型工作和论坛	5	11	11	17	5	2	3	2

续表

议题	2002年12月问题占所有讨论的百分比	2003年问题占所有讨论的百分比	2004年问题占所有讨论的百分比	2005年问题占所有讨论的百分比	2006年问题占所有讨论的百分比	2007年问题占所有讨论的百分比	2008年问题占所有讨论的百分比	2009年问题占所有讨论的百分比
财政问题	0	8	2	7	13	9	0	3
平等与培训	0	1	1	0	3	6	6	3
健康、安全与福利	0	16	1	5	2	4	14	4
员工治理进程	0	3	9	1	6	10	7	6
员工规划与发展	0	16	17	3	2	12	16	30
诊疗问题	23	4	0	7	4	0	9	5

三 毗邻地区国家卫生服务体系

图 6-6 里的数据比较了毗邻地区国家卫生服务体系 APF 合作伙伴关系议程在重组之前和之后的变化。应当注意的是，关于现代化和员工规划与发展的战略问题，没有任何重要变化，论坛定期讨论这些问题，数据始终保持稳定。数据表明，2005 年特别强调现代化问题，占该年度所有讨论的 47%（见表 6-6）。但是，该数字在下一年度下降，2006 年仅占 7%。在其他年度里，它始终是论坛的一个高度关注问题。关于员工规划与发展问题的讨论从 2004 年的 4% 大幅增加到 2005 年的 15%，并始终保持作为论坛定期讨论的问题。

薪酬以及健康、安全与福利问题构成了论坛的主要议程。除了 2005 年百分比大幅下降到 6% 以外，关于薪酬的讨论历年来一直保持稳定。关于健康、安全与福利的讨论从 2004 年的 19% 下降到 2007 年的 6%。但是，2008 年和 2009 年，回到了平均水平（见表 6-6）。

应当注意的是，在 2007 年之前，财政问题并未列入合作伙伴关系议程。但是，自从 2007 年以来，论坛对它们给予了更多的关注。讨论翻了一番，从 2007 年的 8% 增加到 2009 年的 20%。

第六章 劳资关系的演变及其影响因素

与高地地区国家卫生服务体系和大格拉斯哥与克莱德地区国家卫生服务体系类似，毗邻地区国家卫生服务体系关于伙伴关系型工作和论坛的讨论呈减少趋势，从 2004 年的 23% 下降到 2009 年的 2%。2005 年、2006 年和 2009 年特别讨论了员工治理进程问题，但是在其他年度里，论坛并没有进行太多的讨论。诊疗问题是论坛讨论最少的问题，历年来没有观察到显著变化。

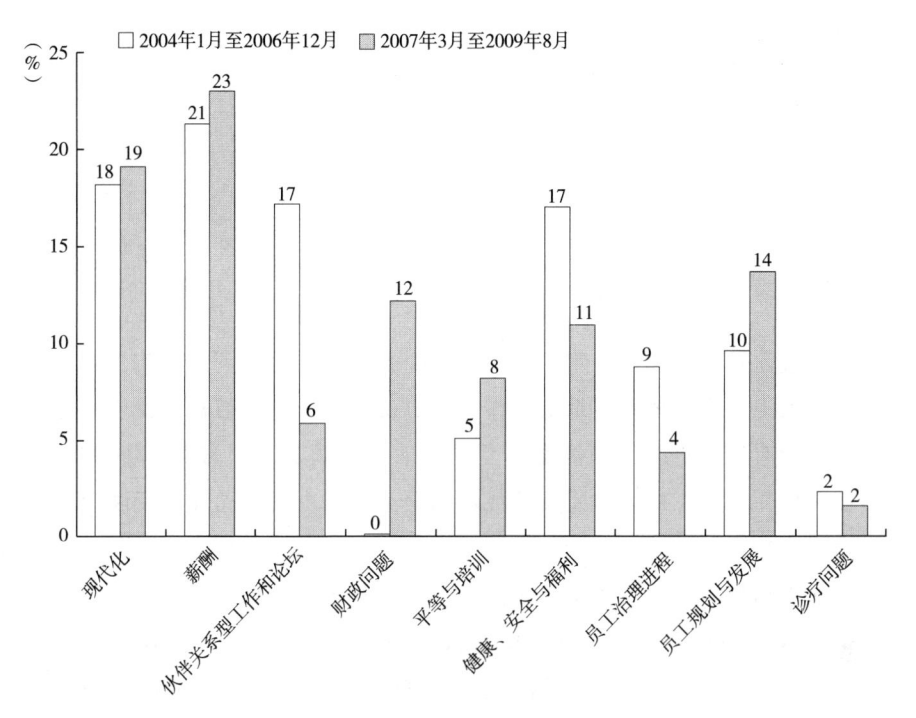

图 6-6 毗邻地区国家卫生服务体系 APF 两个时期合作伙伴关系议程的变化

表 6-6 2004 年 1 月至 2009 年 8 月毗邻地区国家卫生服务体系 APF 各种讨论所占百分比（按议题分）

单位：%

议题	2004 年问题占所有讨论的百分比	2005 年问题占所有讨论的百分比	2006 年问题占所有讨论的百分比	2007 年问题占所有讨论的百分比	2008 年问题占所有讨论的百分比	2009 年问题占所有讨论的百分比
现代化	19	47	7	27	15	20
薪酬	22	6	26	22	26	16
伙伴关系型工作和论坛	23	0	18	13	3	2

续表

议题	2004年问题占所有讨论的百分比	2005年问题占所有讨论的百分比	2006年问题占所有讨论的百分比	2007年问题占所有讨论的百分比	2008年问题占所有讨论的百分比	2009年问题占所有讨论的百分比
财政问题	0	0	0	8	13	20
平等与培训	4	4	7	10	8	6
健康、安全与福利	19	17	15	6	14	13
员工治理进程	6	11	11	2	4	11
员工规划与发展	4	15	13	12	15	13
诊疗问题	4	1	1	1	2	0

四 对三个案例的比较

通过比较可以看出，重组对各个卫生委员会有着不同的影响。在高地地区国家卫生服务体系，重组合作伙伴协议的一个中心目标是使论坛在战略上更加有所侧重。应当注意的是，高地地区国家卫生服务体系 APF 对诸如现代化和员工规划与发展等战略问题给予了更多的关注，反映出重组取得了成功。

在大格拉斯哥与克莱德地区国家卫生服务体系，重组的一个目标是重新定义 APF 讨论不同种类问题的会议和主题，例如，分配一次会议侧重于战略问题，而其他会议则侧重于运行问题。结果表明重组同样是成功的，对运作问题的讨论略有增加。

在毗邻地区国家卫生服务体系，重组主要是由管理层响应国家指令的需求推动的。APF 对于重组没有任何明确的期望。因此，重组之后，合作伙伴关系议程没有任何显著变化。也许这里值得一提的一点是毗邻地区国家卫生服务体系合作伙伴关系议程的范围得到了扩大，因为在重组之后，财政问题被提上了合作伙伴关系议程，反映出紧缩的财政环境对合作伙伴关系运行有影响。

没有任何证据表明，APF 的合作伙伴关系议程如其他评论家所指的那样在很大程度上取决于人力资源部门的关切（Bach，2004）。人力资源管理人员构成了一个关键群体，定期出席三个论坛，但是他们并不能决定合作伙伴关系议程或主导讨论，这与国家政策优先重点事项限制了地方委员会的自由裁量权这一点相符（Bach, 2004; Tailby et al., 2004），因为现代化议程里包括的许多政策是"死"条款，例如，合作伙伴关系信息网络政策。APF 没有任何影响政策的空间，但是实施的方式和风格是可公开讨论的。

第三节 参与者话语权的变化

上述两节分析了各个 APF 的结构和议程变化。本章第一节的数据分析表明，在各个 APF 重组之后，工会代表的比例增加，表明工会的参与更加广泛，同时也意味着工会在论坛享有了更大的话语权。因此，本节将分析三个 APF 里不同参与者话语权的变化。

一 高地地区国家卫生服务体系

图 6-7 显示了高地地区国家卫生服务体系 APF 在重组之前和之后不同参与者群体话语权的变化。应当注意的是，高级经理在 APF 的话语权在重组之后显著增加，而管理层方面的话语权下降，员工代表的话语权比例保持稳定。

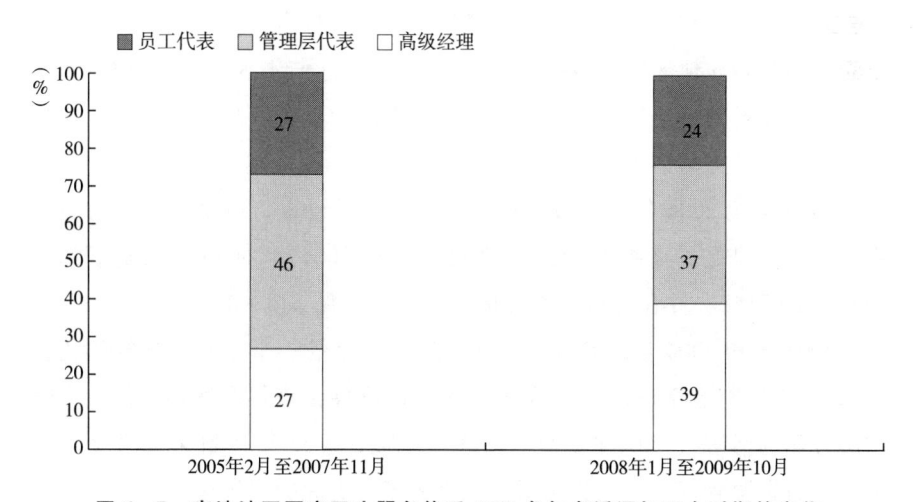

时期	员工代表	管理层代表	高级经理
2005年2月至2007年11月	27	46	27
2008年1月至2009年10月	24	37	39

图 6-7 高地地区国家卫生服务体系 APF 参与者话语权两个时期的变化

详细来说，2005 年至 2008 年，高级经理的话语权比例增加，从 2006 年的 22% 翻了一番增至 2008 年的 45%（见表 6-7）。与此同时，管理层方面的话语权比例从 2006 年的 52% 减少到 2008 年的 33%。2008 年至 2009 年，观察到高级经理的话语权比例减少，同时，管理层方面的话语权增加。还应当注意的是，在管理层方面，人力资源管理人员每年都比管理层其他代表享有更大的话语权。

尽管工会在 APF 里的代表数量在重组后增加，员工代表话语权在论坛所占比例似乎保持稳定，在 25% 左右。应当注意的是，职工董事在论坛里比其他工会代表享有更大的话语权。

表 6-7 2005 年 2 月至 2009 年 10 月高地地区国家卫生服务体系 APF 所进行讨论的比例（按群体分）

单位：%

参与者	2005 年	2006 年	2007 年	2008 年	2009 年
高级经理	28	22	30	45	30
管理层其他代表	20	20	18	14	15
人力资源管理人员	29	32	21	19	29
职工董事	13	16	18	17	16
工会代表	11	10	13	7	10

二 大格拉斯哥与克莱德地区国家卫生服务体系

大格拉斯哥与克莱德地区国家卫生服务体系行为者话语权比例方面的演变轨迹与高地地区国家卫生服务体系的同行们非常不同。如图 6-8 所示，高级经理的话语权比例在重组之后下降。相反，管理层方面的话语权增加，而员工方的话语权保持稳定。

2003 年至 2006 年，高级经理拥有强大的话语权，占论坛所有讨论的将近一半。但是，高级经理的话语权比例从 2006 年的 48% 急剧下降到 2007 年的 21%，并在此后始终维持较低水平（见表 6-8）。

2003 年和 2004 年，管理层方面占所有讨论的一半左右，尽管该比例在 2005 年急剧下降到 22%，高级经理的话语权在该年度增加。但是，管理层方面的话语权比例在重组之后逐年增加，2009 年达到 45%。平均来说，人力资源管理人员比管理层其他代表享有更大的话语权。

自从 2003 年以来，员工方的话语权大幅增加，从 2003 年的 14% 增至 2008 年的 42%，2009 年保持 30%。还应当注意的是，在员工方中间，工会代表占了大多数，职工董事在论坛的话语权相对较弱（见表 6-8）。

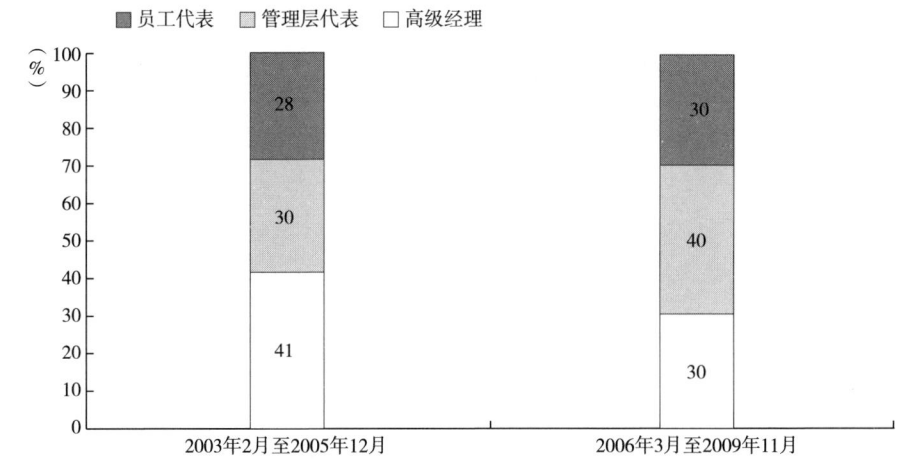

第六章 劳资关系的演变及其影响因素

图 6-8 大格拉斯哥与克莱德地区国家卫生服务体系 APF 参与者话语权两个时期的变化

表 6-8 2003 年 2 月至 2009 年 11 月大格拉斯哥与克莱德地区国家卫生服务体系 APF 所进行讨论的比例（按群体分）

单位：%

参与者	2003 年	2004 年	2005 年	2006 年	2007 年	2008 年	2009 年
高级经理	41	28	49	48	21	24	24
管理层其他代表	26	45	11	10	20	12	24
人力资源管理人员	19	5	11	18	30	22	21
职工董事	7	0	11	6	11	1	4
工会代表	7	23	18	17	27	41	26

三 毗邻地区国家卫生服务体系

在毗邻地区国家卫生服务体系 APF，话语权的分配与高地地区国家卫生服务体系和大格拉斯哥与克莱德地区国家卫生服务体系的同行们非常不同，管理层方面始终主导讨论。正如图 6-9 的数据所示，高级经理和员工的话语权比例在重组之后都出现下降，而管理层方面的话语权比例从 2004 年的 56% 大幅增加到 2008 年的 76%，表明在重组之后，管理层对 APF 拥有更强大的控制权。

应当注意的是，2006 年，高级经理的话语权比例有所增加，达到 23%。但是，自从论坛重组之后，该比例急剧下降，第二个时期 2008 年仅占 4%（见表 6-9）。毗邻地区国家卫生服务体系 APF 主要是一个管理

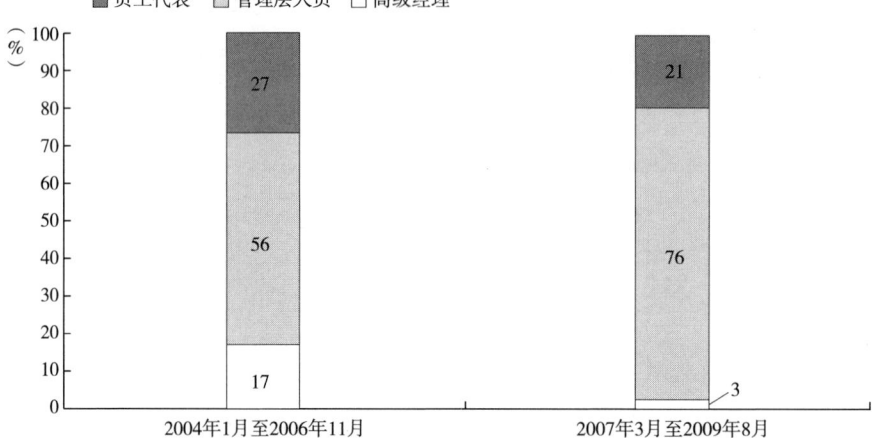

图 6-9 毗邻地区国家卫生服务体系 APF 参与者话语权两个时期的变化

层领导的讲坛，但是高级经理在讨论中发挥不太主要的作用。2005 年，管理层代表的话语权比例达到 73%，在剩下的所有年度里，总体上占所有讨论的一半以上。还应当注意的是，人力资源管理人员的话语权没有高地地区国家卫生服务体系和大格拉斯哥与克莱德地区国家卫生服务体系的同行们强大。

自从重组以来，员工方的话语权从 2004 年的 28% 下降到 2008 年的 19%。同样值得注意的是，2005 年和 2008 年，工会代表的话语权比例特别低，其他年度里保持稳定。职工董事在论坛里比其他工会代表享有更大的话语权。

表 6-9 2004 年 1 月至 2009 年 8 月毗邻地区国家卫生服务体系 APF 所进行讨论的比例（按群体分）

单位：%

参与者	2004 年	2005 年	2006 年	2007 年	2008 年	2009 年
高级经理	16	3	23	0	4	5
管理层代表	40	73	41	54	58	57
人力资源管理人员	16	7	6	27	18	10
职工董事	20	13	22	10	17	14
工会代表	8	3	8	9	2	13

四 对三个案例的比较

总之，在重组之后，所有三个 APF 的不同参与者话语权分配发生了变化。在高地地区国家卫生服务体系，员工方在论坛里的话语权比例保持稳定。但是，应当注意的是，高级经理的话语权从2007年的30%大幅增加到2008年的45%。这与关于战略问题的讨论在重组之后增加这一事实一致。同时，一些关键高级经理出席论坛的频率也有所增加，反映出高级经理的承诺度加强，表明APF存在稳定的精英群体。

在大格拉斯哥与克莱德地区国家卫生服务体系，自从重组以来，员工方的话语权略有增加。高级经理的话语权下降，但是仍然保持在相对较高的水平，而管理层代表的话语权增加。这与重组的目的是一致的，即将战略问题和运行问题与总体的合作伙伴关系议程分离开来。

相反，非常重要的是，在毗邻地区国家卫生服务体系APF，员工方和高级经理在论坛的话语权都出现减少。尽管在重组之后，更多的工会代表参与到论坛中来，但是他们的话语权实际上减少了。至于高级经理，他们的话语权从17%下降到3%。因此，这表明，在毗邻地区国家卫生服务体系，重组之后，APF进一步被管理层方面控制。

第四节　APF行为模式的变化

前面讨论表明，重组之后，各个APF合作伙伴关系议程的范围及不同参与者的话语权都发生了变化。本节将分析三个APF行为模式的变化。合作伙伴关系的倡导者预计，通过鼓励合作伙伴协议，工会-管理层关系可能从传统对抗性关系改变为新的合作型关系（Ackers & Payne, 1998；Kochan & Osterman, 1994）。

一　高地地区国家卫生服务体系

正如图6-10的数据所表明的，重组之后，行为模式从解决问题向信息交流转变，积极行为的比例下降，而中立（信息交流）的比例增加。还应当注意的是，消极行为的比例始终保持在一个非常低的水平。

波动起伏表明，2005年，积极行为在论坛占主导地位，但是自从2006年以来，大幅向信息交流转变（见表6-10）。在重组之后，积极行为的比例从44%下降到38%，而同一时期，信息交流从47%增加到54%。总体上，论坛为高级经理、中层/一线管理人员和工会代表提供了一个分享信息和彼此合作的平台。

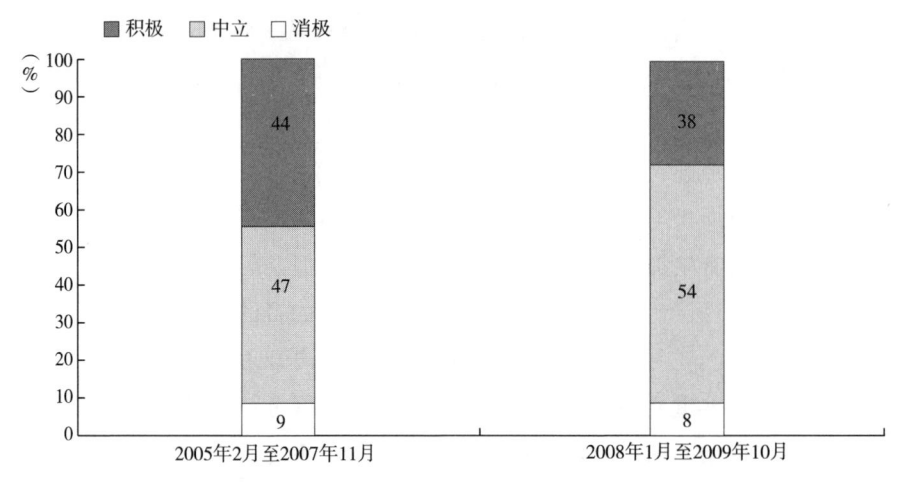

图 6-10 高地地区国家卫生服务体系 APF 行为模式两个时期的变化

尽管 2005 年至 2007 年消极行为略有增加，但它们在重组之后出现下降并保持稳定。同样应当注意的是，一些问题比其他问题更具内部争议性，当提出此类问题时，挑战行为急剧增加。例如，2008 年 12 月 12 日，当护士储备库政策和停车政策被提出时，消极行为翻了一番，增至 18%。

表 6-10　2005 年 2 月至 2009 年 10 月高地地区国家卫生服务体系 APF 行为比例

单位：%

行为模式	2005 年	2006 年	2007 年	2008 年	2009 年
消极	6	8	11	8	8
中立	37	50	54	64	63
积极	57	41	35	28	29

二　大格拉斯哥与克莱德地区国家卫生服务体系

总体上，正如图 6-11 所反映的，大格拉斯哥与克莱德地区国家卫生服务体系 APF 参与者行为模式在重组之后没有发生任何重大变化。

应当注意的是，2003 年至 2004 年，信息交流急剧增加，并在此后的年度逐渐下降。相反，积极行为从 2003 年的 47% 大幅减少到 2004 年的 26%，然后从 2005 年至 2008 年开始增加。论坛里的消极行为比例相对稳定，每年在 10% 左右浮动（见表 6-11）。

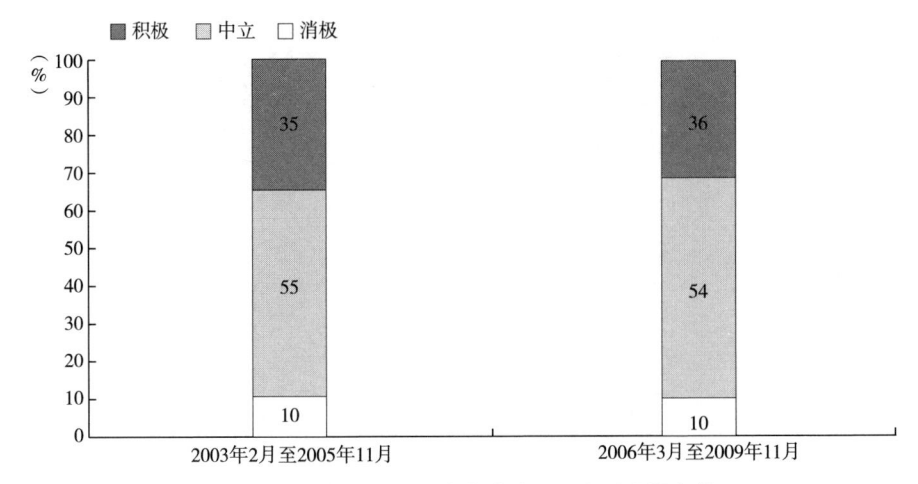

图 6-11　大格拉斯哥与克莱德地区国家卫生服务体系
APF 参与者行为模式两个时期的变化

表 6-11　2003 年 2 月至 2009 年 11 月大格拉斯哥与克莱德地区国家卫生
服务体系 APF 参与者行为比例

单位:%

行业模式	2003 年	2004 年	2005 年	2006 年	2007 年	2008 年	2009 年
消极	13	8	10	9	8	10	12
中立	40	65	59	58	59	46	54
积极	47	26	31	34	33	44	34

三　毗邻地区国家卫生服务体系

至于毗邻地区国家卫生服务体系，其参与者行为模式在论坛重组之后没有发生实质性变化（见图 6-12）。

基本上，信息交流是论坛的主要活动，2005 年达到 73%。但是，在论坛重组之后，此类行为略有减少。应当注意的是，自从 2004 年以来，论坛的合作型行为总体增加，但是增长速度非常慢。论坛的消极行为比重相对较低，大致保持稳定。但是，在一些特定会议上，消极行为增加，例如，在 2007 年 11 月 2 日和 2009 年 3 月 12 日举行的会议上，消极行为百分比增加到 20%。

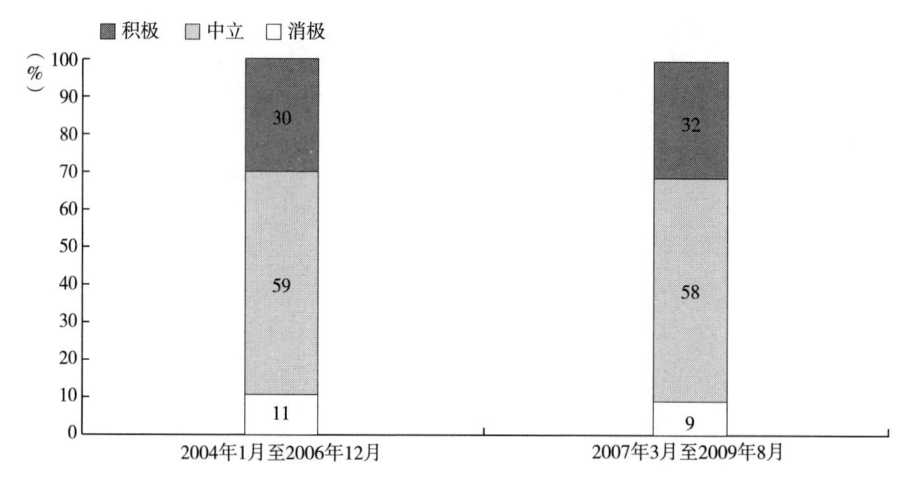

图 6-12 毗邻地区国家卫生服务体系 APF 行为模式两个时期的变化

表 6-12 2004 年 1 月至 2009 年 8 月毗邻地区国家卫生服务体系行为比例

单位:%

行为模式	2004 年	2005 年	2006 年	2007 年	2008 年	2009 年
消极	15	1	11	16	6	10
中立	61	73	51	56	61	56
积极	24	26	39	28	34	33

四 对三个案例的比较

总之，高地地区国家卫生服务体系 APF 行为模式在重组之后发生了变化，而大格拉斯哥与克莱德地区国家卫生服务体系 APF 和毗邻地区国家卫生服务体系 APF 行为模式没有变化。在高地地区国家卫生服务体系，可以看到，论坛在重组之后信息交流增多，积极行为从 44% 减少到 38%。这并不令人奇怪，因为论坛在重组之后更加关注现代化和员工规划与发展等战略问题。考虑到国家卫生服务体系现代化议程里包括的大多数战略问题是由国家当局造成的，地方委员会对这些问题仅仅具备有限的影响力这一事实（Bach, 2004），更加侧重于战略问题而不授予地方委员会足够的权力可能导致仅给予工会参与感而不是真正的影响力（Danford et al., 2005）。

还应当注意的是，在大格拉斯哥与克莱德地区国家卫生服务体系和毗邻地区国家卫生服务体系，两个 APF 的行为模式都没有发生任何重大变化，表明合作伙伴协议并不一定导致行为变化。行为变化更可能取决于讨论的具体问题、参与者受到的培训以及变化的文化（Eaton et al., 2008）。

第五节 参与者行为的变化

本节将研究三个 APF 里不同参与者群体行为的变化。

一 高地地区国家卫生服务体系

图 6-13 显示了高地地区国家卫生服务体系 APF 高级经理行为两个时期的变化。应当注意的是，重组之后，高级经理在论坛里分享了更多的信息，而积极行为的比例从 49% 减少到 31%。高级经理的消极行为（挑战行为）仍然保持在相对较低的水平，在此方面没有发生任何重大变化。

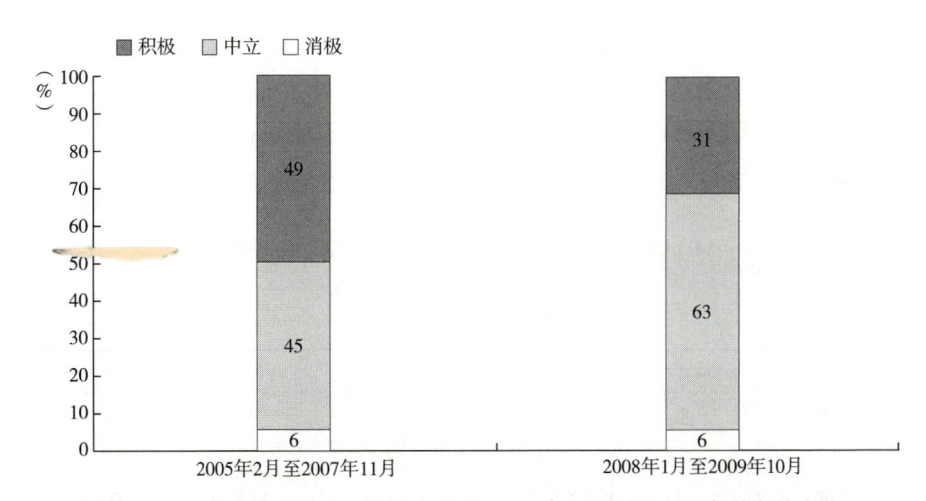

图 6-13 高地地区国家卫生服务体系 APF 高级经理行为两个时期的变化

表 6-13 随着时间的推移，高地地区国家卫生服务体系 APF 高级经理行为的变化

单位:%

行为模式	2005 年	2006 年	2007 年	2008 年	2009 年
消极	2	4	11	5	8
中立	35	46	56	70	51
积极	63	50	34	26	41

图 6-14 揭示了重组之后论坛管理层方面行为的变化。应当注意的是，管理层方面同样在论坛里分享了更多的信息，即中立行为从 45% 增加到 63%。积极行为从 49% 下降到 32%，而消极行为（挑战行为）始终保持在相对较低的水平。同样应当注意的是，在管理层方面，人力资源管理人员的行为模式没有发生任何大变化，但是管理层其他代表在重组之后在论坛里分享了更多的信息（见表 6-14、表 6-15）。

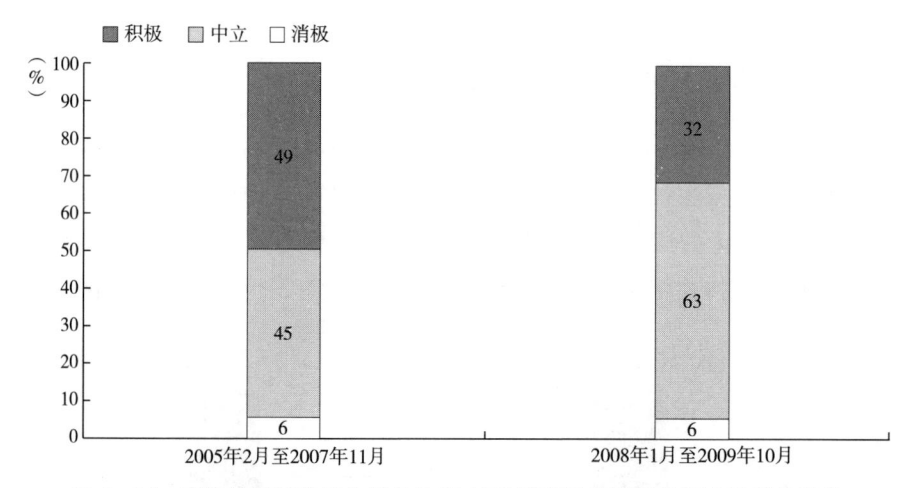

图 6-14　高地地区国家卫生服务体系 APF 管理层方面行为两个时期的变化

表 6-14　随着时间的推移，高地地区国家卫生服务体系 APF 管理层其他代表行为的变化

单位：%

行为模式	2005 年	2006 年	2007 年	2008 年	2009 年
消极	2	6	8	8	3
中立	26	39	59	60	66
积极	72	55	33	32	31

表 6-15　随着时间的推移，高地地区国家卫生服务体系 APF 人力资源管理人员行为的变化

单位：%

行为模式	2005 年	2006 年	2007 年	2008 年	2009 年
消极	7	6	6	6	5
中立	42	53	49	60	66
积极	51	41	46	34	29

第六章 劳资关系的演变及其影响因素   143

图 6-15 显示了重组之后 APF 员工方面行为的变化。应当注意的是，他们在论坛里同样分享了更多的信息，信息交流的比例从 32% 增加到 48%。积极行为从 52% 下降到 36%，而消极行为始终保持稳定。

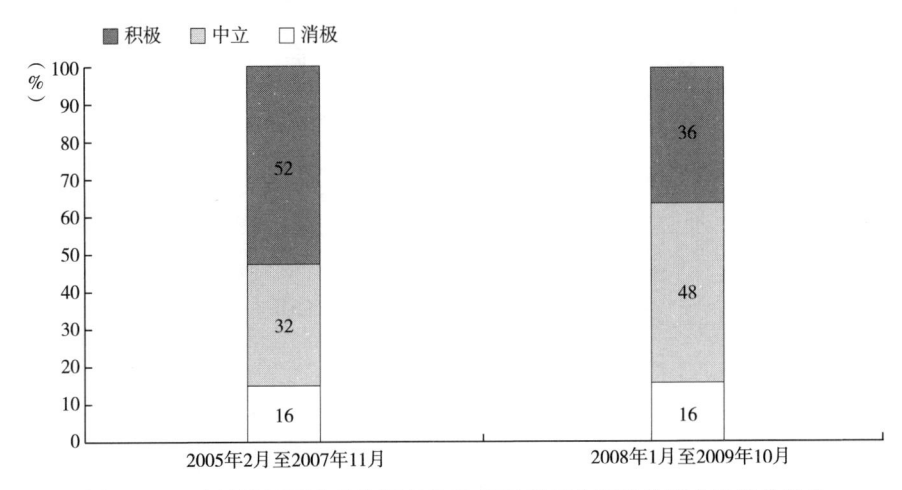

图 6-15 高地区国家卫生服务体系 APF 员工方面行为两个时期的变化

表 6-16 随着时间的推移，高地区国家卫生服务体系 APF 职工董事行为的变化

单位:%

行为模式	2005 年	2006 年	2007 年	2008 年	2009 年
消极	9	6	12	13	11
中立	22	47	44	50	52
积极	69	47	44	37	36

表 6-17 随着时间的推移，高地区国家卫生服务体系 APF 工会代表行为的变化

单位:%

行为模式	2005 年	2006 年	2007 年	2008 年	2009 年
消极	23	27	25	27	22
中立	12	29	29	38	44
积极	64	45	46	35	34

二 大格拉斯哥与克莱德地区国家卫生服务体系

图 6-16 显示了重组之后大格拉斯哥与克莱德地区国家卫生服务体系 APF 高级经理行为的变化。应当注意的是，高级经理在论坛重组之后变得更加积极，积极行为的比例从 32% 增加到 37%。同一时期里，可以看出，高级经理的挑战行为从 6% 下降到 2%。

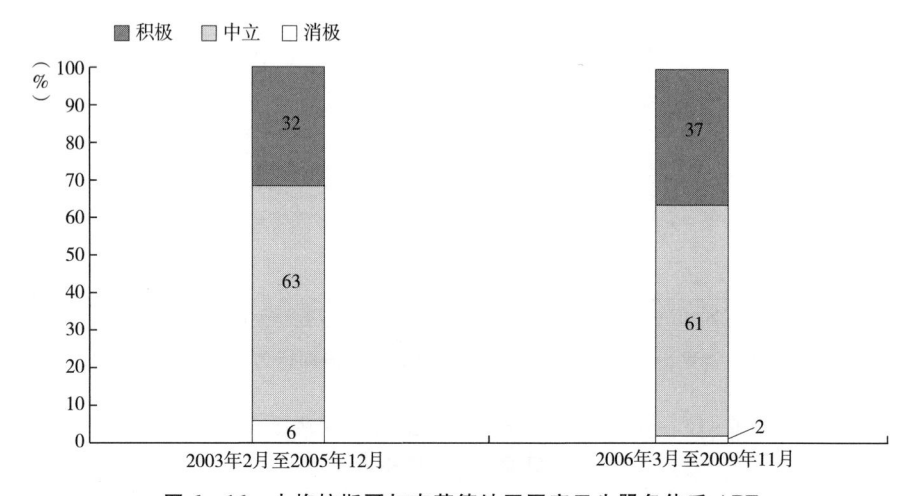

图 6-16　大格拉斯哥与克莱德地区国家卫生服务体系 APF
高级经理行为两个时期的变化

表 6-18　随着时间的推移，大格拉斯哥与克莱德地区国家卫生服务
体系 APF 高级经理行为的变化

单位:%

行为模式	2003 年	2004 年	2005 年	2006 年	2007 年	2008 年	2009 年
消极	4	0	8	1	0	0	8
中立	83	37	63	59	77	59	50
积极	13	63	30	40	23	41	42

图 6-17 显示了大格拉斯哥与克莱德地区国家卫生服务体系 APF 管理层方面行为两个时期的变化，他们变得更加积极，并且在论坛里分享了更多的信息，尽管增长速度很慢。挑战行为从 13% 下降到 7%，反映出管理层方面行为模式改善。

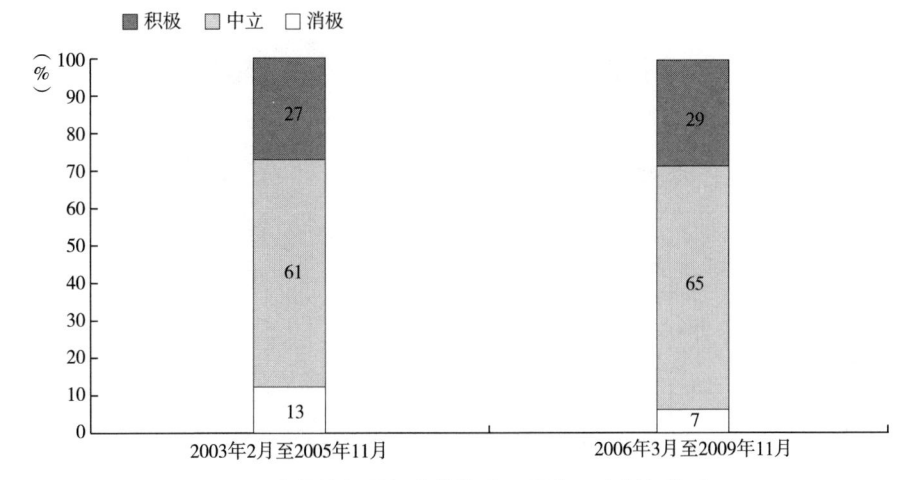

第六章 劳资关系的演变及其影响因素

图6-17 大格拉斯哥与克莱德地区国家卫生服务体系 APF
管理层方面行为两个时期的变化

表6-19 随着时间的推移，大格拉斯哥与克莱德地区国家卫生服务体系
APF 管理层其他代表行为的变化

单位：%

行为模式	2003年	2004年	2005年	2006年	2007年	2008年	2009年
积极	31	8	15	34	21	54	34
中立	69	74	76	66	75	38	62
消极	0	19	9	0	4	8	3

表6-20 随着时间的推移，大格拉斯哥与克莱德地区国家卫生服务体系
APF 人力资源管理人员行为的变化

单位：%

行为模式	2003年	2004年	2005年	2006年	2007年	2008年	2009年
积极	60	0	53	21	25	25	35
中立	14	100	35	75	63	64	61
消极	26	0	12	5	13	12	4

图6-18揭示出重组之后论坛员工方行为的变化。应当注意的是，没有发生任何重大变化，挑战行为略有增加，信息分享所占比例较少。

```
■积极   ■中立   □消极
```

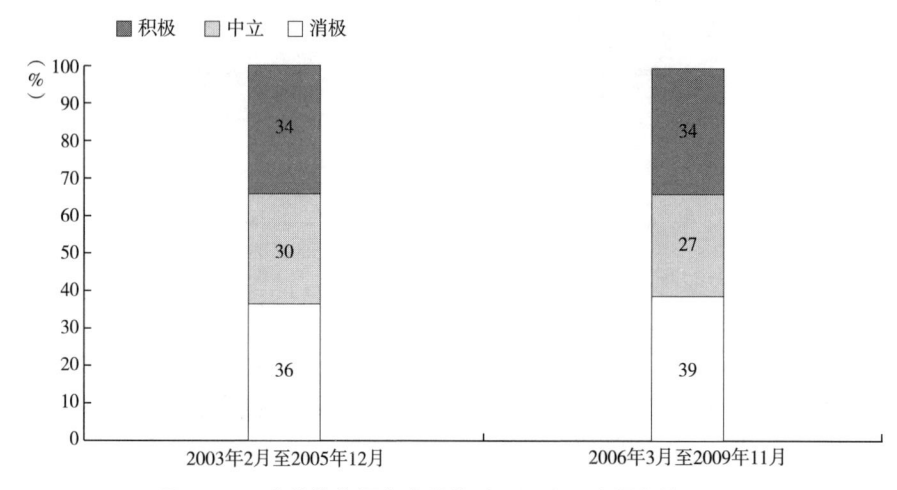

图6-18 大格拉斯哥与克莱德地区国家卫生服务体系APF
员工方面行为两个时期的变化

时期	积极	中立	消极
2003年2月至2005年12月	34	30	36
2006年3月至2009年11月	34	27	39

表6-21 随着时间的推移，大格拉斯哥与克莱德地区国家卫生服务
体系APF职工董事行为的变化

单位:%

行为模式	2003年	2004年	2005年	2006年	2007年	2008年	2009年
积极	84	0	23	10	52	60	22
中立	16	0	46	74	48	40	36
消极	0	0	30	16	0	0	42

表6-22 随着时间的推移，大格拉斯哥与克莱德地区国家卫生服务
体系APF工会代表行为的变化

单位:%

行为模式	2003年	2004年	2005年	2006年	2007年	2008年	2009年
积极	0	63	21	29	45	37	27
中立	100	10	24	25	21	23	26
消极	0	27	55	46	33	40	47

三 毗邻地区国家卫生服务体系

图6-19揭示了重组之后毗邻地区国家卫生服务体系APF高级经理行为的变化。具有重要意义的是，可以看出，高级经理在论坛里分享了更多的信息，变得更加积极，挑战行为从23%大幅减少到2%。

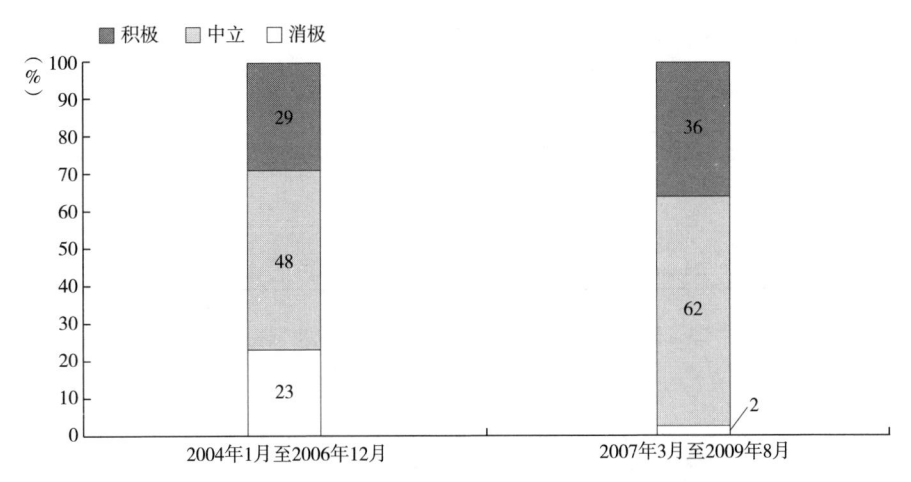

图 6-19 毗邻地区国家卫生服务体系 APF 高级经理行为两个时期的变化

表 6-23 随着时间的推移，毗邻地区国家卫生服务体系 APF 高级经理行为的变化

单位:%

行为模式	2004 年	2005 年	2006 年	2007 年	2008 年	2009 年
消极	50	0	3	0	3	0
中立	35	100	56	0	57	75
积极	15	0	41	0	40	25

图 6-20 表明 APF 管理层方面行为两个时期的变化。值得注意的是，管理层方面行为模式没有发生任何大变化，信息交流仍然是主要的活动。

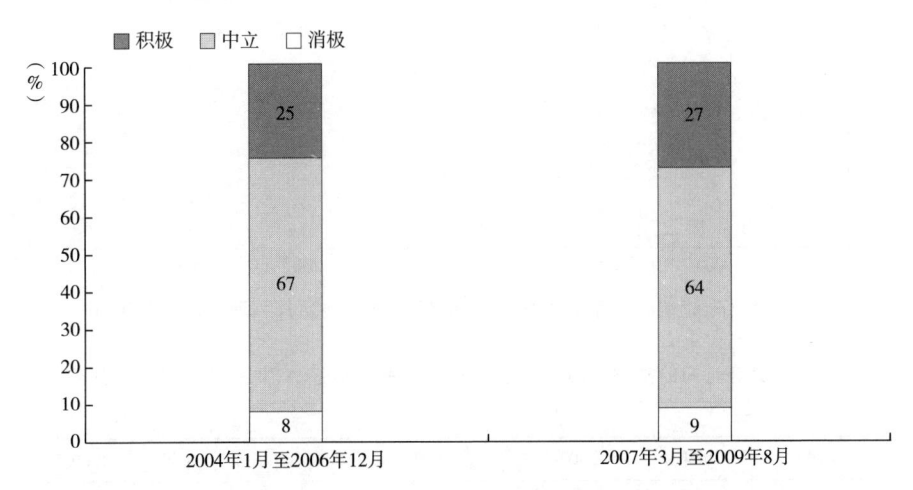

图 6-20 毗邻地区国家卫生服务体系 APF 管理层方面行为两个时期的变化

表 6-24　随着时间的推移，毗邻地区国家卫生服务体系 APF 管理层其他代表行为的变化

单位:%

行为模式	2004 年	2005 年	2006 年	2007 年	2008 年	2009 年
消极	5	2	9	14	5	16
中立	72	70	63	61	67	54
积极	23	28	28	25	29	29

表 6-25　随着时间的推移，毗邻地区国家卫生服务体系 APF 人力资源管理人员行为的变化

单位:%

行为模式	2004 年	2005 年	2006 年	2007 年	2008 年	2009 年
消极	8	0	52	9	7	0
中立	72	63	34	66	66	74
积极	20	37	15	26	28	26

图 6-21 表明了重组之后论坛员工方面行为的变化，变得更加积极并且在论坛里分享了更多的信息，挑战行为从 18% 减少到 12%。

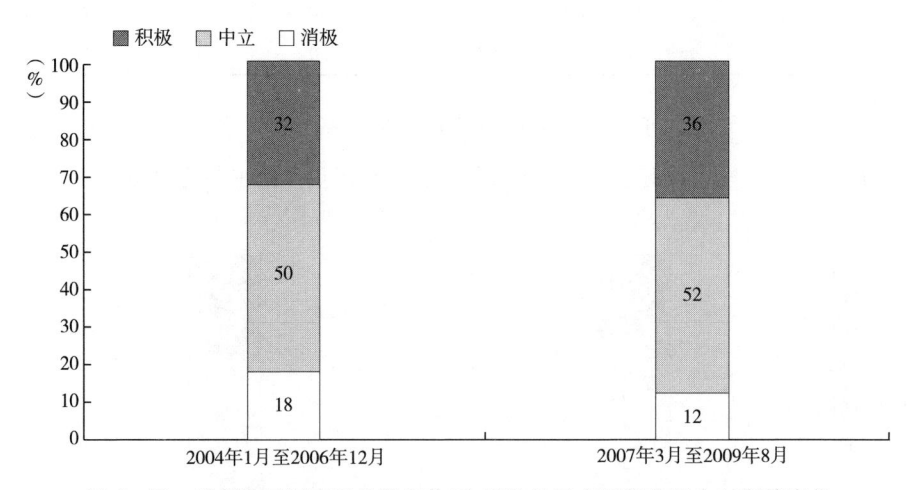

图 6-21　毗邻地区国家卫生服务体系 APF 员工方面行为两个时期的变化

表 6-26　随着时间的推移，毗邻地区国家卫生服务体系 APF 职工董事行为的变化

单位:%

行为模式	2004 年	2005 年	2006 年	2007 年	2008 年	2009 年
消极	17	0	17	25	5	13

续表

行为模式	2004年	2005年	2006年	2007年	2008年	2009年
中立	50	100	43	58	55	50
积极	32	0	39	17	40	37

表6-27 随着时间的推移，毗邻地区国家卫生服务体系APF工会代表行为的变化

单位:%

行为模式	2004年	2005年	2006年	2007年	2008年	2009年
消极	22	0	32	22	31	3
中立	38	100	37	40	29	57
积极	40	0	30	38	40	39

四 对三个案例的比较

在高地地区国家卫生服务体系，应当注意的是，所有三个群体都在朝着相似的模式转变，信息交流增加，积极行为减少。通过比较，可以看出，在大格拉斯哥与克莱德地区国家卫生服务体系，高级经理和管理层方面的积极增加，消极减少，员工方面的行为模式保持稳定，始终对管理层提出挑战。在毗邻地区国家卫生服务体系，高级经理很可能变得更加积极，开始分享更多的信息。但是，应当记住的是，重组之后，高级经理在论坛所有讨论中所占比例仅为3%。管理层方面的行为没有发生任何重大变化，员工方面的挑战行为减少。

第六节 概述和结论

本章从结构、议程、参与者话语权和参与者行为的角度分析了所有三个APF的变化。表6-28概述了关于这些动态因素的关键特征。

三个APF之间存在一些相似点和差异。第一个相似点是关于结构变革。苏格兰合作伙伴关系论坛结构变革以及在地方层面上建立社区卫生合作伙伴关系的国家战略背景要求三个卫生委员会推动APF的变革，并将合作伙伴关系结构扩大到社区卫生合作伙伴关系。因此，2006年至2008年，各个组织开展了重大的结构变革。第二个相似点是关于APF合作伙伴关系会议频率以及工会出席者比例的变化。分析表明，所有三个APF的合作伙伴关系会议频率增加，三个APF的工会出席者比例也有所增加。

表 6-28 三个 APF 重组之前和之后的变化比较

特征	高地地区国家卫生服务体系	大格拉斯哥与克莱德地区国家卫生服务体系	毗邻地区国家卫生服务体系
APF 重组理念	·响应国家指令 ·发展管理层与工会之间的长期合作伙伴关系 ·管理层和工会共同制定明确期望	·响应国家指令 ·工会提出明确期望	·响应国家指令 ·职工董事会关于重组的提案被否决
管理层对重组的态度	·高级经理有力承诺 ·一些中层管理人员反对	·高级经理支持 ·无任何反对	·缺乏高级经理的参与 ·大多数中层管理人员强烈反对
会议频率	·重组之前 6 次会议 ·重组之后从 10 次会议增加到	·重组之前 6 次会议 ·重组之后增加到 10 次会议	·重组之前 4 次会议 ·重组之后增加到 7 次会议
工会代表在 APF 所占比例	·重组之后从 32% 增加到 37%	·重组之后从 55% 增加到 61%	·重组之后从 20% 增加到 29%
合作伙伴关系议程的范围	·更加侧重于战略问题	·战略问题始终居主导地位 ·运行问题略有增加	·无任何重大变化
参与者的话语权	·高级经理的话语权显著增加 ·管理层方面的话语权减少 ·员工方面的话语权保持稳定	·高级经理的话语权有所减少 ·管理层方面的话语权增加 ·员工方面的话语权略有增加	·高级经理的话语权大幅减少 ·管理层方面的话语权显著增加 ·员工方面的话语权减少
APF 的行为模式	·从积极行为向信息交流转变	·无任何重大变化	·无任何重大变化

但是，三个案例之间也存在一些差异。首先，应当注意的是，三个卫生委员会之间的理念和管理层对重组的态度明显不同。在高地地区国家卫生服务体系，尽管少数中层管理人员不愿意在他们的部门里建立合作伙伴关系基础设施，但高级经理和工会官员有力地承诺发展长期合作伙伴关系。APF 在重组之前召开了数次会议。管理人员和工会官员公开交流意见并明确制定了重组目标。与此同时，在大格拉斯哥与克莱德地区国家卫生服务体系，由于工会在组织内的强大力量，重组没有遇到管理人员的任何反对。工会提出旨在将战略和运行问题与总体的合作伙伴关系议程分离开来的重组提案，得到了管理层方面的全面支持。与之相反，毗邻地区国家卫生服务体系的重组过程不像高地地区国家卫生服务体系和大格拉斯哥与克莱德地区国家卫生服务体系的同行们那样进展顺利。高级经理缺乏承诺，鉴于 APF 否决了职工董事的重组提案这一事实，管理人员普遍认为没有必要发展进一步的合作伙伴协议。

其次，从议程、话语权和行为来看，三个 APF 的演变轨迹各不相同。在高地地区国家卫生服务体系，自从重组以来，合作伙伴关系议程的范围更加侧重于战略问题。首席执行官始终出席论坛，高级经理的话语权自重组以来有所增加。挑战行为始终保持在较低水平，管理层和员工方面彼此分享信息。在大格拉斯哥与克莱德地区国家卫生服务体系，重组之后，APF 的规模有所扩大，越来越多的参与者参与到论坛中来。员工方面继续是 APF 的最大群体，工会出席者所占比例在重组后略有增加。现代化和员工规划与发展等战略问题继续是论坛里最普遍的主题，但是，同样应当注意的是，关于薪酬以及平等与培训等运行问题的讨论在重组之后也有所增加。高级经理的话语权在重组之后下降，这主要是因为高级经理选择只出席战略会议，总体上缺席所有讨论运行问题的会议。高级经理和管理层方面都变得不那么激进，并在论坛里提供更多的信息，同时，与之相反，工会代表始终继续挑战管理人员。在毗邻地区国家卫生服务体系，论坛得到扩大，使更多的参与者参与其中。具有意义的是，可以看出，自重组以来，工会出席者所占比例从 20% 增加到了 29%。但是，论坛的讨论仍然由管理层方面主导，高级经理和员工方面的话语权在重组之后都有所下降，反映出前一群体对论坛的强大控制。还应当注意的是，论坛的合作伙伴关系议程和参与者行为没有发生任何重大变化。

总之，上述研究结果具有几个重要意义。首先，它们表明，外部背景对合作伙伴关系的影响非常重要。与认为合作伙伴协议在英国自由市场经济机制背景无法持久存在的假设相反（Kelly，2005；Martínez–Lucio & Stuart，2005；Turnbull et al.，2004），此类协议似乎在苏格兰国家卫生服务体系里稳健存在，没有任何迹象表明协议未来将出现衰退。其次，它们还表明，尽管面临相同的外部背景，在三个案例中，合作伙伴协议在向着不同的方向演变。这种多样性取决于组织自身的特征，包括历史的劳资气候、传统的行为模式以及主要领导人对伙伴关系型工作的看法。但是，迄今为止，在不了解利益相关者成果的情况下，我们仍然无法断言哪一种合作伙伴协议更加有效。因此，下一章将研究三个卫生委员会伙伴关系型工作的成果。

第七章　合作型劳资关系实践运作的结果评估

以前的研究表明，持续型合作伙伴关系的一个必要条件乃是为利益相关者提供切实、宝贵以及实质性的成果（Bacon & Storey，2000；Kochan et al.，2008）。因此，本书的最终目的旨在研究这三个卫生委员会伙伴关系型工作取得的成果。

本章首先将合作伙伴会议决策分为五大类，以此来评估会议成果。然后分析一些从三个 APF 的共同议程中甄选出的关键问题。这种方法有助于解释如何通过合作伙伴协议产生、讨论和解决问题。

第一节　合作伙伴会议的总体成果

研究人员采取了各种方法评估合作伙伴关系举措的成果。例如，用定量方法来衡量工人或组织成果（Kelly，2004），与管理人员、工会代表或雇员进行访谈，（Guest & Peccei，2001；Oxenbridge & Brown，2004），或是分析合作伙伴关系中的关键事件（Johnstone et al.，2010）。然而，这些研究忽略了观察合作伙伴会议和联合磋商委员会的重要性，而它们是开展合作伙伴关系举措的中心组织。

因此，本研究旨在探讨这三个卫生委员会在合作伙伴会议方面取得的成果。根据 Bacon 和 Samuel（2010），合作伙伴会议确定的决策分为五大类，即改善、同意、参与、回访和否决。有人认为，改善决定可为利益相关者带来切实的变化或改善，最终可以提高其对合作伙伴关系的满意度与承诺度。同意决定表明了一方与另一方的合作意愿，这也可以给一方带来便利和益处，从而进一步加强合作伙伴关系。对于参与决策制定流程的合作伙伴，除非他们的参与也能导致转变，否则不会提高满意度。过度的回访问题会降低参与者对合作伙伴关系的满意度和合作过程的承诺度，否决问题将严重损害合作伙伴关系。

一 高地地区国家卫生服务体系

2005年2月至2009年9月，苏格兰国家卫生服务体系下的论坛做出了376项决定。总体而言，决定同意问题是最常见的讨论结果，占所有决定的36%；决定改善问题的占几乎1/5（19%）；参与性问题占30%；回访问题占14%；否决政策仅仅出现了3次（见图7-1）。

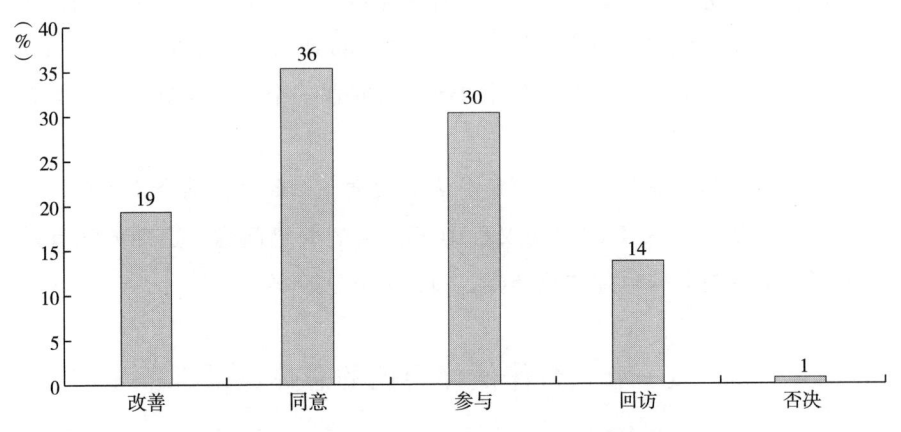

图7-1 2005年2月至2009年9月，高地地区国家卫生服务体系APF讨论的总体成果

表7-1揭示出成果随时间推移而发生的变化。从2005年到2007年，做出改善、同意和参与决定的数量都有所下降，而对回访问题做出的决定显著增加。该表不但表明自2005年起APF已经不起作用，同时也证明了管理层和工会调整APF的基本原因（见第六章第一节）。然而，2007年年底对论坛进行重组后，2008年所做决定的数量呈现大幅增加（2008年做出113项决定）。需要注意的很重要的一点是：调整以来，做出改善并同意一项政策以及让合作伙伴参与讨论的决定数量显著增加。这反映了APF对管理层-工会关系变得更加重要，也意味着工会参与到了更广泛的管理决策制定过程中来。

表7-1 2005年2月至2009年9月高地地区国家卫生服务体系APF所做决定数量

单位：项

决定结果	2005年	2006年	2007年	2008年	2009年
改善	14	8	11	23	17
同意	37	21	18	32	26
参与	30	14	12	41	17
回访	4	8	13	16	11
否决	0	1	1	1	0
合计	85	52	55	113	71

图7-2比较这两个阶段的成果变化。此图显示出同意决定的数量减少，而做出改善决定和参与决定的数量略有增加。

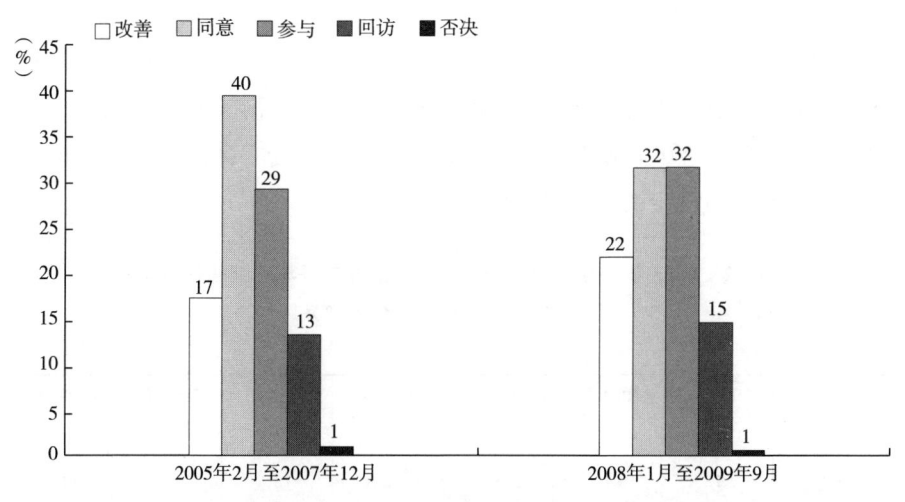

图7-2 2005年2月至2009年9月高地地区国家卫生服务体系APF所进行讨论的成果

二 大格拉斯哥与克莱德地区国家卫生服务体系

在大格拉斯哥与克莱德地区国家卫生服务体系中，从2003年2月至2009年11月，APF做出了242项决定。总体而言，让合作伙伴参与到问题讨论中来是APF会议最常见的结果，占所有决定的44%，改善决定只占7%，同意决定占27%，回访决定占19%，否决问题的决定出现了9次，占决定总数的4%（见图7-3）。

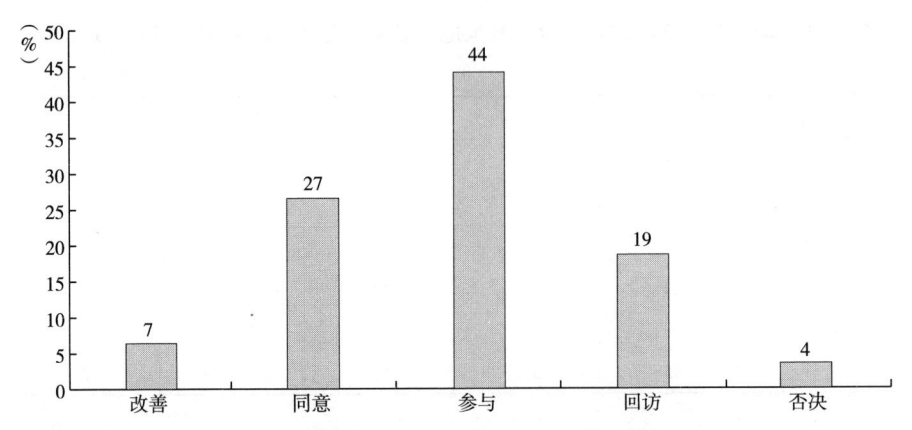

图 7-3　2003 年 2 月至 2009 年 11 月大格拉斯哥与克莱德地区国家
卫生服务体系 APF 所做讨论的总体成果

表 7-2 显示出随着时间推移大格拉斯哥与克莱德地区国家卫生服务体系成果的变化。从 2003 年到 2005 年，每年只有一次改善决定，而同意决定的数量也有所下降。2005 年年底 APF 进行调整后（2005 年做出 25 个决定），2006 年论坛上做出的决策次数增加（36 个）。自调整后，做出改善、同意和参与决定的数量都有所增加。

表 7-2　2003 年 2 月至 2009 年 11 月大格拉斯哥与克莱德地区国家
卫生服务体系 APF 所做的决定

单位：项

决定结果	2003 年	2004 年	2005 年	2006 年	2007 年	2008 年	2009 年
改善	1	1	1	5	4	2	2
同意	7	4	5	12	15	11	11
参与	15	11	11	15	25	15	15
回访	8	4	7	3	6	8	9
否决	2	1	1	1	2	1	1
合计	33	21	25	36	52	37	38

图 7-4 显示了在这两个时间段中所做讨论的不同结果，表明大格拉斯哥与克莱德地区国家卫生服务体系 APF 在经过 2006 年的调整后，已经创造了更积极的成果。合作伙伴参与和回访问题的决定数量减少，但是改善和同意决定数量显著增加。

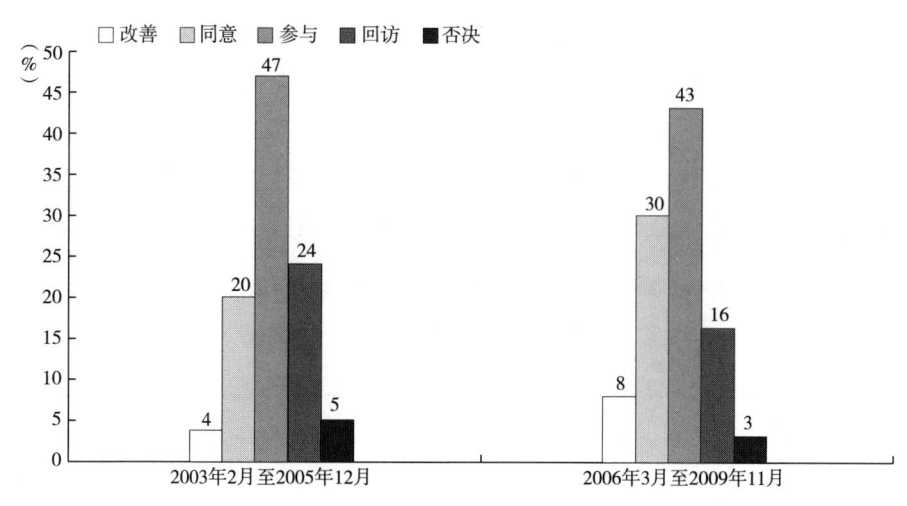

第七章 合作型劳资关系实践运作的结果评估

图 7-4 2003 年 2 月至 2009 年 11 月大格拉斯哥与克莱德地区国家卫生服务体系 APF 的讨论成果

三 毗邻地区国家卫生服务体系

2004 年 1 月至 2009 年 8 月，毗邻地区国家卫生服务体系的 APF 做出了 150 项决策。总的来说，决定同意问题是讨论最常见的结果，占所有决定的 41%，改善决定占总数的 6%，合作伙伴参与占 30%，回访问题占 21%，否决决定出现了 2 次（见图 7-5）。

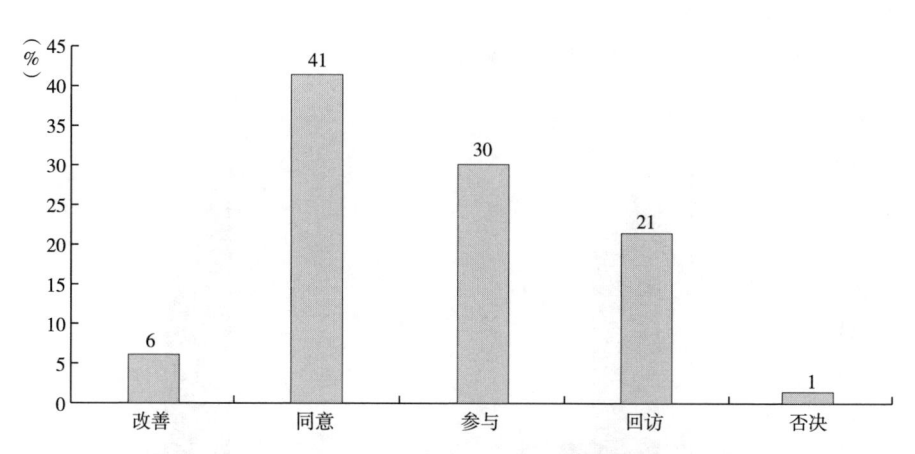

图 7-5 2004 年 1 月至 2009 年 8 月毗邻地区国家卫生服务体系 APF 讨论的总体成果

2006年年底 APF 调整以来，决策的数量有显著增加。表 7-3 显示了论坛在 2007 年 46 个场合中所做决定是 2006 年的 17 项的 2 倍还多。这一数据表明，调整之前管理决策过程通常绕过 APF，而调整后，更多的内容被引进 APF。然而，需要注意的是，管理者想要 APF 签署国家主管部门传达的政策，所以像是政策认可论坛而不是联合决策组织。

表 7-3　2004 年 1 月至 2009 年 8 月毗邻地区国家卫生服务体系 APF 所做决定数量

单位：项

决定结果	2004 年	2005 年	2006 年	2007 年	2008 年	2009 年
改善	1	0	1	3	4	0
同意	4	5	7	21	22	3
参与	5	1	6	15	14	4
回访	5	2	3	7	13	2
否决	1	0	0	0	1	0
总计	16	8	17	46	54	9

图 7-6 对调整前后所做讨论的成果做出比较。可以看出，改善和同意决定以及问题参与数量都出现了增长，回访与否决问题数量有所减少。这表明，虽然不够显著，但论坛调整后仍是朝着更具合作模式的方向发展，产生着更为积极的成果。

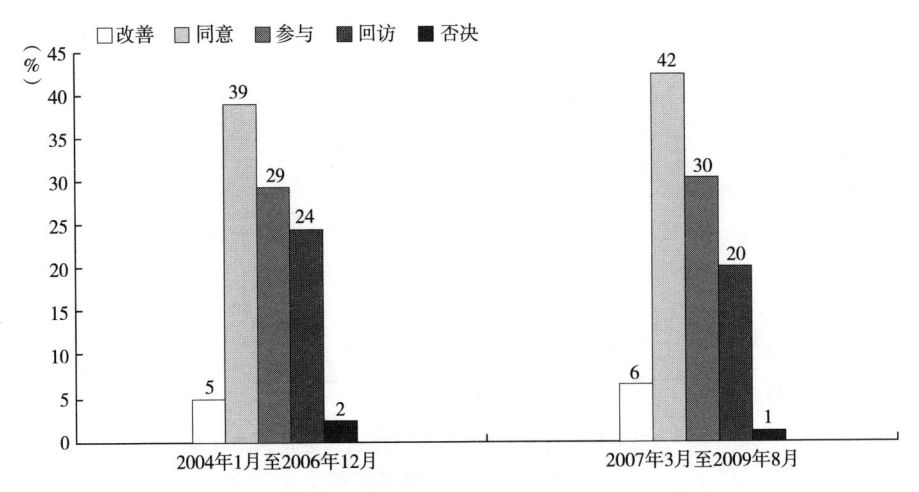

图 7-6　2004 年 1 月至 2009 年 8 月毗邻地区国家卫生服务体系 APF 的讨论成果

第二节 带来的益处

前一节分析了三个卫生委员会合作伙伴会议的总体成果。本节将继续研究每一类问题所做决策取得的成果以及管理层、工会和雇员所获得的益处分配情况。

一 高地地区国家卫生服务体系

在对特定问题做出的决定方面，图7-7表明，APF所做决定总数中一半以上是关于员工规划与发展（20%）、现代化（18%）以及薪酬（16%）。对健康、安全与福利（10%）以及平等与培训（9%）相关问题所做的决定数量高于伙伴关系型工作和论坛（7%）、财政问题（8%）以及员工治理进程（7%）等其他问题。对诊疗问题做出的决定最少，仅占论坛所做决定总数的5%。

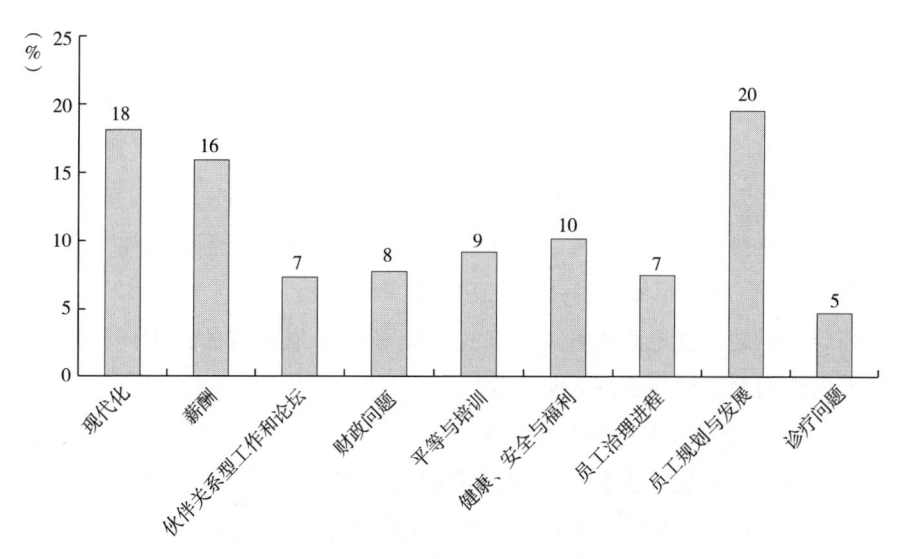

图7-7 2005年2月至2009年9月高地地区国家卫生服务体系APF对特定问题做出的决定

表7-4显示了对不同问题做出的决定。具体来说，68个场合对现代化问题做出决定，其中24个场合为同意决定，24个场合决定让合作伙伴参与。应当注意的是，11个场合决定对现代化议程进行实质性变革，表

明工会不仅参与战略讨论，而且在一定程度上能够影响战略决策，至少是在实施阶段。9个场合对现代化问题做出回访决定。在一些场合里，这是因为论坛不够法定人数，不得不推迟讨论问题。还有一些场合无法达成一致意见，因为工会担心在实施诸如全民保健服务等特定政策时，其成员的利益可能受到侵蚀（详细见前文的讨论）。

表7-4 2005年2月至2009年9月高地地区国家卫生服务体系所处理的9个问题的讨论结果

单位：项

议题	改善	同意	参与	回访	否决	总计
现代化	11	24	24	9	0	68
薪酬	16	22	13	7	2	60
伙伴关系型工作和论坛	7	7	6	7	0	27
财政问题	3	10	13	3	0	29
平等与培训	6	20	6	2	0	34
健康、安全与福利	4	17	8	8	1	38
员工治理进程	6	8	9	5	0	28
员工规划与发展	15	22	27	10	0	74
诊疗问题	5	4	8	1	0	18

60个场合对薪酬做出决定。16个场合做出改善决定，表明通过伙伴关系型工作为雇员带来了实质性益处。在许多问题方面可以找到良好的例子，如停车费、评价服务奖、汽车租赁政策和膳食费。还应当注意的是，2个场合对薪酬问题做出否决。由于它的争议性质，看到这一结果并不令人惊讶。但是，这也意味着工会在这一问题上采取艰苦的讨价还价战术，而在其他问题上则与管理人员合作。

74个场合对员工规划与发展做出决定。应当注意的是，论坛广泛讨论员工规划与发展，工会代表在很早的阶段就参与讨论。15个场合做出改善决定，使员工战略对组织来说更加适宜并且更加容易实施。例如，在与APF磋商之后，管理人员同意监督和评估护士库政策，以适应变化的组织环境和响应雇员的需求。

在其他问题方面，应当注意的是，决定同意和参与是最常见的讨论结果，在论坛所讨论的每一个领域，都做出了改善决定。因此，这表明高地地区国家卫生服务体系的伙伴关系型工作能够带来实质性益处。

二 大格拉斯哥与克莱德地区国家卫生服务体系

图 7-8 显示了所处理的 9 个广泛问题的讨论结果。它表明，在所做出的决定总数中，3/5 以上（71%）是关于现代化（25%）、薪酬（27%）以及员工规划与发展问题（19%）。对其他问题所做出的决定数量相对较少，诊疗问题（2%）所占比例最低。

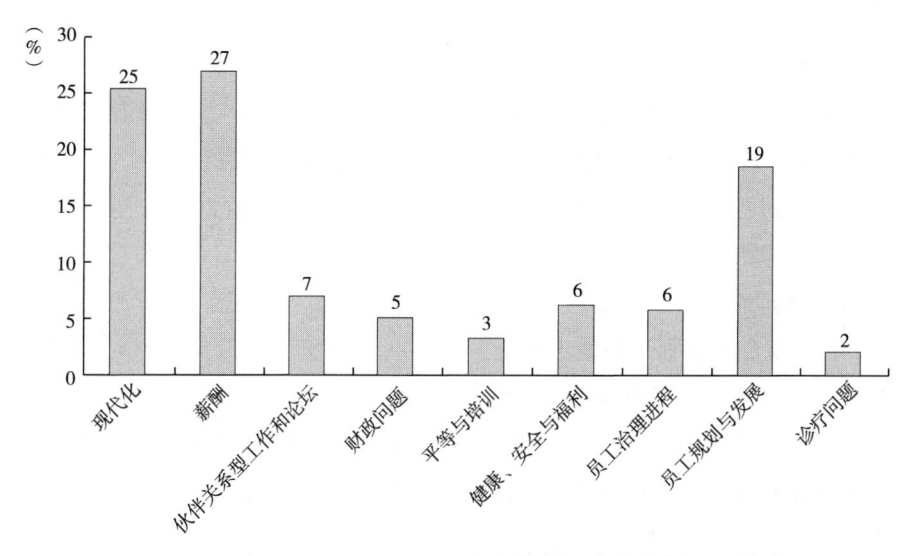

图 7-8 2003 年 2 月至 2009 年 11 月大格拉斯哥与克莱德地区国家卫生服务体系 APF 对特定问题做出的讨论决定

表 7-5 报告了对特定问题所做出的不同种类决定所占百分比。具体来说，61 个场合对现代化问题做出决定。让合作伙伴参与讨论的决定占决定总数的一半以上（33 个场合），2 个场合做出改善决定。因此，这表明尽管工会广泛参与战略问题，但工会能够影响到决策进程的占比相对较低。

表 7-5 2003 年 2 月至 2009 年 11 月大格拉斯哥与克莱德地区国家卫生服务体系所处理的 9 个问题的讨论结果

单位：项

议题	改善	同意	参与	回访	否决	总计
现代化	2	12	33	12	2	61
薪酬	6	18	24	12	5	65
伙伴关系型工作和论坛	1	7	6	3	0	17

续表

议题	改善	同意	参与	回访	否决	总计
财政问题	1	3	6	2	0	12
平等与培训	1	4	2	1	0	8
健康、安全与福利	0	2	7	4	2	15
员工治理进程	2	2	8	2	0	14
员工规划与发展	3	14	19	8	1	45
诊疗问题	0	1	2	2	0	5

65个场合对薪酬问题做出决定。这表明APF对这一问题施加了重要影响，6个场合做出改善管理层的决定。工会在论坛采取积极的讨价还价行为，特别是针对薪酬问题，呼应了Bacon and Blyton（2007）近期的研究结果，即始终坚持艰苦的讨价还价能够使雇员受益。18个场合对这一问题做出同意决定，24个场合决定让合作伙伴参与讨论。还应当注意的是，5个场合对薪酬问题做出否决，在一些场合里，是因为管理人员拒绝与工会讨论诸如停车费等特定问题。

45个场合对员工规划与发展做出决定。具体来说，19个场合决定让合作伙伴参与讨论，14个场合达成同意决定。

三 毗邻地区国家卫生服务体系

图7-9报告了对特定问题所做出的决定所占比重。应当注意的是，对现代化（20%）和薪酬（23%）做出的决定所占比重高于其他问题。毗邻地区国家卫生服务体系APF似乎特别关注健康、安全与福利问题，决定总数中有14%与这些问题相关，2/3以上的场合做出了同意决定（见图7-9和表7-6）。对财政问题（3%）、平等与培训（6%）、员工治理进程（5%）以及诊疗问题（4%）做出的决定所占百分比相对低于其他问题。

表7-6说明了对不同问题做出的决定。尽管现代化是论坛的一个主流主题，占决定总数的20%，更多的决定是让合作伙伴参与讨论或进行回访，仅在5个场合做出了同意决定。而且，决定回访问题的原因要么是因为会议时间不足，要么是因为论坛缺乏参与者。35个场合对薪酬做出决定，其中14个场合做出同意决定，10个场合决定让合作伙伴参与讨论。

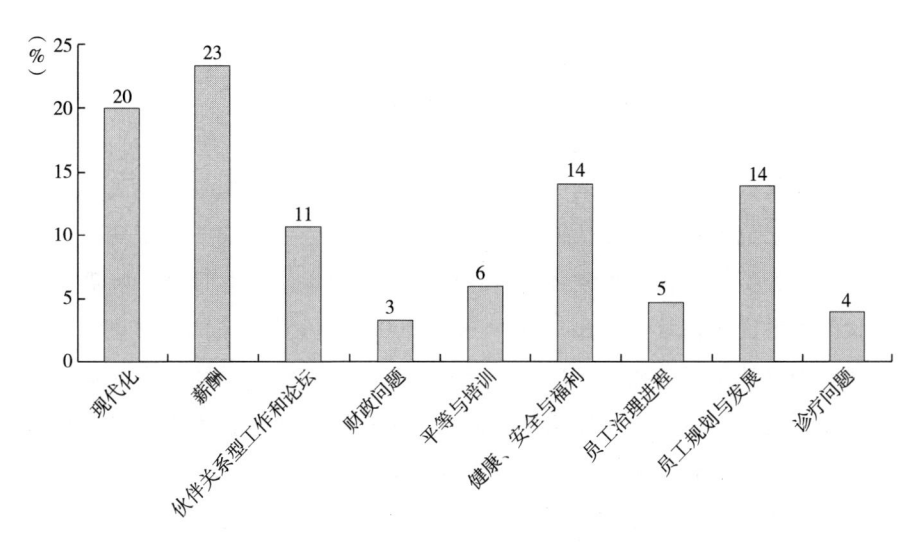

图 7-9　2004 年 1 月至 2009 年 8 月毗邻地区国家卫生服务体系
APF 对特定问题做出的讨论决定

应当注意的是，9 个场合决定回访伙伴关系型工作和论坛问题，占对该问题所做决定总数的一半以上。这主要是因为论坛在讨论部门伙伴关系型工作未来发展时遇到了来自中层/一线管理人员的反对。还应当注意的是，21 个场合对健康、安全与福利问题做出决定，在对该问题所做出的决定总数中，一半以上是关于 APF 通过管理层的提案或政策。

表 7-6　2004 年 1 月至 2009 年 8 月毗邻地区国家卫生服务体系
所处理的 9 个问题的讨论结果

议题	改善	同意	参与	回访	否决	总计
现代化	1	5	14	10	0	30
薪酬	2	14	10	8	1	35
伙伴关系型工作和论坛	1	4	2	9	0	16
财政问题	0	3	1	1	0	5
平等与培训	1	4	3	1	0	9
健康、安全与福利	1	14	4	1	1	21
员工治理进程	1	3	3	0	0	7
员工规划与发展	2	10	7	2	0	21
诊疗问题	0	5	1	0	0	6

第三节 关键问题的结果

合作伙伴关系中不可避免地会出现一些关键问题,如果不能成功地加以解决,它们会危及合作伙伴关系。但是,如果这些挑战能够得到成功解决,这一经历将加强合作伙伴对合作伙伴关系的承诺,并且进一步巩固合作伙伴关系的可持续性(Kochan et al.,2008)。在接下来的一节里,从三个组织中甄选出了一些关键问题。分析这些问题,将帮助我们更加具体地了解以下问题,例如,合作伙伴如何联合工作解决问题;不同参与者对伙伴关系型工作的态度是什么;在多大程度上实现了双赢。

从三个 APF 的议程中甄选出了四个关键问题,即全民保健服务、烟草政策、停车费和财政赤字。甄选这些关键问题的原则是考虑到了两个方面。首先,它们必须是所有 APF 都进行讨论的问题,从而允许在这三个案例之间进行比较,看其是如何提出、讨论和解决这些问题的。其次,这些问题一般是从战略会议中甄选出来的,旨在检验工会对战略决策的影响力。

一 全民保健服务

苏格兰公共部门现代化议程的一个核心组成部分是解决浪费、官僚主义和重复。为实现这一目标,2004 年 6 月,苏格兰行政院推行了高效政府举措,包括五个关键工作流。共享服务战略是作为这五项关键工作流中的一项制定出来的。通过提供一些共同的内部支持服务职能(如财政、采购、人力资源、工资单、信息通信技术、设施)以及支撑共同一线服务领域的运行程序和制度(如收入和福利、社会保障、教育、住房、交通、政策和消防),期望共享服务战略能够显著提高效率,节省对一线服务的投资,最终能够促使改善服务质量和一致性(苏格兰行政院,2006)。

作为苏格兰公共部门的第二大雇主,苏格兰国家卫生服务体系是最早实施该战略的部门。这一决定背后的总体背景是苏格兰国家卫生服务体系在全民保健服务实施前正在并购 47 个不同的组织。它认识到这些组织之间缺乏一致性,业务重复造成资源浪费。因此,有必要在整个苏格兰实施更加有效的制度。

（一）高地地区国家卫生服务体系

在全民保健服务的实施过程中，高地地区国家卫生服务体系一直是积极支持者。2005年5月，卫生委员会设立了一个初始项目组，财务主管、管理层代表、APF代表和财政部门的员工代表参与其中。该项目组将初始阶段的主要目标确定为与所有受影响的员工沟通并支持实施全民保健服务。

甚至在2006年5月国家磋商文件发布之前，自从2006年1月以来，高地地区国家卫生服务体系卫生委员会已经开始与员工方进行磋商。APF的成员们充分讨论了全民保健服务对高地地区国家卫生服务体系的影响以及未来应采取的行动。管理人员和工会都认为实施全民保健服务的过程应当稳健，但是也应当得到地方卫生委员会官员的支持，并且员工方参与其中。更加重要的是，在讨论过程中，成员们清醒地认识到，出于疏忽，全民保健服务没有被纳入人力资源问题，未来可能引起雇员的担心。因此，人力资源主管计划与员工方代表召开一次特别讨论会，以确保APF充分参与方案，并制定了应当将行动计划作为卫生委员会员工规划方案的一部分被纳入进来的原则。此外，管理人员还定期参加员工方会议，向受影响的员工传播相关信息。

这一案例代表了高地地区国家卫生服务体系伙伴关系型工作的一个良好范例。它为管理人员和工会都带来了实质性益处。对于管理人员来说，他们获得了工会的支持，以执行国家政策。因此，全民保健服务在高地地区国家卫生服务体系中得到平稳实施。而且，由于方案最初预期使整个组织受益，它提高了效率，节约了成本。对于工会来说，工会代表们从较早阶段就参与了案例，对实施进程施加重要影响。此外，工会对成员就业保障的担忧得到管理人员的严肃对待，并且最终通过联合解决问题的方式将其解决。

（二）大格拉斯哥与克莱德地区国家卫生服务体系

2006年6月，大格拉斯哥与克莱德地区国家卫生服务体系建立一个指导组，以支持实施全民保健服务。指导组由卫生委员会的财务主管和一名来自Unison的工会官员共同担任主席。指导组下面还设有三个小组，负责人力资源、沟通和服务模式，以支持实施。

指导组举行了几次讨论会，以澄清问题，并达成了支持全民保健服务的基本一致意见。与此同时，APF会议确定了一些挑战。员工方质疑管理层提供的数据准确性以及实施一个如此巨大的项目的时间表。工会还提出了一些技术问题。特别是，员工方对财务部门重新部署和配备员工表示深度关切。工会代表强调，财务部门的雇员刚刚经历了地方重组，由于实施变革议程而处于巨大的工作压力之下。新方案使他们变得消极，感觉被轻视。更加重要的是，员工对他们未来的就业保障感到担忧。因此，员工方威胁说，在提出的人力资源问题得到解决之前，他们不能支持推进开展全民保健服务。

作为答复，管理人员努力与工会合作解决这一问题。利用来自大格拉斯哥与克莱德地区国家卫生服务体系卫生委员会的支持，管理人员和工会接着编制了一份包含工会关切问题的报告，并将报告送交全民保健服务项目小组。小组欢迎APF采取的合作伙伴途径和卫生委员会对论坛意见的支持，并因此修订了最初的计划，采取更加慎重的方式。

以上案例表明，大格拉斯哥与克莱德地区国家卫生服务体系采取的典型伙伴关系型工作途径在磋商过程中受到工会的挑战。虽然在该案例中，工会成功地影响了管理层的决定并保护了成员的利益，但有必要注意到可能促使伙伴关系型工作成功的一些基本因素，如工会在早期磋商中广泛参与、管理人员重视工会代表的坦率和批评意见，以及大格拉斯哥与克莱德地区国家卫生服务体系卫生委员会的支持等。

（三）毗邻地区国家卫生服务体系

在毗邻地区国家卫生服务体系中，全民保健服务由一个包括职工董事在内的项目小组实施。该小组在APF之外运行，不定期向APF报告。与其他卫生委员会类似，毗邻地区国家卫生服务体系的雇员也对实施全民保健服务带来的就业保障感到担忧。但是，有证据表明，雇员的话语权和担忧不是通过APF而是通过其他非正式渠道得到表达。管理人员表示其愿意与员工会谈，向他们提供最新消息，并聆听任何关切问题。管理人员为雇员安排了几次会谈，与参与进程的人员直接会面。在与雇员讨论之后，管理人员能够很好地解决他们的关切问题并向他们保证，不会进行任何强制裁员,如果员工被重新安置或部署,当前的合同条款会受到保护。结果表明,APF对此类问题的影响力很浅。APF似乎仅仅是一个管理人员向工会通报结果的场所,而不是一个合作伙伴解决问题的联合论坛。

(四)解决问题的各种不同方式

在实施全民保健服务时,所有这三个卫生委员会都面临员工的就业保障受到威胁的相同挑战。但是,应当注意的是,三个APF采取了非常不同的方式来解决这一问题。高地地区国家卫生服务体系APF似乎非常合作。管理人员和工会都表现出相互尊重彼此的利益。工会对员工就业保障的担忧得到管理人员的认可和认真解决。作为回报,工会帮助管理人员更加平稳地实施该战略。在大格拉斯哥与克莱德地区国家卫生服务体系,该问题同样由管理人员来解决,却是以不同的方式。大格拉斯哥与克莱德地区国家卫生服务体系APF的工会质疑管理人员制定战略的原则和技术可能性。而且,工会代表把员工问题的谈判作为与管理人员合作的前提条件,他们威胁如果管理人员未能满足这些条件,将不予合作。而在毗邻地区国家卫生服务体系,该问题是在APF以外解决的。管理人员倾向于直接与员工会谈,而不是通过APF。

二 烟草政策

2005年6月30日,苏格兰议会通过《2005年吸烟、健康和社会保障(苏格兰)法案》,于2006年3月26日正式生效。该法案规定,在苏格兰任何"完全或实质上封闭的公共空间"吸烟属于犯罪行为,但是有少数例外情况,如护理之家和精神病院。2005年12月21日,苏格兰卫生部门的一些主要组织联合发布一份指导文件,旨在使苏格兰国家卫生服务体系、地方当局和其他护理服务提供机构能够遵守禁止吸烟的立法,并为制定处理烟草问题的方式提供建议,使禁止吸烟所带来的益处最大化。在该立法的实施过程中,外界期待国家卫生服务体系组织发挥卫生部门领导职责,并希望国家卫生服务体系组织不仅遵守禁止吸烟的立法,而且有必要致力于实现完全禁止吸烟的政策。在这种背景下,地方国家卫生服务体系卫生委员会讨论的中心主题是如何很好地实施国家政策以及是否选择全面禁烟战略。

（一）高地地区国家卫生服务体系

在高地地区国家卫生服务体系中，自从2005年3月以来，APF内部就烟草政策的起草开始与工会进行早期磋商。论坛决定遵从国家政策，并讨论了一些支持实施政策的行动，如停止吸烟方案。

在鼓励国家卫生服务体系组织延伸到全面禁烟阶段的国家指导文件公布之后，高地地区国家卫生服务体系是否应当进行全面禁烟的问题仍然是论坛的一个争议性问题。各方表达了不同的意见。例如，一方面，一些成员觉得高地地区国家卫生服务体系应当向所有场所全面禁烟前进，因为指定吸烟区可能传递混淆不清的信息；然而，另一方面，一些人认识到全面禁烟令的潜在困难以及对患者和员工的压力，正如在实施该政策中存在困难一样。对这一问题进行了几次回访，但是始终没有得到解决，直到高地地区国家卫生服务体系卫生委员会在2006年6月的会议上单方面决定实行全面禁烟。

管理人员接着向APF通报，新的高地地区国家卫生服务体系全面禁烟政策将从2007年4月1日起正式生效，期待从员工方寻求积极支持。但是，员工方反对实施延伸政策。一些工会对员工方磋商原则和实行超出当前立法的全面禁烟令的可行性表示深度担忧。例如，Unison批评以卫生委员会为中心，不与工会磋商就制定政策，并表示如果不进一步磋商，他们不能支持该政策。在2007年3月16日举行的APF会议上，公共卫生主管出席并重申希望卫生委员会延伸到全面禁烟令，因为大多数其他国家卫生服务体系卫生委员会已经实行全面禁烟令。但是，员工方再次强调他们反对实施延伸政策，并向首席执行官致函，建议不参与实施。

尽管缺乏工会的支持，管理层仍然决定实施延伸政策，但是他们很快发现，没有员工方的承诺，这一问题无法取得进展。因此，2007年7月20日，APF会议再次回访这一问题。会议期间，首席执行官指出高地地区国家卫生服务体系不实施延伸的禁烟政策所面临的政治压力，并敦促员工方反思他们不参与该进程的决定。最终，员工方做出让步，同意重新参与这一进程。APF批准了最终确定的高地地区国家卫生服务体系烟草政策，于2007年9月1日起正式生效。

（二）大格拉斯哥与克莱德地区国家卫生服务体系

在大格拉斯哥与克莱德地区国家卫生服务体系中，卫生委员会会议讨论了禁烟政策。在2005年2月22日的会议上，卫生委员会批准向公众发布草案，以进行磋商。总体上，调查对象支持政策的法则和宗旨，但是担心它可能目标过于宏大并因此得不到有效实施。在全面磋商之后，大格拉斯哥与克莱德地区国家卫生服务体系的禁烟政策于2006年3月26日正式生效。政策进行了修订的，延伸到全面禁烟令，从2007年3月1日起正式生效。

该政策的磋商和实施过程绕过了APF。APF会议未对该问题进行任何实质性讨论。而且，卫生委员会选择了与员工、公众和代表群体——而不是与工会——进行直接磋商。APF会议对于为什么该政策绕过APF并直接进入公司管理团队提出关切，职工董事回复说，伙伴关系有不同的运行方式，一些群体制定了文件，并不一定要向APF提交。因此，这表明APF并非开展伙伴关系型工作的唯一场所，有时候，合伙关系会在大格拉斯哥与克莱德地区国家卫生服务体系里非正式地运行。

（三）毗邻地区国家卫生服务体系

自从2002年以来，毗邻地区国家卫生服务体系实施烟草政策，承诺使社区实现无烟环境。2004年，职业健康和安全论坛对政策进行评估，决定将现有政策另外延长两年。APF在2004年1月29日召开的会议上批准修订的政策，允许员工仅在指定区域吸烟。目前的政策从2006年以来一直保持不变，符合国家禁烟立法和关于国家卫生服务体系、地方当局和护理服务提供机构的国家指令，该指令要求国家卫生服务体系努力实现全面禁烟环境。

卫生委员会设立了一个专门的烟草政策组，审查吸烟问题。烟草政策组包括职业健康和安全论坛的所有成员以及来自诊疗委员会、支持服务、改善健康部门的其他代表，并为职工董事预留了一个席位。应当注意的是，2004年至2009年，毗邻地区国家卫生服务体系的烟草政策经过了三次修订，但是，APF会议未进行任何实质性讨论，决策权力被授予了直接向卫生委员会报告的烟草政策组。

(四) 解决问题的各种不同方式

尽管所有三个卫生委员会最终都实现了全面禁烟的环境，但磋商和实施过程各不相同。在高地地区国家卫生服务体系，管理人员在 APF 开展磋商程序，遇到来自工会的挑战。在这种情况下，管理人员尝试单方面实施政策，不让工会参与，但是发现很难取得成功。首席执行官的干预有助于解决纠纷，工会最终做出让步，承认管理团队面临的巨大政治压力。在大格拉斯哥与克莱德地区国家卫生服务体系，管理人员与员工、公众和其他专业群体进行了更加全面的磋商。该问题被认为有必要遵从法律，卫生委员会的会议进行了讨论。因此，APF 被排除在该问题之外。在毗邻地区国家卫生服务体系，主要是在职业健康和安全论坛对该问题进行讨论，APF 被排除在外。

三 停车费

2004 年 4 月，苏格兰政策发布指令，将停车费定义为地方决策，并授权国家卫生服务体系卫生委员会与工会合作，决定收费水平。作为回复，许多卫生委员会表现出收取停车费的强烈意愿。例如，仅在国家指令发布一个月之后，大格拉斯哥与克莱德地区国家卫生服务体系就宣布，逐步实施向员工、患者和公众访客收费，从 2005 年 4 月起生效。对于管理层方面来说，这一举动背后的主要原因包括，鉴于缺少停车位以及维护和管理停车系统的财政压力，有必要响应政府促进绿色出行和减少小汽车出行的指导方针。管理层团队期待可以利用停车费来抵销员工公共交通补贴和改善公共交通联系等举措。但是，该政策受到工会的强烈反对。例如，Unison 和 RCN 声称，这是向员工、患者和访客平添不公平的负担。而且，工会在一些国家卫生服务体系场所采取激进的劳工行动，例如，苏格兰 RCN 组织的"向停车费说不"运动，以及 Unison 进行的针对停车费雇员罢工行动。

应当注意的是，停车费一直是管理层与工会之间的一个典型争议问题，可能会危及苏格兰国家卫生服务体系伙伴关系型工作的未来发展。如表 7-7 所总结的，从 2004 年到 2008 年，苏格兰行政院进行了两次国家评估，在每次国家评估之后，都是管理层对停车费问题做出让步。由于最终取消了停车费，可以看出工会在这一纠纷中取得了成功，保护了成员的经济利益。这一问题是在伙伴关系型工作的职权范围内还是纯粹在卫生委员会层面上通过传统的激进劳工行动得以解决的，值得认真评估。

表7-7 苏格兰国家卫生服务体系停车费问题的发展里程碑事件

年度	主要事件
2004年	2004年4月1日，苏格兰行政院发布关于停车问题的新指导方针HDL（2004）19，代替2000年3月17日向苏格兰国家卫生服务体系颁布的初始指导方针。该指导方针将停车问题定义为负责国家卫生服务体系场所的地方国家卫生服务体系卫生委员会的地方决策问题。它规定了国家卫生服务体系卫生委员会对停车收费的基本原则，例如，在实施或实质性修订停车费之前，有必要与员工磋商，以及停车费产生的收入的使用
2007年	2月，当时的部长召集对停车费进行首次国家评估。此后，收费从每天12英镑减少到每天7英镑
2007年	3月14日，推出关于医院停车费的新指令HDL（2007）14。它代替了2004年4月1日向苏格兰国家卫生服务体系颁布的指令HDL（2004）19。它要求实行停车收费，或修订现有的停车费安排，始终是负责国家卫生服务体系场所的相应国家卫生服务体系卫生委员会的地方问题。此外，它规定了收费水平和给予患者、员工和访客的最低优惠
2007年	9月14日，设立了一个国家评估组，其职权范围是评估关于停车和收费问题的现有指令，重点是对员工的影响，特别是报酬较低的员工。评估组由SPF、苏格兰卫生委员会、志愿组织的代表、国家卫生服务体系卫生委员会主席和人力资源主管组成。这是医院停车费第二次受到高级别的审查
2008年	第二次全国范围内评估的结果促使进一步减少停车费，从每天最多7英镑减少到每天最高3英镑，从2008年1月起正式生效
2008年	9月11日，苏格兰政策宣布苏格兰大多数国家卫生服务体系的医院废除停车收费，从2008年12月31日开始正式生效

（一）高地地区国家卫生服务体系

在高地地区国家卫生服务体系，2006年9月，设立了一个停车评估组，其职权范围是处理围绕Assynt House和John Dewar Building的拥堵，并为卫生委员会管理的这些场所制定可持续的出行计划。员工方在较早阶段就参与其中，并与他们进行磋商。为减少对单人开车出行的依靠，磋商过程中提出了各种不同的方案，包括拼车、使用公共交通、自行车和步行。随后，设立了出行规划指导组，推动进程向前发展，并与员工方就计划进行广泛磋商。2007年1月19日，鉴于停车位的需求很可能超过了可利用的停车位数量，管理层方面提出对员工停车收费的计划。一点也不奇怪的是，工会代表声称员工方不能接受该提案。但是，他们承认有必要减轻关键场所的压力，并且很高兴与管理层方面进行讨论，探讨其他选择方案。2007年3月16日，在颁布关于停车收费的第二份国家指令HDL（2007）14两天之后，管理层方面重申对Assynt House和John Dewar Building停车收费的提案。与此同时，管理人员和工会共同制定了自行车租赁方案，为愿意骑自行车上下班的员工提供财务资助。该方案得到积极欢迎。但是，工会仍然反对收费。因此，2007年11月16日，APF宣布管理层做出让步，不再对John Dewar Building停车收费。但是，工会和管理人员将继续探讨可行的解决方案，以解决Assynt House进行停车问题。应当注意的是，首席执行官在这一问题中发挥了领导作用，为调查一些其他可能的选择方案，还组织了数次磋商。最终，为响应苏格兰政府关于停止对国家卫生服务体系场所停车收费的决定，从2009年1月1日起，高地地区国家卫生服务体系暂停对Assynt House进行停车收费。但是，工会和管理人员仍然共同合作管理停车系统，例如，监视系统的成本影响以及促进替代交通模式。

（二）大格拉斯哥与克莱德地区国家卫生服务体系

遵照关于停车收费的国家指令HDL（2004）19，大格拉斯哥与克莱德地区国家卫生服务体系卫生委员会于2004年5月18日宣布了它对格拉斯哥地区8家医院实行停车收费的计划。在与员工方进行几次磋商之后，APF艰难地批准了停车政策，从2005年4月起正式生效。2007年2月8日，大格拉斯哥与克莱德地区国家卫生服务体系决定进一步对大格拉斯哥地区的主要医院实行停车收费。工会对这一措施表示深度关切。在2007年3月29日召开的APF会议上，员工方提议，为响应成员的抱怨，暂停当前的停车政策。但是，管理层方面认为，根据最近关于停车收费的国家指令HDL（2007）14，适用于大格拉斯哥与克莱德地区国家卫生服务体系的政策是合法的。尽管他们同意对特定的实施问题进行评估，如，收费水平、对医院定期就诊者和加班员工的影响，但人们普遍认为，工会和卫生委员会不可能就收费原则达成共识。该问题接着被提到论坛战略会议的议程上。但是，结果表明，工会被排除在评估过程之外，仅通过一份核心简报向其通报评估的结果。因此，管理人员处理这一问题的方式触发了严重冲突。

2007年6月11日，在巨大的政治压力之下，为响应患者和报酬较低员工的抱怨，大格拉斯哥与克莱德地区国家卫生服务体系卫生委员会决定减少一些主要医院的停车费。在详细评估之后，最初的每天最多12英镑停车费减少到每天7英镑。但是，工会对卫生委员会做出的让步并不满意。在2007年6月21日召开的APF会议上，员工方再次对于未参与停车评估程序表示深度关切，并质疑卫生委员会对伙伴关系型工作的承诺。此外，他们努力与管理人员讨论在卫生委员会的所有地区实施停车收费是否有灵活性。但是，管理层方面坚持独断态度，首席执行官明确表示，"不对收费原则进行评估或辩论"。人力资源主管也表示，对政策实施的评估不必回到APF进行讨论，正如人力资源主管所述：

> 因此，期待合作伙伴同意收费水平和可能被视为表示接受该原则的其他实施问题既不会带来成效，也是不合适的。（人力资源主管，大格拉斯哥与克莱德地区国家卫生服务体系）

让工会更加失望的是，管理层在工会结构之外与员工群体召开了非正式会议，员工成员、地方社区和地方交易商参与了会议，讨论问题并向苏格兰政府提交报告。这种战术被认为限制了工会的影响力，增加了管理层的自由裁量权（Oxenbridge & Brown, 2002）。

面对这一形势，工会地区重申，大格拉斯哥与克莱德地区国家卫生服务体系卫生委员会向员工收取停车费是不可接受的，他们别无选择，只能诉诸激进的劳工行动。2007年8月24日，苏格兰RCN启动"向停车费说不"运动，呼吁国家卫生服务体系卫生委员会停止对其区域内的所有国家卫生服务体系场所收费，并敦促苏格兰政府取消收费。2007年9月12日，Unison威胁计划征募大格拉斯哥与克莱德地区国家卫生服务体系雇用的员工就停车收费采取罢工行动。正如Unison的一名官员所述：

> 成员们对这些收费非常愤怒，对于他们的雇主拒绝听他们说话甚至

更加愤怒。(工会代表，大格拉斯哥与克莱德地区国家卫生服务体系)

另一名工会代表称：

> 大格拉斯哥与克莱德地区国家卫生服务体系卫生委员会向员工收停车费是不可接受的，而更加令人失望的是，管理层方面在很大程度上无视工会对这一问题的态度，工会没有参与到决策程序中来。(工会代表，大格拉斯哥与克莱德地区国家卫生服务体系)

鉴于工会方的强硬态度以及一些议会公众关切问题[1]，2007年9月22日，大格拉斯哥与克莱德地区国家卫生服务体系决定推迟实行应于2007年12月开始的医院停车收费。但是，卫生委员会强调，它仍然致力于未来"全面实施"该政策。即使如此，工会对这一决定表示欢迎，认为它是管理人员就这一问题与工会进行开放谈话的一个突破。

在对停车收费进行第二次国家评估之后，苏格兰政府决定，作为最后手段，苏格兰大部分医院每天最多收取3英镑的停车费，从2008年1月起正式生效。工会对这一决定表示"慎重欢迎"，但仍然认为3英镑的收费是"对患者征税"，是不能接受的。最终，国家卫生服务体系卫生保健场所从2008年12月31日取消停车收费。

(三) 毗邻地区国家卫生服务体系

不同于高地地区国家卫生服务体系和大格拉斯哥与克莱德地区国家卫生服务体系，毗邻地区国家卫生服务体系目前不对任何场所收取停车费。卫生委员会设立了一个停车组，其职权范围是评估组织的停车需求，特别是毗邻地区综合医院。意向组的任何建议都直接提交卫生委员会，因此，APF没有对停车问题进行任何讨论。

(四) 解决问题的各种不同方式

停车费如果得不到适当解决，是可能危及苏格兰国家卫生服务体系伙伴

---

[1] 一个典型事件是2007年9月14日苏格兰政府下令进行的国家卫生服务体系医院的停车费评估。

关系未来发展的最具争议的问题之一。结果表明，苏格兰国家卫生服务体系的工会确实对管理层决策程序有着巨大的影响力，因为苏格兰政府最终废除了该政策。问题是：改变政策的决定实际上是取决于伙伴关系型工作还是取决于传统的对抗性劳工行动？高地地区国家卫生服务体系和大格拉斯哥与克莱德地区国家卫生服务体系解决这一问题的方式给出了不同的答案。

应当注意的是，在实施停车收费时，高地地区国家卫生服务体系和大格拉斯哥与克莱德地区国家卫生服务体系都遇到了来自工会的严厉反对。但是，在高地地区国家卫生服务体系，管理人员和工会定期参与讨论并开放地讨论解决问题的其他方式。尽管在这一问题上面的谈判行为似乎比许多其他问题更加激进和强硬，但没有任何一方离开谈判桌。最终，工会成功地使管理层方面的决策进程放慢速度，使管理人员放弃最初的计划，直到苏格兰政府取消政策。与之相反的是，在大格拉斯哥与克莱德地区国家卫生服务体系，工会尝试在APF范围内就政策进行谈判，但是采取了一种非常激进和挑战的方式。尽管如此，管理人员坚持实施该政策。伙伴关系的方式被抛弃到一边，因为管理人员将工会排除在问题之外，拒绝在APF讨论该问题。因此，工会决定采取劳工行动，惊动了苏格兰卫生部长。由于政治压力，政策最终被废除，表明在伙伴关系型工作不起作用时，传统的劳工行动很可能为工会及其成员带来实质性的益处。

四 财政赤字

苏格兰政府为所有卫生委员会制定了三个财政目标：在既定税收预算范围内运行；在既定资本预算范围内运行；在既定现金分配范围内运行。正如前文所讨论的，自从2007年削减预算以来，苏格兰国家卫生服务体系卫生委员会的金融环境一直在变化之中。因此，为达到收支平衡点，地区国家卫生服务体系卫生委员会必须削减开支和找到节约方式。本节将分析工会如何与管理人员合作，通过合作伙伴协议解决财政赤字问题。

（一）高地地区国家卫生服务体系

2005~2006年，卫生委员会遇到了一些财政问题，其财政状况从预期的400万英镑盈余下降为100万英镑的赤字。为处理这一财政赤字，管理人员不得不在对一线患者服务影响最小的领域削减开支。在这种情况下，管理人员认识到与工会的伙伴关系型工作的巨大价值，他们提议将节约财政问题作为一个长期问题列入 APF 的议程，希望员工方能够参与这一进程。正如首席运营官所指出的：

  一旦确定更加详细的提案，APF 是就该问题进行详细讨论的最适当的论坛，各级员工和各个地点都将发挥作用。（首席运营官，高地地区国家卫生服务体系）

作为回复，论坛同意审议信息并提出改善形势的建议。论坛进行了进一步的讨论，成员达成共识，认为有必要向外传递信息，即员工能够做出巨大的贡献。为向员工传播财政信息，论坛使用了各种不同的手段，例如，通过小组信息更新、情况通报会议、巡回宣传以及与员工代表召开讨论会。最终，依靠非经常性节约额，高地地区国家卫生服务体系成功地为 2005/2006 财政年度平衡了预算。但是，对高地地区国家卫生服务体系来说，2006/2007 年度的财政挑战更大，预计预算赤字为 1540 万英镑。卫生委员会认识到，可利用来进行适当分配的非经常性资源远远不够。因此，有必要明确经常性节约额，这意味着将给业务单位和公司服务带来不可避免的压力。财政部门建议通过三个方面处理财政赤字，涉及技术审计方面、非经常性节约额以及考虑到重新设计服务和变革整体业务系统的节约计划。为实施节约计划，管理人员承认需要进行文化变革，员工参与进程将是至关重要的。正如财政主管所称的：

  任何财政计划只有运用伙伴关系原则才能奏效，并且要求吸取员工的详细知识和建议。（财政主管，高地地区国家卫生服务体系）

最后，依靠成功实施财政节约计划，高地地区国家卫生服务体系到年底实现了 2006/2007 财政年度的收支平衡。有证据表明，员工为高地地区国家卫生服务体系实现财政目标贡献了许多宝贵的建议。例如，关于服务的重新设计，员工方会议上确定了许多领域，包括采购、拖延出院以及关闭事故和急救部门的短暂停留设施。员工还建议考虑变革非患者影响领域，例如，将助听器的财政分组从收入转到资本。而且，员工提出了一项节能运动，建议晚上关闭计算机监视器。

（二）大格拉斯哥与克莱德地区国家卫生服务体系

自从2003年以来，APF定期报告财政问题。应当注意的是，自从实施 Arbuthnott 公式①以来，大格拉斯哥与克莱德地区国家卫生服务体系的财务状况已经发生变化。因此，大格拉斯哥与克莱德地区国家卫生服务体系不再是"获利者"，相反，其损失巨大。例如，2003/2004财政年度，大格拉斯哥与克莱德地区国家卫生服务体系的财政资金比预期金额少1100万英镑。考虑到财政挑战，管理人员和工会代表都同意有必要向员工通报卫生委员会所面临的财政形势。关于向员工传达财政状况的最佳方式，他们考虑了不同的方案，包括由首席执行官召开简报会议、视频介绍以及员工简报。

尽管管理人员认识到将财政状况告知员工的重要性，但员工方并没有被告知这一问题。鉴于苏格兰行政院推动的许多新举措需要额外成本，卫生委员会决定利用非经常性资金来实现收支平衡。在未与工会磋商的情况下，在APF会议上宣布了这一决定。后来，在2003年12月1日召开的APF会议上，员工方获悉管理人员决定修改育婴假政策，以实现更加折中的方案。同样的是，其事先没有与工会进行磋商。

2004/2005财政年度和2005/2006财政年度，APF都没有提出财政赤字问题。2006/2007财政年度，在部分并购了国家卫生服务体系 Argyll 和 Clyde 之后，卫生委员会的财政赤字达到3100万英镑。为解决这一问题，财政部门提出了"制定 Clyde 成本节约计划"。节约计划向论坛提交，员工方受邀参与这一进程。但是，论坛上似乎没有与工会进行任何实质性讨论，决策进程总体上沿袭了由管理人员向APF通报所已经做出的决定这一老路。

（三）毗邻地区国家卫生服务体系

鉴于苏格兰国家卫生服务体系中央当局推动的举措增加使财政气候收紧并持续带来挑战，自从2008年以来，毗邻地区国家卫生服务体系实行了一项为期3年的战略变革方案。该方案的一个中心主题是在强调有必要

---

① Arbuthnott 公式是一种通过评估国家卫生服务体系各个卫生委员会所覆盖区域的人口、不平等以及匮乏情况等关键指标，为医院和社区卫生服务及诊断划拨中央资金的计算方法。

大力节约的财政框架范围内为货币服务提供价值。方案包括六个工作流①，每一个工作流都独立地作为一个项目进行管理。应当注意的是，职工董事领导改善效率、减少浪费部分。该部分是一项为期1年的运动，使所有员工能够通过提供关于如何在工作场所范围内节约的建议而参与进来。但是，结果表明，这部分的大多数工作是在APF以外进行的。没有向论坛递交任何进一步的报告，APF也没有围绕这一问题进行任何实质性讨论。

在这六个工作流中，向APF定期报告的只有节约业务预算。该工作流旨在通过为毗邻地区国家卫生服务体系各个诊疗卫生委员会和公司服务制定经常性和非经常性目标，寻找一切机会减少成本和实现资源节约。但是，没有证据表明管理人员使员工参与进来或与工会代表进行磋商，至少是没有通过APF。

总体上，在讨论诸如财政规划和节约等战略问题时，似乎没有调动APF。而且，论坛没有讨论一些明显会对员工产生重大影响的问题。例如，战略变革方案的一项主要目标是评估人员编制模式和重新设计招聘程序，以保留技能纯熟的员工队伍。管理人员没有在APF内与员工方磋商就采取行动，减少招聘广告成本并在医院利用新的工作量规划工具。

（四）解决问题的各种不同方式

鉴于财政环境收缩，所有三个卫生委员会在实现财政目标方面都面临巨大压力，管理人员为解决这一问题而寻求工会的合作。但是，在这三个卫生委员会之间，联合工作的过程和最终结果各不相同。在高地地区国家卫生服务体系，管理人员向雇员传递财政问题并在APF公开讨论这一问题。管理人员使用了多种方法与员工沟通，包括通过内联网、杂志和通讯稿进行沟通。此外，管理人员重视员工提出的好思路的所有权，这反过来激励他们做出更大贡献。管理人员的开放态度得到了工会的充分尊重。APF积极参与处理财政问题的进程，并在解决沟通、提出思路和员工治理方面的问题中发挥重要作用。管理人员和工会联合解决组织挑战的方式有助于组织的成功，这又反过来加强了各方对伙伴关系型工作的承诺。而且，对于雇员来说，一个

---

① 这六个工作流是：改善效率、减少浪费；生产力和基准管理；节约业务预算；一体化卫生战略；持续的改善；可持续的人力。

潜在的收益是管理人员选择通过节约计划或重新设计服务而不是通过裁员来解决财政赤字。正如职工董事所述的，"卫生委员会没有走向实行裁员的道路"。

因此，高地地区国家卫生服务体系的案例提供了关于伙伴关系型工作的一个非常好的例子，说明管理人员和工会共同努力，实现了组织成功。应当注意的是，良好的沟通和相互尊重对于管理层与工会维持良好合作至关重要。与之相反的是，大格拉斯哥与克莱德地区国家卫生服务体系的管理人员认为解决财政问题是管理层的特权，工会没有实质性地参与决策进程。在毗邻地区国家卫生服务体系，管理人员认识到如果他们能够共同讨论财政问题，工会和雇员能够做出重要贡献。但是，关于财政问题的讨论和行动没有通过 APF 进行。与其他两个卫生委员会相比，毗邻地区国家卫生服务体系的伙伴关系型工作似乎更加非正式。

第四节 概述和结论

伙伴关系的倡导者认为，伙伴关系型工作能够为管理层和工会带来双赢。他们认为，通过从雇员那里获得更大的贡献，促进组织变革，以实施最终可能与提高绩效相联系的高质量举措，管理层应能够从伙伴关系型工作中受益（Guest Peccei, 2001; Marchington & Wilkinson, 2005; Oxenbridge & Brown, 2004）。从工会的角度看，他们认为，合作伙伴的同意有助于发展磋商程序，能够增加工会参与决策进程的机会。此外，它还可能为工会提供更多的机会，向管理层决策进程施加影响力，并为成员获得实质性利益，例如，更好的员工关系以及合同条款的协调，更大的话语权和就业保障（Guest & Peccei, 2001; Oxenbridge & Brown, 2004）。

在本研究中，上述分析表明，在三个案例中，伙伴关系型工作程序中产生了实质性益处。但是，在三个 APF 之间，所产生的实质性益处以及管理层和工会之间实现双赢的程度各不相同。与其他两个卫生委员会相比，高地国家卫生服务体系 APF 相对较多地参与了管理层决策进程，效率更高，从 2005 年 2 月到 2009 年 9 月，论坛共在 35 次合作伙伴会议上做出 376 项决定（平均每次会议 12 项决定）。与之相对照的是，2003 年 1 月到 2009 年 11 月，大格拉斯哥与克莱德地区国家卫生服务体系 APF 在 50 次合作伙伴会议上做出了 242 项决定（平均每次会议 5 项决定），2004 年

1月到2009年8月，毗邻地区国家卫生服务体系APF在26次合作伙伴会议上做出了150项决定（平均每次会议5项决定）。此外，正如图7-10所示，在高地地区国家卫生服务体系的所有决定中，几乎1/5的决定是改善政策，它们为管理层和工会都带来了实质性的改变和改善，表明与其他两个APF相比，高地地区国家卫生服务体系APF对管理层决策有着更大的影响力。而在大格拉斯哥与克莱德地区国家卫生服务体系，所有决定中有2/5以上（44%）是让合作伙伴参与讨论，但是它们很少为双方带来积极成果（在所有决定中，只有7%是改善决定）。这表明大格拉斯哥与克莱德地区国家卫生服务体系的工会更多的是参与关于各种不同问题的范围更为广泛的讨论，但是其对管理层决策进程的影响力少于高地地区国家卫生服务体系的同行们。在毗邻地区国家卫生服务体系，鉴于APF所有决定中有2/5强（41%）是同意管理层的提案或赞同国家当局下达的政策，APF对于管理人员来说是一个分享信息和从APF寻求赞同的更佳场所。工会没有参与重大问题，几乎没有对管理层决定施加影响力。

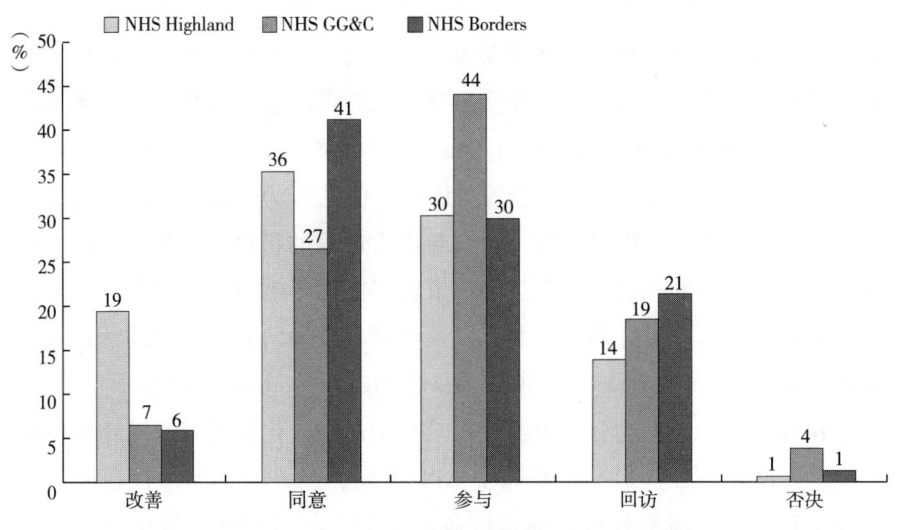

图7-10 三个APF的合作伙伴会议成果比较

从为管理层、工会和雇员带来益处的角度看，可以得出结论认为，在三个卫生委员会里，合作伙伴达成一致意见带来了实质性的益处。但是，一些卫生委员会比其他委员会取得了更加积极的成果，在个案例之间益处的分配各不相同。高地地区国家卫生服务体系APF在三个APF中取得了最稳健的结果。大格拉斯哥与克莱德地区国家卫生服务体系 APF 排在第二位，而毗邻地区国家卫生服务体系 APF 为合作伙伴实现的益处最少。高地地区国家卫生服务体系的管理人员在推动组织变革、实施国家政策和实现绩效目标时得到了工会的支持。对于工会来说，其在较早阶段就参与了管理层的决策进程，并就更广泛的问题施加了更大的影响力。对于雇员来说，他们能够获得更好的合同条款，最重要的是更大的就业保障。

考虑到与这三个卫生委员会相关的内部背景问题和业务特征，本章的研究结果具有几个重要意义。将高地地区国家卫生服务体系 APF 与大格拉斯哥与克莱德地区国家卫生服务体系 APF 以及毗邻地区国家卫生服务体系 APF 进行比较，研究结果表明，工作场所拥有强大的工会组织确实是合作伙伴关系繁荣发展的一个前提条件（Oxenbridge & Brown，2004）。但是，比较高地地区国家卫生服务体系 APF 和大格拉斯哥与克莱德地区国家卫生服务体系 APF，结果还表明，强大的工会组织不一定会促使为合作伙伴带来稳健的结果。尽管大格拉斯哥与克莱德地区国家卫生服务体系的工会力量强于高地地区国家卫生服务体系的工会，大格拉斯哥与克莱德地区国家卫生服务体系对抗的劳资关系传统以及工会代表在合作伙伴磋商过程中的挑战行为使决策放慢，为伙伴关系有效运行并产生积极结果带来了制约。与之相对照的是，高地地区国家卫生服务体系 APF 的案例表明，在良好劳资关系传统的背景下，管理层的有力承诺以及工会与管理层在公开环境下的合作能够为双方带来实质性益处。

第八章 对合作型劳资关系的总结探讨与结论

本书对苏格兰国家卫生服务体系下的合作伙伴协议经验进行了回顾，具有以下特点。第一，研究侧重于外部背景相似的一个部门，允许比较在不同制约条件下运作的组织。第二，鉴于更加强有力的政治承诺和苏格兰政府的支持，苏格兰国家卫生服务体系合作伙伴协议显著不同于私营部门和英国国家卫生服务体系合作伙伴协议。第三，研究为合作伙伴从多个方面叙述了三个卫生署的合作伙伴协议并分析了它们的外部和内部背景、运作、演变及成果。第四，研究基于纵向研究方法进行了比较案例研究，这在英国关于合作伙伴的文献中是比较少见的（Guest & Peccei, 2001; Kelly, 2004）。

本章旨在对研究进行总结并说明它们如何与合作伙伴关系方面更广泛的文献相关。第一节概述了研究结果，以探讨第二章提出的研究问题。第二节思考了研究结果对关于合作伙伴关系的辩论的意义。最后，本章在结束前提出了一些实践建议以及对本领域未来研究的启示。

第一节 研究结果概述

本书的总体宗旨是调查苏格兰国家卫生服务体系的劳资合作伙伴关系。在现有关于合作伙伴关系的文献指导下，本书通过拟定包括背景、运作、演变和成果在内的四个主要主题，尝试探讨这一问题。本节旨在按照与本书实践章节相同的顺序报告研究结果和结论。

一 合作伙伴关系的背景

本书的第一项目标是研究三个卫生署合作伙伴协议的背景及其对合作

伙伴关系动态变化的潜在影响。我们顺着两条思路进行分析。首先，深入分析影响合作伙伴关系的采用及发展的外部背景。它们包括政治背景、政策环境、财务环境、国家卫生服务体系政策的现代化议程。其次，系统地比较三个卫生署的内部组织背景，以突出显示差异并确定可能促进或制约合作伙伴协议发展的特征。它们包括地理和人口背景、组织结构和规模、劳资关系的传统和工会组织及其力量。

分析中第一部分的关键研究结果显示，政治权力下放对苏格兰国家卫生服务体系中合作伙伴关系的发展具有重要意义。它表明苏格兰国家卫生服务体系合作伙伴协议根源于苏格兰扩大自治权之后的独特形势，当时，苏格兰行政院卫生部建立了在欧洲大陆地区更为常见的劳资关系协议（Bacon & Samuel，2010）。政治权力下放触发了意料之外的和现在属于非典型的员工参与苏格兰国家卫生服务体系的途径，以及与英国卫生服务改革形成鲜明对比的劳资关系途径（Bacon & Samuel，2010）。而且，政治权力下放还创造了比较宽松的环境，通过为苏格兰国家卫生服务体系的运作增加政治自治程度和财政灵活性，促进了苏格兰国家卫生服务体系的合作伙伴举措。利用这些协议，苏格兰政府能够与卫生署和工会密切合作，通过共同致力于协调服务，而不是通过市场驱动的改革，改善卫生服务（Greer & Trench，2008）。在政治权力下放之后，苏格兰国家卫生服务体系制定了清晰的现代化议程，它实际上要求工会参与组织重组和人力资源改革。正是在这些背景下，苏格兰国家卫生服务体系建立了实现国家卫生服务体系现代化的独特合作伙伴途径，兼备更广泛的政治共识、更加基于立法的员工参与以及合作型的劳资关系，不同于英国其他大多数合作伙伴协议（Bacon & Hoque，2012）。

分析中第二阶段的研究结果表明三个卫生署之间的内部组织各不相同。高地地区国家卫生服务体系的相关特征包括人口统计和组织中等规模、强大的工会组织以及良好的合作型劳资关系传统。大格拉斯哥与克莱德地区国家卫生服务体系由于为格拉斯哥地区最多的人口服务，因此拥有最复杂的组织结构和最大的规模。卫生署的劳资关系可以基于它的传统被形容为"冲突性的"。此外，工会较好地嵌入卫生署，工会的权力似乎是这三个案例中最强大的。毗邻地区国家卫生服务体系是最小的卫生署。毗邻地区国家卫生服务体系工会的组织和力量是三者中最弱的。在这种情况下，管理人员觉得没有必要与工会合作。

二 合作伙伴关系的运作

本书的第二项目标是调查三个卫生署的合作伙伴关系运作情况。为探讨这一问题，研究侧重于四个关键方面，包括合作伙伴关系结构、议程、参与者的话语权以及行为。

第一个方面涉及合作伙伴关系的结构。在苏格兰国家卫生服务体系里，合作伙伴协议是在国家、地区/署和地方/社区卫生合作伙伴层面上法律授权的。在本研究中所分析的三个卫生署里，各卫生署都在地方双边基础（雇主－工会）上复制了国家合作伙伴关系结构，包括地区合作伙伴论坛和员工治理委员会，各卫生署还选举产生了职工董事。这一部分的关键研究结果表明，尽管它们是在类似的外部环境下建立的，三个卫生署的地区合作伙伴论坛的组成及合作伙伴召开会议的频率根据各个卫生署的特定劳资关系传统而各不相同。在管理人员与工会历史上一直保持良好关系的高地地区国家卫生服务体系，召开合作伙伴会议的频率是三者中间最高的，工会代表占出席地区合作伙伴论坛总人数的1/3。大格拉斯哥与克莱德地区国家卫生服务体系的地区合作伙伴论坛规模最大，工会代表占出席地区合作伙伴论坛总人数的将近3/5。这与该卫生署所服务的人口统计规模最大以及组织内部工会的强大有关。相反，毗邻地区国家卫生服务体系的地区合作伙伴论坛规模最小，工会代表占出席总人数的比例最低。其召开合作伙伴会议的频率也是三个地区合作伙伴论坛中最低的。这与该卫生署规模最小以及管理人员不愿意与工会合作有关。

第二个方面是关于合作伙伴关系的议程范围。评论家们认为，议程范围更加广泛，再加上运作和战略层面上良好嵌入的结构，有可能带来更加积极的成果（O'Dowd & Roche, 2009）。本节的关键研究结果表明，高地地区国家卫生服务体系的地区合作伙伴论坛具备更广泛的合作伙伴议程，均衡地涵盖了战略和运作问题，大格拉斯哥与克莱德地区国家卫生服务体系的地区合作伙伴论坛则表现出更侧重于战略问题，而薪酬问题似乎是毗邻地区国家卫生服务体系的地区合作伙伴论坛的主要关切。

第三个方面是关于参与者的话语权。大家普遍认为，合作伙伴磋商会议中不同方之间的话语权分配可能意味着合作伙伴运行中一定的权力平衡，它最终将影响潜在的利益流动（Katz et al.，2008；Kelly，2004）。该方面的研究结果表明，鉴于工会在其卫生署的权力最大，大格拉斯哥与克莱德地区国家卫生服务体系的工会在三个地区合作伙伴论坛中享有最强的话语权。在高地地区国家卫生服务体系里，高级经理、管理方和员工方之间均衡分配话语权。此外，高地地区国家卫生服务体系的高级经理积极参与地区合作伙伴论坛并领导关于许多问题的讨论。与这两个卫生署形成鲜明对比的是，毗邻地区国家卫生服务体系地区合作伙伴论坛的工会话语权是最弱的。毗邻地区国家卫生服务体系的地区合作伙伴论坛似乎缺乏高级经理的认同，讨论由管理方主导。

第四个方面是关于参与者的行为。合作伙伴关系的倡导者认为，为维持合作伙伴关系，所有参与者都必须积极互动。而且，诸如以公开和诚实的方式分享信息、规划和解决问题等合作行为很可能会带来更加稳健的合作伙伴关系，这有助于为管理层和工会创造积极的成果（Kochan & Osterman，1994；Oxenbridge & Brown，2002）。这一部分的关键研究结果表明，三个地区合作伙伴论坛之间的行为模式各不相同。高地地区国家卫生服务体系地区合作伙伴论坛非常合作，合作行为占行为总数的2/5以上。大格拉斯哥与克莱德地区国家卫生服务体系地区合作伙伴论坛似乎是最激进的论坛，挑战和冲突行为占行为总数的将近1/5。应当指出的是，大格拉斯哥与克莱德地区国家卫生服务体系的员工方占消极行为总数的3/5以上。在毗邻地区国家卫生服务体系里，论坛的一项重要职能是分享信息，行为总数中有3/5是寻求和提供信息。

三 合作伙伴关系的演变

本书的第三项目标是关于在苏格兰国家卫生服务体系深刻的组织重组和启动现代化议程背景下，三个卫生署合作伙伴协议的演变。为探讨这一问题，第六章论述了随着时间的推移，三个地区合作伙伴论坛合作伙伴结构、议程、参与者话语权及行为的变化。

从合作伙伴关系的结构看，关键研究结果表明，在国家指令的相同外部环境下，所有三个地区合作伙伴论坛都推动了重组。重组之后，在所有三个地区合作伙伴论坛里，合作伙伴会议的频率和工会代表在地区合作伙伴论坛所占比例都有所增加。但是，应当注意到的是，在三个案例当中，重组的过程各不相同。在高地地区国家卫生服务体系，合作伙伴协议的发展是论坛的一个占主导地位的问题。高级经理和工会官员都认为有必要彼此发展长期合作伙伴关系。尽管论坛在将合作伙伴基础设施扩展到新建立的社区卫生合作伙伴中时遇到了少数中层管理人员的反对，管理人员和工会代表为成功地解决这一问题，以一种开放的态度共同努力。在大格拉斯哥与克莱德地区国家卫生服务体系，由于工会在组织内部有强大力量，重组没有遇到来自中层管理人员的任何反对。工会的合作伙伴重组提案得到高级经理的全力支持，得到平稳实施。与之形成鲜明对照的是，在毗邻地区国家卫生服务体系里，合作伙伴的重组遇到了中层管理人员的强烈反对。职工董事的合作伙伴重组提案被地区合作伙伴论坛驳回，管理人员普遍认为没有必要进一步确定合作伙伴协议。

从合作伙伴议程看，议程的演变反映了各个卫生署的重组目标。在高地地区国家卫生服务体系，合作伙伴协议重组的中心目标是使论坛在战略上更加有所侧重。结果表明它成功地实现了这一目标，因为自重组以来，诸如现代化和员工规划与发展等问题得到了更多的注意。在大格拉斯哥与克莱德地区国家卫生服务体系，重组的一项目标是在地区合作伙伴论坛会议上讨论各种不同的问题，使一些会议侧重于战略问题，另一些会议则侧重于运作问题。结果表明这一目标也能够得到实现，因为自重组以来，运作问题已经增加。相反，毗邻地区国家卫生服务体系的重组对于改革议程没有任何明确的期望，因此，在重组之后，合作伙伴议程没有任何重大变化。

从参与者话语权来看，研究发现，在高地地区国家卫生服务体系，由于地区合作伙伴论坛在重组之后更加侧重于战略，高级经理的意见分量显著增加。同时，员工方代表在论坛的话语权保持稳定。在大格拉斯哥与克莱德地区国家卫生服务体系，由于在重组之后，地区合作伙伴论坛强调战略和运行问题的同等重要性，管理层代表的话语权增加。同时，在毗邻地区国家卫生服务体系地区合作伙伴论坛，自重组以来，尽管员工代表的意见分量随着时间的推移略有增加，但幅度非常有限。这表明毗邻地区国家卫生服务体系地区合作伙伴论坛在重组之后，继续由毗邻地区国家卫生服务体系的管理层一方控制。

最后，从参与者的行为看，本分析部分的关键研究结果表明，高地地区国家卫生服务体系地区合作伙伴论坛的行为模式在重组之后发生了改变，而大格拉斯哥与克莱德地区国家卫生服务体系地区合作伙伴论坛和毗邻地区国家卫生服务体系地区合作伙伴论坛的行为模式则没有太多变化。值得注意的是，高地地区国家卫生服务体系存在一个明显的趋势，即运作从积极的联合解决问题的方式转变为更加侧重于在论坛里交流信息的方式。

四 合作伙伴关系的成果

本书的第四项目标是关于合作伙伴协议对于管理层、工会和员工来说所取得的成果。分析沿着三条思路进行。首先，利用 Bacon and Samuel（2010）、Bacon and Hoque（2012）得出的框架，对三个地区合作伙伴论坛的合作伙伴会议总体成果进行分析。分析中第一部分的关键研究结果表明，高地地区国家卫生服务体系地区合作伙伴论坛的合作伙伴成果比其他两个地区合作伙伴论坛的成果更加积极。在高地地区国家卫生服务体系，将近 1/5 的决定都是完善政策，它们为管理层和工会带来了实质性的变化和改善，表明高地地区国家卫生服务体系地区合作伙伴论坛比其他两个地区合作伙伴论坛对管理层的决策具备更大的影响力。在大格拉斯哥与克莱德地区国家卫生服务体系的所有决定之中，超过 2/5 都是促使合作伙伴参与讨论，但它们几乎没有为双方带来积极成果。在毗邻地区国家卫生服务体系，地区合作伙伴论坛似乎是管理人员分享信息和寻求地区合作伙伴论坛认可的场所，而不是管理层与工会磋商或使工会参与决策程序的平台。

其次，对具体类别的议程取得的成果以及为管理层、工会和雇员带来的收益进行分析。分析结果表明，高地地区国家卫生服务体系地区合作伙伴论坛在涵盖一体化、薪酬和人力规划等许多问题上面对管理层的决策施加了重大影响。它还比其他两个卫生署带来了更加实质性的益处。详细地说，高地地区国家卫生服务体系的管理人员在推动组织变革、实施国家政策和实现绩效目标方面获得了工会的支持。对于工会来说，它们在很早的阶段就参与管理层的决策程序，并且在范围更加广泛的问题上面施加了更大的影响。对于雇员来说，他们能够获得更好的合同条款，而且，最重要的是，更好的就业保障。大格拉斯哥与克莱德地区国家卫生服务体系主要侧重于包括现代化和员工规划与发展在内的战略问题，超过7/10的决定都是关于这些问题。但是，结果表明，工会仅参与了讨论这些问题，而不是真正影响战略性的管理层决定。在三个卫生署里，毗邻地区国家卫生服务体系地区合作伙伴论坛为工会和雇员带来的益处最少。

最后，本书侧重分析了从三个地区合作伙伴论坛的一些共同议程中挑选出来的四个关键问题，并分析了如何提出、讨论、解决问题并通过合作伙伴协议为所有合作伙伴带来益处。研究结果表明，在为所有合作伙伴带来实质性益处的高地地区国家卫生服务体系，所有问题都是以公开方式提出和讨论的，工会代表在很早的阶段就参与其中。在大格拉斯哥与克莱德地区国家卫生服务体系，工会几乎在每个问题上都对管理层提出质疑。大格拉斯哥与克莱德地区国家卫生服务体系的停车费案例表明卫生署合作伙伴运行的风险和不稳定性，当管理层和工会无法达成一致意见时，合作伙伴的途径被弃之不顾。在合作伙伴成果似乎很浅的毗邻地区国家卫生服务体系，解决大多数问题仍然是管理层的特权。对特定问题的讨论基本上绕开了地区合作伙伴论坛，仅仅将结果告知论坛。

第二节 探讨

关于合作伙伴的文献认为合作伙伴进程非常重要（Boxall & Purcell, 2003; Guest & Peccei, 2001; Johnstone et al., 2009; Martinez - Lucio & Stuart, 2004; Oxenbridge & Brown, 2004）。研究人员确认了一些关键的合作伙伴做法，认为它们与"健全的"或"松散的"的合作伙伴协议相关，包括合作伙伴结构、议程、话语权和参与以及行为等方面（见表2-3）。一些好的做法被认为促使建立了有效的合作伙伴模式，例如，高级经理参与和承诺合作伙伴的运行（Samuel, 2007），定期和高频率的磋商会议（Oxenbridge & Brown, 2004），工会较早参与涵盖战略和工作场所问题的范围更加广泛的议程（Oxenbridge & Brown, 2004; Samuel, 2007），以及更大限度地分享信息、计划和问题（Bacon & Samuel, 2010）。但是，这些论点是在不同部门和组织背景下通过单一案例研究得出的。有必要进行更具比较性的"部门公司"案例研究，以系统地评估合作伙伴进程及成果（Johnstone et al., 2009）。因此，本研究挑选了苏格兰卫生服务部门的三个卫生署，分析了它们在政治权力下放背景下合作伙伴的运作、演变和成果。可以从研究中得出一些关于合作伙伴进程的重要启示。

一 是否能够实现双赢？

在英国，关于合作伙伴关系的辩论核心在于是否可实现双赢的感知利益（Guest & Peccei，2001；Kelly，2004）。近期的实证研究表明，可以保证实现双赢，但是受到一些不同力量的制约，包括政治和法规背景、经济和组织因素、管理层和工会建立合作伙伴关系的法则，以及实施合作伙伴协议的方式（Heery，2002；Heery et al.，2005；Stuart & Martinez - Luico，2005；Samuel，2007；Wills，2004）。而且，学者们认为，在更加积极的环境下启动的合作伙伴协议比劳资关系危机中产生的合作伙伴协议更有可能为管理层和工会带来双赢（Kelly，2004；Oxenbridge & Brown，2004；Samuel，2007）。苏格兰国家卫生服务体系的合作伙伴协议是在一个更加有利的环境下产生的，并且在国家层面上为苏格兰政府、国家卫生服务体系雇主和工会带来了实质性的益处，Bacon and Hoque（2012）关于苏格兰国家卫生服务体系国家层面合作伙伴协议的研究赞同这一观点。在对苏格兰国家卫生服务体系国家层面合作伙伴的运作和成果进行总体评估之后，Bacon and Hoque（2012）认为，尽管英国过去 20 年来一直站在新自由主义一方的对立面，但苏格兰国家卫生服务体系提供了一个在权力下放的苏格兰议会压力之下的既定社会合作伙伴案例。苏格兰政治权力下放为苏格兰国家卫生服务体系现代化带来了独特的合作伙伴途径，兼备广泛的政治共识、基于立法的员工参与以及合作型的劳资关系。他们进一步得出结论称，苏格兰国家卫生服务体系为评估创新型劳资关系协议对改善公共服务方面所做贡献提供了一个前沿例子。双赢成为结果，员工得益于员工治理标准的发展，它巩固了人力战略并为卫生署雇主制定了高标准，特别是组织变革期间的就业保护。苏格兰政府和雇主促使员工代表致力于改善患者护理的卫生政策和组织重组。

但是，通过研究苏格兰国家卫生服务体系地区/署层面的合作伙伴协议，该研究指出，尽管宏观背景有利于国家层面的管理层 - 工会合作伙伴关系，但它并不一定会促使在较低层面上带来共赢。具体工作场所背景的特征仍然能够支持或制约合作伙伴协议的发展，并随之支持或制约实现益处。通过比较高地地区国家卫生服务体系和大格拉斯哥与克莱德地区国家卫生服务体系的合作伙伴协议与毗邻地区国家卫生服务体系的合作伙伴协议，结果揭示出，前两个卫生署的合作伙伴协议比后者的合作伙伴协议带来了更加实质性的益处，表明工作场所工会组织强大和实现双赢的重要性（Oxenbridge & Brown，2004）。通过比较高地地区国家卫生服务体系的合作伙伴协议和大格拉斯哥与克莱德地区国家卫生服务体系的合作伙伴协议，本研究表明，与在劳资关系冲突历史中产生的协议相比，在合作型劳资关系传统下产生的合作伙伴协议有可能为管理层和工会带来更多益处（Oxenbridge & Brown，2004；Samuel，2007）。

二 合作伙伴关系的结构和议程

关于合作伙伴关系的文献一直假设，合作伙伴关系结构如果兼具战略和运作协议，并且处理范围广泛的具备实质意义的议程，应当为主要利益攸关方群体带来积极成果（Cutcher – Gershenfeld & Verma，1994；Kochan & Osterman，1994）。根据一份从管理人员的角度进行的关于合作伙伴成果的调查，O'Dowd & Roche（2009）对这一假设进行了检验并得出结论认为，如果结构使管理层和工会在运作和战略层面上合作，并且处理范围广泛的密集议程，那么它将与为利益攸关方带来更加积极的成果相关。

通过运用不同的研究方法评估三个国家卫生服务体系卫生署合作伙伴的运作和成果，本书的研究结果支持上述观点。在国家层面上，Bacon and Hoque（2012）指出，苏格兰国家卫生服务体系适宜的合作伙伴结构得到发展，推动联合解决问题和共同致力于达成共识的总体战略服务方向，以及随之而来的联合制定适当的人力政策，帮助提供改善的卫生服务。在地方层面上，尽管所有这三个卫生署都嵌入了正式的合作伙伴结构，三个国家卫生服务体系卫生署之间在地区合作伙伴论坛的构成、合作伙伴会议的召开频率以及议程范围方面各不相同。在高地地区国家卫生服务体系和大格拉斯哥与克莱德地区国家卫生服务体系地区的合作伙伴论坛，管理人员和工会代表清晰地制定了每次合作伙伴会议的主要主题，并作为替代方案讨论战略和运作问题。相反，毗邻地区国家卫生服务体系的地区合作伙伴论坛显示出管理层控制地区合作伙伴论坛的特点，磋商进程中缺乏高级经理。因此，高地地区国家卫生服务体系和大格拉斯哥与克莱德地区国家卫生服务体系的合作伙伴成果比毗邻地区国家卫生服务体系的成果更加具有实质性。而且,通过比较高地地区国家卫生服务体系和大格拉斯哥与克莱德地区国家卫生服务体系,证实了这一假设,因为高地地区国家卫生服务体系地区合作伙伴论坛的合作伙伴成果更加稳健,并且与一些重要特征相关,包括高级经理的定期和持续参与、合作伙伴议程范围更加广泛。

关于合作伙伴的另一系列辩论认为,非正式合作伙伴能够比正式合作伙伴更加成功(Oxenbridge & Brown, 2004)。但是,一些研究人员得出了相反的结论,强调正式合作伙伴结构的重要性(Heaton et al., 2002; Kochan & Osterman, 1994)。本书认为,合作伙伴结构的正式性对于成功和持续的合作伙伴关系非常重要,但是它并非实现稳健合作伙伴关系的必要和充分条件。所有三个国家卫生服务体系卫生署,都建立了良好的正式合作伙伴结构并且嵌入组织中。但是,三个案例之间实现的合作伙伴成果不同,这表明许多其他合作伙伴做法有着重要意义(Dietz, 2004)。正如高地地区国家卫生服务体系地区合作伙伴论坛的职工董事所得出的结论:

> 高地地区国家卫生服务体系内的现有结构是充足的,但是,有必要确保它得到了有效的运行。这些方面与战略问题的审议、会员资格、会议次数和共同议程以及职责和职权相关。(职工董事,高地地区国家卫生服务体系)

三 话语权和参与

关于话语权和参与方面,学术界人士得出结论认为,高级经理承诺和积极参与磋商会议以及工会在较早阶段参与解决问题,包括他们在战略层面上的参与,是"稳健的"合作伙伴的重要特征(Kochan & Osterman, 1994; Oxenbridge & Brown, 2004; Samuel, 2007; Wills, 2004)。相反,"松散的"合作伙伴协议与以下特征相关,包括制约工会参与决策进程,限制工会参与工作场所事务,实施现成的管理决定以及管理人员利用通信技术向工会通报情况,而不是让他们参与决策进程(Munro, 2002; Oxenbridge & Brown, 2004; Taiby et al., 2004)。

在苏格兰国家卫生服务体系案例中,Bacon and Hoque(2012)得出结论称，在国家层面上，"通过促进范围广泛的意见广泛参与，以制定一系列解决方案，从而从中选出最佳方案或者完善政策，话语权得到加强"。本书的研究结果再次揭示出工会积极参与范围更加广泛的议程，涵盖地区/卫生署层面的战略和运作问题。但是，工会的话语权和参与能够在多大程度上影响管理层的决策在三个卫生署之间各不相同。在高地地区国家卫生服务体系，工会代表在管理层决策进程的较早阶段就积极参与其中，并以一种合作的方式与管理人员公开讨论问题，合作伙伴成果似乎是三个案例中最具实质性的。而在大格拉斯哥与克莱德地区国家卫生服务体系，尽管工会同样积极参与合作伙伴会议，工会代表的质疑行为使管理人员与地区合作伙伴论坛进行磋商的意愿减少。当"硬性"问题被提出来时，管理人员会尽可能选择回避工会。与之相对照的是，毗邻地区国家卫生服务体系的特征更可能与"松散的"合作伙伴协议相关。大多数时候，管理人员仅仅在合作伙伴会议上向工会通报信息，而不是让其参与决策。而且，一线管理人员不愿意让员工代表加入地区合作伙伴论坛，这进一步限制了工会参与管理层决策。正如一位职工董事所评论的：

> 有必要确保员工代表得到管理人员的支持，因为普遍认为，在特别满的议程上，并不总是有充足的时间来讨论员工问题。同样还有必要审议未来议程的内容，并确保所有会员全面参与和出席。只有通过这样做，论坛才能被视为有效和有意义的。（职工董事，高地地区国家卫生服务体系）

四 行为

劳资双方基于在企业绩效和竞争力方面的共同利益，有必要从对立向合作转变，学术界从这个角度出发论述了通过合作伙伴实现劳资关系现代化（Ackers & Payne, 1998; Guest & Peccei, 2001; Kochan & Osterman, 1994）。合作伙伴的倡导者认为，这种合作能够比传统的或者更加对立性的劳资关系带来更好的成果（Kochan & Osterman, 1994）。批评家则认为，管理人员可能将合作伙伴作为利用工会合作的工具，因此，工会代表不应当与管理人员合作，而应当保留激进行为，以维持他们的立场和保护会员的利益（Kelly, 1996）。

尽管许多研究人员提到了观察参与者在合作伙伴磋商中的行为具有重要意义，但很少有研究系统性地分析合作伙伴造成的态度和行为方面的微妙变化以及谈判行为通过什么机制影响决策进程（Johnstone et al.，2009）。因此，本研究通过分析三个地区合作伙伴论坛参与者的行为，侧重于研究这一问题。在国家层面上，Bacon and Hoque（2012）指出，所有参与者都做出积极的合作伙伴行为能够产生合作型的合作伙伴氛围，通过公开、共同解决问题的途径，寻求最佳解决方案。但是，在地区/卫生署层面上，三个卫生署之间的行为模式根据其特定的历史和背景而各不相同。在高地地区国家卫生服务体系，工会和管理层在合作方面拥有良好历史，普遍认为，通过加大工会代表的参与和富有意义地改善工作条件，合作伙伴进程减少了冲突层次和组织内的不合作。尽管在讨论一些"硬性"问题时，观察到了一些冲突行为，关键谈判人员的良好态度帮助达成了最佳解决方案，实现双方共赢。此外，有必要指出的是，关键谈判人员的能力非常重要，因为对特定冲突战术的选择取决于有待解决的问题以及相关方领导人对总体外部和内部条件的判断（Walton & McKersie，1965）。但是，在大格拉斯哥与克莱德地区国家卫生服务体系，卫生署经常与管理层和工会冲突联系在一起，研究结果表明，签署合作伙伴协议对于改变双方的行为模式没有任何影响。在本研究所观察到的6年时间里，工会在地区合作伙伴论坛上质疑管理层的决定，反过来，当疑虑被提出来时，管理人员努力封锁工会。这种行为模式导致其合作伙伴会议的成果少于高地地区国家卫生服务体系合作伙伴会议的成果，表明合作行为和双方之间的相互尊重对于有效的合作伙伴关系至关重要。

五 权力平衡真的重要吗

先前的文献评论部分假设，在合作伙伴关系中，关键参与者之间的权力分配可能影响所讨论的实质性问题的范围和最终做出的决定。一方面，可以预计的是，在雇主占高度主导地位的合作伙伴关系中，合作伙伴的议程范围将受到管理层的制约，保持在工作场所层面上，或者主要反映管理层的利益，行为由管理层一方以单边方式做出，高级经理不愿意承诺合作伙伴运行，很少参与联合工作委员会。在这些环境下，工会对管理层的决策几乎没有影响力。另一方面，可以预计的是，在劳动力平等的合作伙伴关系中，工会很可能稳定地享有表达话语的权力，管理人员和工会联合制定合作伙伴议程，问题的范围不仅涵盖工作场所问题，还涵盖战略计划和工会感到关切的广泛的卫生署层面就业问题。此外，工会预计将在决策进程中获得富有意义的职位，并掌握在特定情况下质疑管理层的权力。在这些环境下，工会在一定程度上能够影响管理层的决策（Kelly, 1998; 2004）。

Samuel (2007) 通过对两家雇主占主导地位的英国生命和养老金公司进行比较研究，验证了这一假设。Samuel 指出，雇主占主导地位的程度并非如讨论合作伙伴的批评家们所指出的，是合作伙伴磋商性质的唯一决定因素（Danford et al., 2005; Kelly, 1998、2004）。相反，动机和劳资关系背景能够影响磋商委员会的形成及随之而来的合作伙伴公司磋商的运作和演变（Samuel, 2007）。他还认为，成熟的劳资关系历史、范围更加广泛的参与者参与磋商以及高级经理的有力承诺并参与其中，这些比雇主的主导程度更加重要（Samuel, 2007），这一意见与对高地地区国家卫生服务体系和大格拉斯哥与克莱德地区国家卫生服务体系的合作伙伴协议进行比较的研究结果一致。尽管大格拉斯哥与克莱德地区国家卫生服务体系对劳动力平等的重视程度要高于高地地区国家卫生服务体系，高地地区国家卫生服务体系的成果似乎更加稳健。在高地地区国家卫生服务体系里，劳资关系形成了合作的文化，管理人员和工会共同努力，提供地方公共卫生服务和实施国家卫生政策，工会代表在较早阶段就参与范围更加广泛的问题的磋商进程，高级经理积极和一致地参与合作伙伴会议，管理人员和工会代表以合作的态度公开讨论"硬性"问题，有时彼此让步。与之相反的是，大格拉斯哥与克莱德地区国家卫生服务体系的劳资关系冲突历史限制了工会参与合作伙伴磋商，并且有时减缓了决策进程，高级经理仅在讨论战略问题才参加合作伙伴会议，当出现冲突问题时，采取绕开工会的战术。因此，可以得出结论，上述因素要比雇主占主导地位的程度更加重要。

第三节　启示

从苏格兰国家卫生服务体系劳资合作伙伴的经验中，我们可以得到一些启示。第一，合作伙伴要想为工会和管理层同时带来实质性益处，两个因素被认为特别重要。首先是组织内高层管理人员的有力承诺，其次是稳健、完善的工会组织（Oxenbridge & Brown，2004；Kochan et al.，2008）。在工会组织强有力的情况下，工会预计能够就广泛的实质性就业问题表达其声音，具备高度影响力的工会能够质疑、改变甚至在特定情况下有可能否决管理层的提案（Oxenbridge & Brown，2004；Wills，2004）。而且，如果高层管理人员给予合作伙伴协议有力的承诺，他们的影响力将能够得到加强（Wills，2004；Samuel，2007）。在高层管理人员做出承诺和工会组织强大的情况下，工会也许能够提出其问题并将它们置于合作伙伴磋商议程上，在较早阶段参与管理层决策，并最终对广泛的实质性问题施加影响（Oxenbridge & Brown，2004；Samuel，2007）。与之相反的是，在缺乏高层管理人员对合作伙伴的承诺和工会力量薄弱的情况下，工会的话语权有可能受到遏制，管理人员单边采取行动，工会对管理层决策的影响力有限（Kelly，2004；Tailby et al.，2004；Munro，2002）。

第二，先前关于合作伙伴的研究经常忽视了合作伙伴运作的推动因素，特别是合作伙伴结构、议程和参与者的行为。本研究认为，合作伙伴结构的正式性对于成功和持续的合作伙伴关系非常重要，但是它并非实现稳健的合作伙伴关系的必要和充分条件。合作伙伴协议兼具正式结构、范围广泛的议程，涵盖战略和运行问题，以及工会较早参与其中，这些更加有可能为管理层和工会带来稳健的成果。此外，合作行为和双方之间的相互尊重对于有效的合作伙伴关系至关重要。

第三，合作伙伴协议要想在苏格兰国家卫生服务体系里生存，应当维持合作伙伴工作中的政治利益。公共部门雇主在合作伙伴协议中制约工会影响力的能力取决于政治家们的利益是否更加密切地与雇主或劳动力保持一致。在公共部门合作伙伴关系中，雇主同工会相比的相对谈判能力并非固定不变，在政治上取决于政党政治、选举结果以及卫生服务政策的影响（Bacon & Samuel，2009）。

第四，紧缩的财政环境可能要求苏格兰国家卫生服务体系管理层和工会在未来几年里进行一些困难的谈判。雇主对合作伙伴的支持要求员工方代表与他们的举措合作，在可利用的财政范围内变革和改善卫生服务。因此，要求员工方代表有能力并且掌握管理技能，以援助管理人员解决这类挑战。

第五，与地方分权给予地方管理人员更大自主权的英格兰国家卫生服务体系的同行相比，苏格兰国家卫生服务体系的一体化卫生保健模式可能限制地方管理人员处理劳资关系问题的自由量裁权。因此，高级经理应当考虑，如何能够有效地将典型的合作伙伴工作结构和做法融入更广泛的劳资关系进程，实现卫生和社会保健一体化（Bacon & Hoque，2012）。

第四节 局限性

尽管研究已经完成既定目标，但仍然存在一些在未来研究中可以改进的局限性。首先，本研究中一个值得注意的局限性是研究结果的归纳。应当慎重使用本书中对研究结果的归纳，因为这些研究结果是在探索性定性研究中得出的。研究设计旨在通过比较于相同外部环境范围内挑选的三个案例，探索与稳健的或浅层的合作伙伴协议相关的潜在组织特征。它不同于如大多数实验、假设检验研究所侧重的那样，形成对合作伙伴协议成果进行说明或预测的结果。因此，如果行业从业人员或其他劳动力研究人员想使用本书的研究结果，应当认识到促进苏格兰国家卫生服务体系合作伙伴协议发展的独特政治环境和现代化议程。

其次，本研究的另一项局限性涉及研究中所使用数据的可靠性。过程的标准化不足，并且依赖于观察人员的见解和能力，从而使得对可靠性的评估变得困难，这一事实经常使定性研究价值受到削弱（Denzin & Lincoln，2005）。本书中所使用的数据收集方法在很大程度上依赖于档案文件和开放式访谈。由于受到资料来源获取途径的制约，对三个案例的备忘录进行分析不是从相同的时间点开始的。大格拉斯哥与克莱德地区国家卫生服务体系的地区合作伙伴论坛备忘录分别始于 2002 年，但是，高地地区国家卫生服务体系和毗邻地区国家卫生服务体系的备忘录始于 2005 年和 2004 年。因此，存在无法在三个案例之间进行比较的一段时间。此外，本书进行了开放式访谈，降低了资料来源的可靠性和有效性。因此，建议进行半开放式访谈或大规模的调查，这能够弥补这一差距。

最后对合作伙伴协议成果的衡量在很大程度上依靠于文件分析和访谈，因此可以被批判为主观性的（Ellem，1999）。在本书中，通过分析地区合作伙伴论坛做出的决定来衡量合作伙伴成果。尽管这一方法在一定程度上能够反映合作伙伴的总体成果，但后续宜对雇员和工会代表进行调查，通过说明地区合作伙伴论坛做出的决定如何在实际中影响到雇员，能够进一步补充本书成果。

第五节 未来研究建议

对于未来在劳资关系领域的学术研究，本书建议仔细评估苏格兰国家卫生服务体系劳资合作伙伴途径，因为它自从过去十年来一直得以存在，成果显示出重要意义（Bacon & Hoque, 2012）。但是，本书主要侧重于地方层面的苏格兰国家卫生服务体系劳资合作伙伴。未来关于苏格兰国家卫生服务体系合作伙伴的研究可以在国家和较低的社区卫生合作伙伴层面上对合作伙伴协议进行研究，这将有助于更加全面地认识苏格兰国家卫生服务体系合作伙伴的运作。而且，未来对苏格兰国家卫生服务体系的研究还应当注意变化的政治背景、财政环境和现代化议程的战略方向，因为这些因素对合作伙伴的演变有着重要影响。

本书的另一个重要建议是强调有必要进行更加纵向和比较性的案例研究。合作伙伴协议的通过不仅反映了在某个时间点上管理层和工会的动机与战略，而且意味着有必要对他们所相信的进行根本性变革以及他们从长期来看如何行为。因此，这表明有必要在此领域进行更加纵向的研究，因为这种方法能够跟踪围绕合作伙伴协议的背景变化，了解随着时间推移不同参与者的经历、态度和行为变化。从对合作伙伴协议进行研究的角度看，它意味着能够随着时间的推移跟踪不同参与者的经历、态度和行为，形成一个描述合作伙伴的动态进程并说明合作伙伴成果的独特资料来源（Geary & Trif, 2011；Johnstone et al., 2009）。此外，期待该领域出现更多的比较案例研究，因为此类研究能够实现在类似外部制约条件下运行的组织之间进行更加适当的比较（Johnstone et al., 2009）。

研究人员未来可以考虑的另一项建议是在该领域里将定性分析和定量研究方法结合起来的可能性，因为单独的定性方法总是被批评为主观，而单独的定量研究方法通常忽视了对参与者经历、态度、行为以及其他许多合作伙伴动态因素的考虑。因此，建议研究人员未来采用定性方法来探索经历和合作伙伴的运作动态因素，并同时运用定量研究方法来获得关于合作伙伴更加具体的结果。

此外，期待未来研究更加理解合作伙伴背景、运作、演变和成果之间的联系。英国现有的研究很少明确侧重于理解背景、运作和成果之间的联系及相互作用，这可能导致得出一些盲目的结论或对研究结果进行错误的判断。

第六节　结论

本书评估了在具体的政治权力下放背景下苏格兰国家卫生服务体系合作伙伴协议。一个关键结论是通过合作伙伴途径，能够实现双赢。但是，管理层和工会能够在多大程度上取得双赢，这在很大程度上取决于围绕组织的外部环境和内部背景以及实施合作伙伴的方式。

苏格兰国家卫生服务体系的合作伙伴关系是在关于应当如何组织卫生服务资源达成权力下放共识之后的背景下发展起来的。政治权力下放增加了可利用的战略选择以及针对劳资关系发展创新型合作伙伴途径的意愿。因此，它为合作伙伴在苏格兰国家卫生服务体系繁荣发展创造了一个特别有利的环境。正如所预期的，在国家层面上，雇主、工会和雇员都报告了获益，实现了共赢（Bacon & Hoque，2012）。

但是，通过对苏格兰国家卫生服务体系三个卫生署的合作伙伴协议进行评估，本书的研究结果表明，假设合作伙伴协议的益处能够简单地从国家层面转移到地方层面，这种想法过于乐观。具体的组织背景和实施合作伙伴协议的方式能够严重限制或增加双赢。首先，研究结果支持这一观点，即合作型关系繁荣和生存的前提条件是工会享有相对较高程度的会员资格以及强有力的工作场所组织（Kochan & Osterman，1994；Oxenbridge & Brown，2004）。此外，与"稳健的"合作伙伴协议相关的特征包括合作型劳资关系传统、频繁的合作伙伴会议、工会较早参与范围广泛的问题、高级经理的有力承诺和定期参与，以及管理人员和工会代表的相互尊重和合作行为。与之相反，与"松散的"合作伙伴协议相联系的更可能的是劳资关系冲突、缺乏高级经理对合作伙伴运作的承诺、不经常召开的合作伙伴会议、管理人员不愿意让员工代表参加合作伙伴会议、管理人员使用通信技术向工会代表通报情况而不是让他们参与进来,以及管理人员与工会之间的冲突。"稳健的"合作伙伴协议带来共赢,工会得益于较早参与管理层决策进程,并对更广泛的问题施加更大的影响力。对于雇员来说,他们能够获得更好的合同条款,并且最重要的是更大的就业保障。管理人员在推动组织变革、实施国家政策和实现绩效目标时能够得到工会的支持。

总之,可以清晰地得出结论,苏格兰国家卫生服务体系合作伙伴协议在过去十年里非常成功,至少是在国家层面上。本书的研究结果表明卫生署的合作伙伴结构完善,但是,具备不同背景和特征的不同卫生署之间在成果的分配方面不均衡。社会伙伴论坛有必要考虑到卫生署合作伙伴论坛的发展需求和未来几年所需要的支持(Bacon & Hoque,2012)。此外,为了未来维持苏格兰国家卫生服务体系的合作伙伴关系,所有各方必须共同努力,通过学术界多元论者的石蕊(进程)试验和学术界激进派的酸性(成果)试验(Evans et al.,2012)。

第九章 中国劳资关系发展的现状及特征

进入21世纪以来，中国的劳动争议案件数大幅度增加，劳资冲突引发的群体性事件频繁发生。2005年大连日资企业工人罢工事件、2008年重庆出租车司机罢运事件、2010年广东南海本田公司工人罢工事件、2014年的东莞裕元鞋厂罢工事件等，都引起了全社会的广泛关注。这些劳资冲突引发的群体性事件一方面反映了劳动者维护自身合法权益意识的增强，另一方面也反映了劳动者表达诉求以及维权渠道的不畅和缺乏。如果群体性事件不能得到及时、有效和合理的解决，不仅会影响事件发生企业的生产，而且会影响社会秩序和社会稳定。

使用中国社会科学院群体性事件数据库中的样本数据，本书将以279件劳资冲突引发的群体性事件为分析对象，重点研究中国劳资冲突的现状和特征，并借鉴分析劳资关系问题的一般性框架，剖析转型时期中国劳资关系的外部环境以及劳资关系运行机制对劳资关系结果的影响。本书以下部分是这样组织的：第一部分对与群体性事件相关文献进行简要回顾与评述；第二部分利用群体性事件数据库，分析群体性事件的发生时间、起因、规模、地区分布、参与主体的所有制、处理方式等；第三部分重点分析外部经济环境的变化、企业竞争战略和管理行为以及劳资关系运行机制对劳资关系结果的影响；第四部分给出本书的主要结论和政策建议。

第一节 文献回顾与评述

中国的劳资关系正在经历从个体到集体的转型时期，大部分学者已就这一点达成共识。在转型过程中，中国的劳资关系呈现出一些典型的特征，其中最为突出的是劳动争议规模和数量的剧增，以及劳资冲突引发的群体性事件频繁发生。这一特征引起了政府和学者的广泛关注，针对劳动争议和群体性事件的研究近几年也逐渐增多。归纳起来，国内学者在这一领域的研究主要集中在以下几个方面：其一是对中国劳资冲突现状和特征的描述（程延园、王甫希，2012；常凯，2013；乔健等，2011）。其二是对中国近些年劳资冲突引发的群体性事件集中爆发的原因和影响因素的分析。一部分学者从劳动力市场变化的视角展开对群体性事件成因的研究（蔡禾等，2009；李超海，2009；潘泰萍，2011；杨正喜，2008；于水、李煜玘，2010；张绍平，2012）。其三是针对劳资冲突治理机制的探索（常凯，2013；吕志科、徐婷，2012）。总结起来，已有关于劳资冲突引发的群体性事件的研究，大多是就群体性事件的特点、性质和解决方式等方面内容的论述。少数研究利用样本量很小的调查数据，对群体性事件进行了考察，但一般限于对群体性事件的参与主体和发生原因等方面的分析，利用翔实而且样本规模较大的数据对群体性事件进行全面分析的研究尚不多见。此外，已有研究主要关注的是发生主体为农民工的群体性事件，但近年来中国的群体性事件发生主体不仅仅是农民工，以其他从业者（例如国企职工、出租和公交行业职工）为参与主体的群体性事件也频繁发生。还有，已有利用调查数据对农民工群体性事件进行的研究，所利用的数据基本都是对农民工个体进行调查得到的，这类研究只从个体角度，分析农民工参加群体性事件的可能性、频次和影响因素等。迄今为止，较少见到利用以群体性事件为观测单位的数据进行的研究。

第二节 群体性事件的现状与特征

本书所用数据来自中国社会科学院群体性事件数据库，这一数据库迄今收集了超过900件群体性事件，事件的起因众多，包括劳资纠纷、医患纠纷、环保和资源矛盾，以及征地和拆迁等。本书主要分析数据中劳资冲突引发的群体性事件，共计279件（以下简称为群体性事件数据库）。本书利用279件劳资冲突引发的群体性事件的信息，分析群体性事件的基本状况（包括时间分布、起因、规模、地区分布、参与主体）和事件的处理方式等。通过对这些信息的分析，了解群体性事件的主要动因，考察群体性事件处理过程中存在的主要问题，结合国际经验，尝试给出关于群体性事件未来发展趋势的判断，并针对如何完善群体性事件的处理机制，以及如何建立群体性事件的防范和预警机制，提出一些政策建议。

一　事件发生时间

数据表明，2008年以前发生的群体性事件相对较少，全部加起来仅占总量的7.8%。而2008年之后，群体性事件的发生频率有一个跳跃性增长，之后一直保持较高的发生频率（见图9-1）。很多学者指出，2008年群体性事件的大幅增长，主要与两方面原因有关：其一是全球金融危机不断深化，导致企业利润下滑甚至裁员、倒闭。其二是与《劳动合同法》的实施有关。《劳动合同法》扩大了劳动者的权益保护范围，提高了对劳动者的权益保护力度，但劳动者的合法权益又很难完全得到保障。在这种状况下，劳动者与用人单位的劳资冲突就会增多。如果劳资冲突无法通过正常渠道解决，劳动者可能就会参与群体性事件（程延园、王甫希，2012；乔健等，2011；郭金兴、王庆芳，2014）。

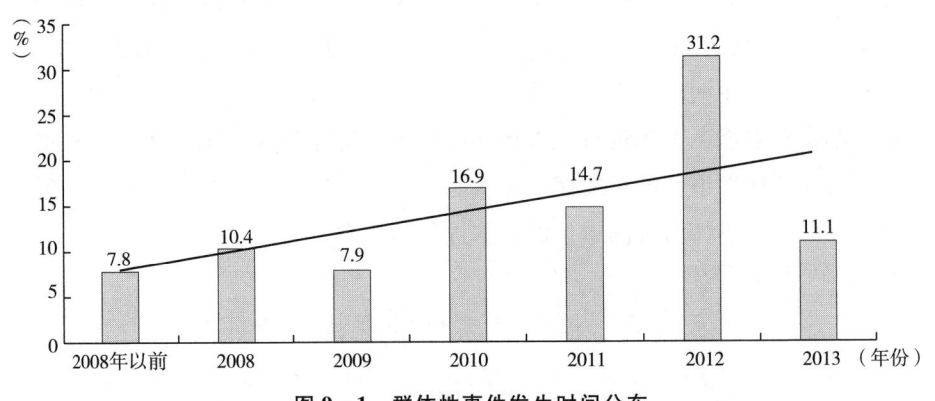

图9-1　群体性事件发生时间分布

资料来源：根据群体性事件数据库数据计算得到。

二　事件起因

观察国际上发达国家的劳工运动历史可以发现，工资是引发劳资冲突与劳工运动的最直接和首要因素（柴彬，2013）。中国同样也不例外，在279件劳资冲突引发的群体性事件中，30.5%的是工资或福利待遇引起的，另有21.9%的是拖欠工资引起的（见图9-2）。不论是工资或福利待遇抑或是工资拖欠，均属于工资问题的范围。这两类事件数量合计起来，占了总量的一半以上。由此来看，工资或福利待遇是目前引发群体性事件的重要原因。在东部、中部和西部地区，工资或福利待遇以及工资拖欠引发的群体性事件所占比例分别为53%、45.7%和56.5%。从全国数据看，经济补偿引起的群体性事件所占比例为15.8%，东部地区的这一比例为21.4%，但中部和西部地区的这一比例都较低，分别仅为6.5%和2.2%。经济补偿引起的群体性事件通常包括以下几类：第一，企业关闭、倒闭或搬迁时解雇或遣散人员，但劳方对于被解雇或遣散时资方提供的经济补偿不满，从而发生群体性事件；第二，企业因改变生产或经营策略或因其他原因需要裁员，但劳方对于被裁减时资方提供的经济补偿不满，从而发生群体性事件；第三，资方要求劳方买断工龄，或与劳方终止劳动合同，劳方对资方给予的经济补偿不满，从而发生群体性事件。

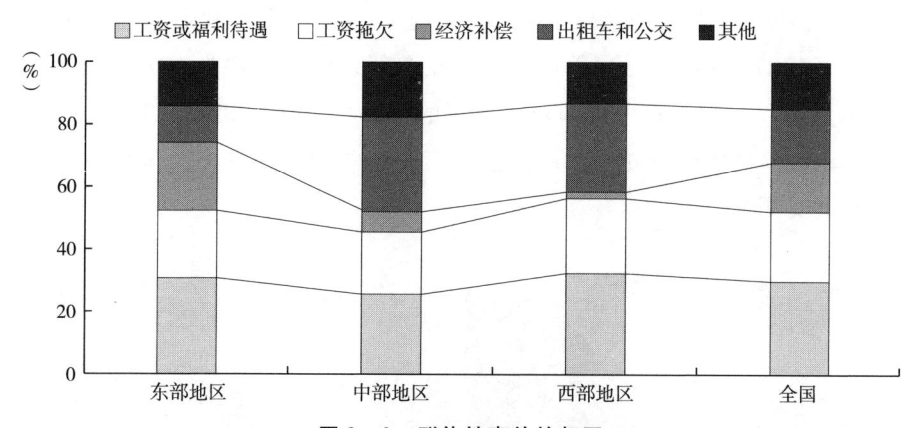

图9-2 群体性事件的起因

资料来源：根据群体性事件数据库数据计算得到。

三 事件规模

从观察的279件群体性事件的规模看，41.2%的事件的规模达到百人至千人以下，另有36.9%的事件的规模达到千人至万人以下，规模在百人以下的仅占14.3%（见图9-3）。而且，从一些典型案例看，群体性事件的规模呈现出急剧扩大的趋势，比如东莞裕元鞋厂集体罢工事件等。

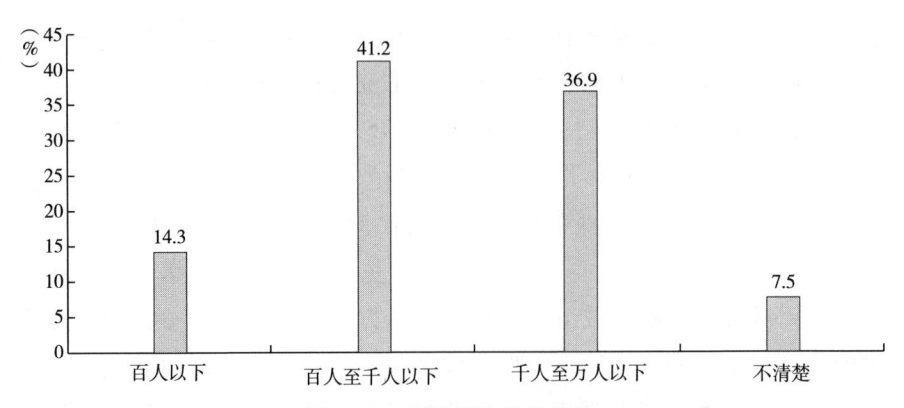

图 9-3 群体性事件的规模

资料来源：根据群体性事件数据库数据计算得到。

四 事件地区分布

从群体性事件的地区分布看，东部地区最多，中部和西部地区相对较少。在 279 件群体性事件中，发生在东部地区的事件为 187 件，占总量的 67.0%，发生在中部和西部地区的事件所占比例相等，为 16.5%。东部地区的群体性事件，又以发生在广东省的事件为主，占东部地区的 65%（见图 9-4）。

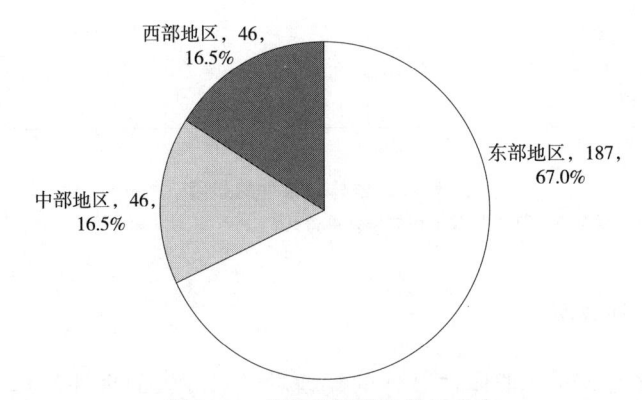

图 9-4 群体性事件的地区分布

注：东部地区包括辽宁省、北京市、天津市、河北省、山东省、江苏省、上海市、浙江省、福建省、广东省和海南省；中部地区包括内蒙古自治区、黑龙江省、吉林省、山西省、河南省、湖北省、湖南省、安徽省和江西省；西部地区包括陕西省、甘肃省、青海省、宁夏回族自治区、新疆维吾尔自治区、重庆市、四川省、贵州省、云南省和西藏自治区。

资料来源：根据群体性事件数据库数据计算得到。

五 参与主体的所有制

从全国的情况看,参与主体为外资企业职工的事件最多,占到34.1%;其次,参与主体为私营企业职工的事件也占有较大比例(29.8%);再接下来为出租车和公交从业者,以及国有企业职工(见图9-5)。分地区看,群体性事件的参与主体状况存在差异。在东部地区,参与主体为外资企业职工的事件占到44.4%,然后是私营企业职工(33.2%),两类事件合起来占比接近80%;中部和西部地区的状况较为类似,参与主体为出租车和公交从业者、国有企业职工和私营企业职工的事件合起来占比超过或接近80%,参与主体为外资企业职工的事件相对较少。

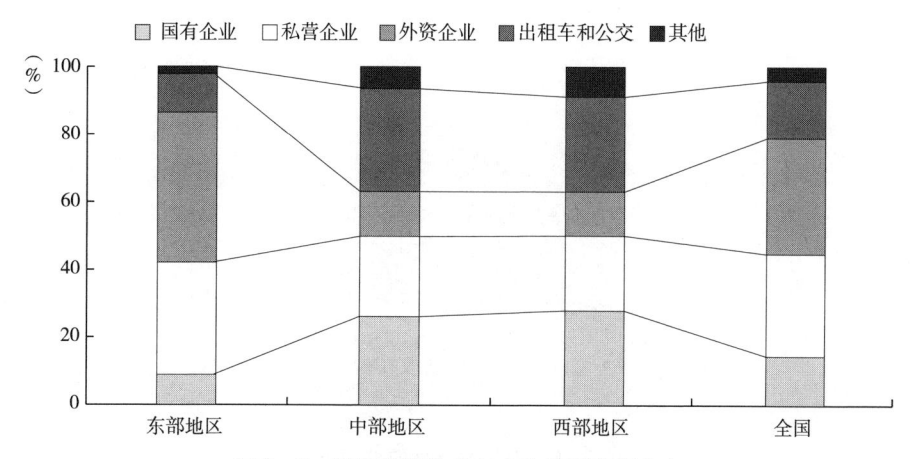

图9-5 群体性事件参与主体的所有制分布

资料来源:根据群体性事件数据库数据计算得到。

六 事件处理方式

279件群体性事件中,有110件是"出动公安或武警部队"处理的,占全部事件的39.4%;39件是"出动公安或武警部队,合并地方政府最高领导或部门领导出面调解"处理的,占全部事件的14.0%;33件是"地方政府最高领导或部门领导出面调解"处理的(占11.8%)。劳方与资方谈判解决和资方负责人出面调解的事件分别只有6件,各占全部事件的2.2%。另有85件(占30.5%)群体性事件的处理过程在数据库中无记录(见图9-6)。加总起来,超过一半的群体性事件在处理过程中出动过公安或武警部队。群体性事件原本是劳方与资方之间的冲突引起的，动用公安或武警部队处理说明事态发展到了比较严重的程度，影响到了社会治安和稳定。公安或武警部队出动处理群体性事件，表面上看是暂时平息了事件，但引起事件的问题可能未得到根本解决；而且公安或武警部队出动处理事件极易造成警民冲突，甚至产生伤亡。超过 1/4 的事件地方政府领导曾经出面进行调解。地方政府领导出面调解，不论是最高领导还是部门领导出面，通常都难以从根本上解决劳方与资方之间的问题。在 279 件群体性事件中，只有 6 件是由劳方与资方谈判解决，另有 6 件是由资方负责人出面调解，凸显中国劳资关系治理手段的缺乏。

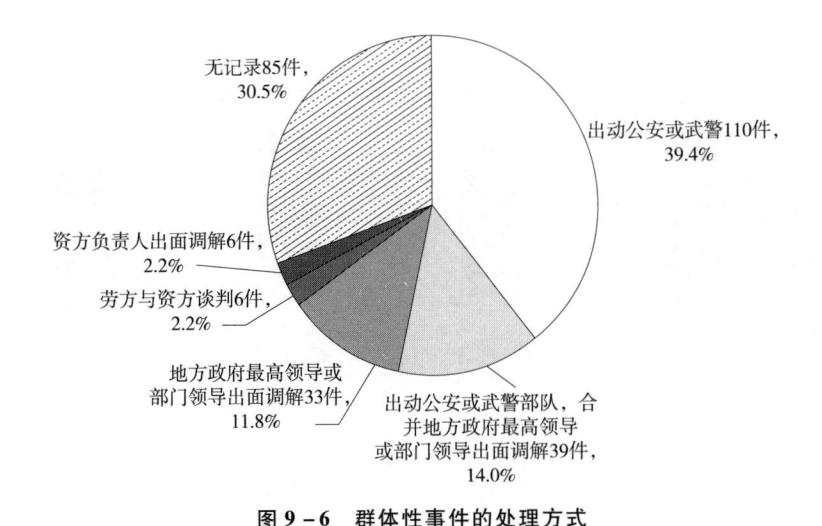

图 9-6 群体性事件的处理方式

资料来源：根据群体性事件数据库数据计算得到。

第三节 分析与讨论

鉴于中国劳资关系正处于转型的关键时期（常凯，2013；乔健，2007），本部分将依据 Kochan et al.（1986）在分析美国劳资关系转型时所建立的分析劳资关系问题总体框架，从外部环境变化，企业战略、价值观与人力资源管理实践以及企业层面劳资关系制度构建等方面来深入剖析中国劳资关系的转型特点，并对当前劳资关系运行结果进行评价。

一 外部环境的变化

很多学者都观察到，2000年以来，中国劳动争议的数量逐年上升，并从2008年开始出现了剧烈的爆发。在解释这一现象时，大多数学者注意到了2008年劳动力市场法律法规的颁布（如《劳动合同法》《劳动争议调解仲裁法》等）、2008年金融危机不断深化的影响以及新生代农民工更加积极的维权意识（程延园、王甫希，2013；郭金兴、王庆芳，2014；乔健等，2011；全国总工会课题组，2010）。除此之外，值得注意的是，在这一时期，中国的劳动力市场也正处于刘易斯转折区间（蔡昉，2010）。刘易斯转折区间的显著特征体现在劳动力供求关系变化、工资水平变化以及就业结构变化上，这些因素也都对劳资关系的运行和发展产生了巨大的影响。

第一是劳动力市场供求关系的变化。近年来，中国的劳动力供求关系发生了深刻的变化，出现了从劳动力无限供给到劳动力短缺成为常态这样的特征性变化（蔡昉，2010）。根据联合国的预测，中国的劳动年龄人口将在2015年前后达到峰值，其后，劳动年龄人口的数量和比例都将不断下降（United Nations，2010），而在实际中，这一趋势则来得更早。国家统计局的调查数据表明，中国15~59岁劳动年龄人口2012年已经开始下降。供求关系的变化会对劳资双方的力量均衡产生影响，进而对劳资关系的运行产生影响，这是群体性事件频发的一个重要原因。第二是劳动力市场工资和福利待遇水平的变化。尽管近年来普通劳动力的工资有了迅速上涨，尤其是农民工这一劳动力市场上的重要群体，工资水平更是有了大幅度提高（蔡昉，2013），但是，劳动力工资的绝对水平仍然不高。2012年，城镇单位就业人员的平均月工资为3897元，农民工的平均月工资仅为2290元。劳动力所享有的福利待遇水平还比较低，尤其是农民工群体，更是处于相对弱势的地位。2012年，雇主或单位为农民工缴纳养老保险、工伤保险、医疗保险、失业保险和生育保险的比例分别为14.3%、24%、16.9%、8.4%和6.1%，外出受雇农民工与雇主或单位签订劳动合同的比例为43.9%，与近几年相比均没有大的改善。此外，由于没有城市户籍，农民工在城市不能享受到与城市居民同等的社会保护和公共服务。这些都是群体性事件爆发的重要原因。第三是劳动力市场就业结构的变化。1978

年以来，中国劳动力市场的就业结构变化呈现出两个显著的特点。一方面是就业的非农化趋势明显。改革开放以来，中国大量的农业人口开始向非农产业转移，非农就业比重从1978年的29.5%提高到2012年的64.4%。另一方面是就业的雇员化趋势明显。雇员就业比例从1978年的30%左右上升到2012年的54%，尤其是在2000年之后，雇员就业比例出现了快速上涨的过程，并且这一趋势还在延续（张车伟、赵文，2014）。劳动力市场的非农化和雇员化趋势表明，中国越来越多的人口成为依靠工资收入的产业工人群体，这部分群体有着共同或者相近的利益诉求，是劳资关系的参与主体之一。产业工人群体规模的不断壮大，形成了劳资冲突扩大化的前提条件之一。

二 企业战略、价值观与人力资源管理实践

Kochan et al.（1986）提出，劳资关系的运作流程和产出是由不断进化中的外部环境压力以及企业组织反应之间的相互作用决定的。企业组织不会经常调整其竞争策略和行为方式来适应环境的变化，只有当外部环境变化产生巨大生存压力时，企业才会逐步改变策略来适应。同时，企业的竞争策略和管理方式也会对劳资关系的运行产生影响。

本书讨论的279件群体性事件显示，劳资冲突较多地集中在劳动密集型制造业，这些企业几乎无一例外地采取低成本的竞争战略。改革开放以来，廉价劳动力成为中国参与国际竞争的重要比较优势。这一政策成功地帮助中国实现了经济的快速持续增长，创造了大量的就业岗位，实现了农村剩余劳动力的转移，提高了中国企业在国际舞台上的竞争力。然而，在经济快速增长的过程中，劳动力保护制度建设出现明显滞后，而劳动密集型企业往往通过苛刻的绩效管理方法压低用工成本。在这种环境下，一方面国家政策对工人的保护力度不够，另一方面企业雇主不断地压低工人报酬，这就使得劳资矛盾不断积累和恶化。

与此同时，在低成本竞争战略的指导下，企业雇主所采用的一些苛刻或者粗糙的人力资源管理方式也是造成劳资冲突的一个重要原因。企业管理行为造成的劳资冲突主要包括以下几大类别：第一，以雇主意志为核心的家长式管理，管理制度和用工的随意性较大，导致工人的就业保障安全性较弱；第二，苛刻的绩效管理方式，尤其体现在计件、计时等生产标准

的设计上，超出工人的负荷能力，在绩效评估过程中随意性较大，导致工人对上级的信任度较弱；第三，薪酬制度设计不合理，一线工人与管理人员的工资差距过大；第四，缺乏员工沟通机制，在一些与员工利益密切相关的事务上没有和员工进行积极沟通，忽略员工的利益诉求，甚至有部分企业雇主在群体性事件爆发之后，仍然不与员工建立沟通渠道；第五，用工制度上使用双重标准，存在就业歧视，对男性和女性工人的薪酬标准实施差异化，在劳动力供给出现短缺后，对新招聘员工的用工制度优于老员工，造成用工制度的不公平；第六，通过业务外包或者使用派遣工方式，降低企业用工成本，甚至进行裁员。

以上这些管理行为，在爆发劳资冲突的企业中都普遍存在。这些行为无疑在企业的日常管理中使得劳资关系恶化，而群体性事件的爆发则是矛盾积累的最终结果。从群体性事件爆发后工人提出的诉求中也可以看到，除工资报酬不合理外，对企业管理方式的不满也是工人采取集体行动的原因之一。

三 企业层面劳资关系制度构建

Kochan et al.（1986）将劳资关系制度的构建分为三个层级，分别称为长期战略和政策制定层、集体谈判和人事政策层以及工作场所和个人/组织关系层。在长期战略和政策制定层，雇主关注商业竞争战略、投资战略和人力资源战略等，工会关注政治策略、代表策略和组织策略等，而政府则关注宏观经济和社会政策等，三方力量在较高层次上进行博弈，相互影响，决定劳工政策的走向。在集体谈判和人事政策层，雇主和工会分别关注各自的集体谈判策略，而政府则提供劳动法律，并进行监管。在工作场所和个人/组织关系层，雇主和工会在管理实践上（例如员工参与、岗位设计和工作组织）进行合作或者对抗，而政府则制定劳动标准并进行监管。借助 Kochan et al.（1986）对劳资关系制度构建的分类，通过对 279 件群体性事件进行深入剖析后发现，当前中国劳资关系在治理机制上存在几个明显的特征。

首先，在战略层面，由于中国工会的政治属性，工会在组织策略和代表策略的选择上，都要配合国家的宏观经济政策。因此，政府宏观经济政策的选择直接决定了工会的战略选择。在以经济发展为优先目标的情况下，政府政策往往都偏向于保护投资和雇主，从而导致在国家战略层面，较难真正形成政府、工会与雇主组织之间的三方博弈。

其次，在集体谈判和人事策略层面，中国的集体谈判制度立法还不完善，制度推广缓慢。在处理劳资冲突时，超过60%的群体性事件是由地方政府最高领导或者部门领导以及出动公安、武警等方式来解决，而真正通过集体协商解决的事件屈指可数（见图9-6）。由于在立法层面的缺陷，目前中国的集体谈判制度主要是由政府主导，以行政化方式在推行，而这种模式则存在严重的指标化、数字化和形式化等问题（吴清军，2012）。而且案例分析发现，少数地方工会对群体性事件以及工人的态度往往受到地方政府主要部门的影响，并不能真正代表工人来制定集体谈判行动或者策略。

最后，在工作场所层，雇主主导下的人力资源管理实践覆盖面较广，工会以及工人在管理实践中的参与度较低。在企业中组建的工会往往都是由雇主控制，工会领导通常也是企业的行政管理人员，这样导致在出现劳资冲突时，部分企业工会往往会选择站在雇主一方，因此也失去了工人的信任。

四 对劳资关系运行结果的评价

从前文的分析中可以看到，造成中国劳资关系运行现状的原因是多方面的。首先是外部环境的变化，尤其是在刘易斯转折区间，劳动力市场的供求关系转变、工资水平的普遍上涨以及就业结构的变化，引致了工人议价能力增长。其次是企业雇主长期以来采取的低成本竞争策略以及管理行为的粗劣，形成了劳资矛盾的长期积累。最后是由于劳资关系治理机制不健全，集体谈判立法滞后，工会谈判地位缺失，使得劳资双方无法真正形成有效的劳资博弈机制。在以上多种因素的综合作用下，当前中国劳资关系运行的结果呈现出劳资经济性矛盾突出、群体性事件数量增长且群体性事件爆发的频率和规模进一步扩大的特征。劳资矛盾在爆发的过程中，对社会形成了不稳定的因素，雇主和工人在劳资冲突中都承担了经济成本和损失，而工会则由于未能切实代表工人利益，也会逐渐失去其会员基础。群体性事件爆发的后果是政府、雇主、工会和工人四方主体呈现共输的局面。

第四节 总结与展望

本书使用中国社会科学院群体性事件数据库数据，重点分析了劳资冲突引发的群体性事件的现状和特征，并借助 Kochan et al.（1986）分析劳资关系问题的总体框架，进一步剖析了转型时期中国劳资关系的外部环境变化以及劳资关系运行机制对劳资关系结果的影响。分析显示，中国劳资冲突引发的群体性事件在 2008 年后出现了较快增长，参与事件的工人规模也呈现扩大趋势。群体性事件的起因绝大多数是由经济争议导致。在地区分布上，群体性事件较多地集中于东部沿海的经济发达地区，且随着劳动力迁移的方向，有逐步向中西部地区扩散的趋势。群体性事件在外资企业中爆发的频率较高，参与主体为私营企业职工的群体性事件也占有较大比例。在劳资冲突处理机制上，以政府行政式干预为主导，缺乏劳资集体谈判机制。当前劳资关系运行的结果主要受到外部经济环境变化的影响，尤其是受劳动力市场转型的影响。同时，企业的竞争策略和管理行为以及劳资关系治理机制的缺失，也是劳资冲突爆发的重要原因。

由于劳资关系的运行受到社会外部经济运行环境的影响，并且是由多方利益主体之间相互作用而产生，因此，针对劳资关系的治理需要综合考虑在国家战略层、行业和产业层、企业层以及工作场所层等多层面上，政府、雇主、工会以及工人等多方主体的利益诉求和动机。良好的劳资关系治理机制应该系统性地考虑国家宏观经济发展的方向、雇主的商业竞争战略、工会组织的政治属性以及工人的利益诉求。未来针对中国劳资关系治理机制的建设，应该从五个方面展开：其一，充分重视劳资关系稳定在经济运行中的重要性，加快对劳工政策的建设，加大对劳动者的保护力度；其二，完善劳动力就业立法与社会保障机制，加大对劳动力在最低工资、医疗、培训和教育等方面的保障力度；其三，完善集体谈判立法，构建企业层面的集体谈判机制，预防劳资冲突走向非正规化；其四，进一步完善劳资争议的调解、仲裁机制，减少政府的直接行政干预，避免劳资冲突解决机制行政化；其五，引导企业适应经济发展的新阶段，调整价值观，积极推行人性化的人力资源管理实践，重视员工利益与员工参与。

第十章　合作型劳资关系理论发展及对中国的借鉴和启示

随着中国经济的持续高速发展，劳工问题逐步显现且造成的社会影响日益扩散，呈现出一些比较明显的特征，比如，劳动争议案件大幅增长、劳资双方对抗性加剧、停工和罢工事件频发等（程延园、王甫希，2012；王美艳，2013；周晓光、王美艳，2015）。这种状况一方面反映了中国产业工人对劳动成果的分配权、对企业运作的知情权和参与权的渴望与需求，另一方面也折射出工人表达诉求以及维权渠道的缺乏。在此环境压力下，中国政府开始积极地推动劳资关系改革，致力于构建和谐劳动关系，比较突出的措施有实施《劳动合同法》、推广工资集体协商制度、推动集体合同的签订以及加强劳动争议的调解、仲裁工作。然而，国内在劳资关系的理论研究和实践方面起步还较晚，借鉴欧美发达国家在劳资关系治理上的成熟经验，搭建更加完善的劳资关系治理框架，对中国而言非常必要，也十分紧迫。

英国是现代劳资关系理论的发源地，其劳资关系实践的发展经历了从劳资关系治理的制度化建立、崩塌和再建过程；劳工运动经历了从高潮到低谷，继而走向劳资合作的波折。针对劳资关系的理论研究和实践操作也出现了从多样化到单一化，再走向包容性的发展趋势。英国劳资关系治理的发展历程在欧美国家中具有一定的代表性，其历史经验对发展中国家具有重要的指导意义。因此，认真总结英国劳资关系理论和实践的演进，有助于中国在劳资关系改革和转型之始，更加深刻地了解经济发展和劳资关系治理之间的关联性、了解政府进行劳资关系治理的措施和作用机理，以及了解传统劳资关系治理措施的局限性和现代化发展方向，从而保证中国在劳资关系治理范式的选择上更加符合国情和更具有前瞻性。

本章分为三个部分，第一部分将主要介绍英国劳资关系理论的起源和历史演进；第二部分重点分析劳资关系现代化治理模式的内涵和发展；第三部分将总结对中国劳资关系发展的借鉴和启示意义。

第一节　英国劳资关系理论与实践的演进

Kaufman（2012）将英国劳资关系体系的演进划分为两个阶段，即史前阶段（pre-history）和制度化阶段。史前阶段开始于韦伯夫妇（Sidney Webb & Beatrice Webb）在1897年的著作《产业民主》，随后到二战期间的科尔（George Douglas Howard Cole），结束于1950年代牛津学派的形成。制度化阶段起始于牛津学派多元主义的形成，受到广泛认可的是克莱格和弗兰德斯（Clegg & Flanders）的现代劳资关系治理范式（以下简称现代范式）。多元主义在1960年代达到全盛时期，标志性事件是英国政府在1965~1968年成立了多诺万皇家工会与雇主联盟委员会（Donovan Royal Commission on Trade Unions & Employer Associations）。然而，到1970年代，多元主义受到来自一元主义以及马克思主义激进学派的冲击，以工会和集体谈判为核心的现代范式开始断裂，劳资关系研究领域也出现多家理论体系共存的局面。在1980年代，随着撒切尔新自由经济主义的盛行，工会力量受到进一步的冲击和打压，英国劳资关系领域开始急剧缩减。到了1990年代，伴随着美国的经济高速发展和全球扩张，一元主义人力资源管理理论开始在全球流行，在经过一段时期的激烈批判之后，一元主义被融入了英国劳资关系的主流领域中，并与多元主义结合形成了混合主义理论。

一　史前阶段：劳动问题的解决

产业革命之后，英国逐渐实现了从传统的农业社会到工业社会的转变，工厂和机器生产方式逐渐取代了手工作坊。社会关系也发生了巨大的变革，形成了两大对立的阶级：工业资产阶级和无产阶级。新兴的工业化生产方式产生了大量的工业聚集，雇用了大量的产业工人，劳工问题逐渐突出并日益严重。1890年代后期，英国的劳工问题开始集中爆发，发生了大量的工人怠工、罢工和暴力行动。这些现象引起了政府以及产业从业者、律师、历史学家和经济学家的关注，奠定了英国随后几十年中对劳资关系领域研究的基础平台。

从对劳工问题的重视，到致力于解决劳工问题，历史在有序地推进。早期的英国学者对劳工问题的解决达成了共识，认为可以从六个方面来解决劳工问题，包括社会主义、工资和集体谈判、仲裁和调节、劳工法律制定、宏观经济稳定与充分就业以及劳动力管理（Kaufman，2012）。韦伯夫妇是英国最早构建劳资关系理论框架和经验研究的学者，他们的研究较为完善地覆盖了上述解决劳工问题的六个方面。韦伯夫妇提出，自由经济市场下的价格竞争体系是无政府主义的，是劳工问题形成的主要原因。因此，要永久性地解决劳工问题，在政治体制上可采取将资本主义转换成为地方自治与国家民主社会主义调控相结合的模式，提倡使用社会主义经济、合作社以及行政计划取代资本主义和社会追求利润的动机（Webbs，1898、1920）。在对待工会和集体谈判的态度上，韦伯夫妇的理论倾向于将工会视为工具，用来作为社会主义经济体系中的引导者，但不再使其拥有自主谈判的角色。并且，从长期来看，韦伯夫妇预言了工会以及集体谈判将缓慢死亡的结论（Webbs，1897）。在劳工立法上，韦伯夫妇不主张通过雇主和管理者立法途径来解决劳工问题，他们的研究为劳动力市场的法律规制以及最低工资、福利水平的使用提供了有力的参考，并对劳动仲裁和调节提供了有益的讨论。在韦伯夫妇的研究中，涉及劳工管理的部分极少。为了能够保护劳动力价格标准以及工人的阶级团结性，韦伯夫妇提倡严格限制雇主在人事管理上的权限，这种思想造成了后期英国劳资关系主流学者对人力资源管理的排斥，对英国近代劳资关系体系的发展产生了深远的影响。

韦伯夫妇之后，在解决劳工问题上做出过有益探索的，还有科尔。科尔是一位杰出的费边主义者，在牛津大学创立了劳工问题研究机构，对后期劳资关系理论的形成产生了巨大的影响。科尔解决劳工问题的核心思想是改良社会主义的理论和实践，工会与集体谈判以及通过产业集体化来消灭商业周期的波动。科尔强调，由于资本主义工业存在局限性，因此失业问题是无法解决的，并且雇主和雇员在利益上的真正统一是需要通过对资本家雇主的镇压才能实现的（Cole，1953）。马克思恩格斯也是早期劳资关系理论的奠基者。马克思恩格斯认为，雇佣关系和工资体系是定义资本主义的核心要素，雇佣关系本身是与商品生产的社会化分工以及市场劳动力购买紧密联系的，而且资本主义体制下的雇佣关系带来了很多的社会问题和冲突（Hyman，1989）。

1891~1894年，英国成立了皇家劳工委员会（Royal Commission on Labour），标志着英国政府对劳工问题的重视，确定了劳工问题研究的历史地位，并且开启了劳资关系理论研究的新时期。

二 制度化阶段：多元主义范式的兴盛

韦伯夫妇和科尔的研究构建了英国劳工问题研究的理论框架，但是他们并没有将劳资关系建成一门独立的学科，并且在随后的许多年里，学者在这个领域里的研究较为分散，没有形成体系。直到第二次世界大战之后，英国的劳资关系才开始进入了制度化的阶段，其中代表性的人物是牛津学派的克莱格和弗兰德斯。他们在1950年代主导建立了英国现代劳资关系治理范式，现代范式在1960年代达到了鼎盛时期。但随着英国政治经济环境的变化，现代范式在1980年代逐渐走向了衰退。

（一）多元主义的形成与主导

在1950年代，劳资关系作为一门独立的学科被牛津学派重新建立起来，标志性的事件是1954年弗兰德斯和克莱格的专著《英国劳资关系体系：历史，法律和制度》的发表（McCarthy，1994）。延承韦伯夫妇和科尔对组织的研究方法，弗兰德斯和克莱格创建了英国劳资关系治理的社会化制度，他们将解决劳工问题的核心集中到了一点上，即工会和集体谈判。这一时期，几乎英国所有的劳资关系学者都极力推崇工会主义和集体谈判制度，被后来的学者称为"意识高度统一的巅峰时期"（Brown，1997）。

弗兰德斯和克莱格所建立的劳资关系范式有五个方面的主要特征。第一，研究主题被定义为组织起来的劳工、集体谈判以及其他与此相关的机构。第二，主要的解释框架是制度与规范的制定，以及工作监管体系。第三，实践政策导向是指向第三方的政府，政府主要通过唯意志体系（voluntarist system）介入。第四，研究方法可以是对制度发展的历史性描述，也可以是案例研究。第五，认识论和存在论比较模糊，是一种较为纯粹的实用主义和现实主义（Ackers et al.，2005；Flanders & Clegg，1954；Kaufman，2012）。在观念上，弗兰德斯和克莱格两人都不接受马克思的社会主义革命、韦伯夫妇的国家社会主义以及科尔的基尔特社会主义（Ackers，2010）。Clegg（1960）指出，有效的产业民主需要确立三个基本原则，即独立的工会、工会代表工人利益以及与产业所有制不相关。而弗兰德斯所提倡的劳资关系范式也是基于三个主要因素，即独立的多层次的集体谈判机制、工作场所生产率的讨价还价以及国家收入政策的三方协作机制（Kelly，2010）。

1965~1968年，英国成立多诺万皇家工会与雇主联盟委员会（Donovan Royal Commission on Trade Unions & Employer Associations，简称多诺万委员会），进一步巩固了牛津范式的主导地位。1966年，福克斯（Fox）在多诺万委员会上发布了《产业社会学与劳资关系》的主题报告，提出了英国劳资关系实践的参考框架。这份报告强调定义了一个多元论的愿景而不是一元论的管理视角，成为指导英国劳资关系治理实践操作的纲领性文件。

（二）一元主义与马克思主义的挑战

20世纪60~70年代，多元主义进入了兴盛的时期。然而，伴随着工会会员以及罢工事件的增长，激烈的劳资冲突已经严重影响到英国劳动生产率的增长，迫使英国政府重新对国家劳资关系制度进行思考。1968年福克斯在提交给多诺万委员会的报告中保留了早期牛津学派的唯意志论腔调，坚持国家和法律应该不要干涉劳资关系，让管理者和工会来共同监管。然而，执政者们也意识到，国家集体谈判、工会和雇主联盟已经不再能对劳动力市场的稳定起到决定作用，因为牛津学派的工会和集体谈判体系已经被工作场所一线经理与工会成员之间的非正式谈判大大削弱了。针对这一问题，多诺万委员会最终提出来的解决方案是将非正式的劳资谈判行为进行正规化，并为工作场所的劳资关系建立一个新的标准化秩序。在实践上，许多公司采取了多诺万委员会的建议，开发出了更多的工作流程规范和劳资关系委员会，构建了与工会会员之间的谈判机制，为工会会员提供休假培训，并且为保障工会会员的法律身份提供更多支持。

然而，到1970年代后期，劳资关系多元论作为实践改革的一个理想范式，已经失去了其在企业管理层实践的影响力以及政府方面的信任（Batstone，1984）。非官方组织的罢工与工会会员的敌对行动一度进入高发阶段，引发了政府对社会政治经济发展稳定的担忧。同时，对社会劳资关系的再度思考已不仅仅是一个学术研究要解决的实际问题，它们同时也激发了新的思想，来重新定义工业和社会问题的本质。

在这一环境下，马克思激进主义学派开始迅速崛起，对牛津学派的劳资关系范式产生了挑战。马克思激进主义雇佣关系理论与产业社会学中的劳动流程（labour process）相结合，开始关注工作场所而不是国家制度法规的制定，将多元主义注重稳定和秩序的思想转移到阶级斗争和工人的自主活动上。马克思激进主义在深入了解工作流程，比如作业控制（job controls）等方面做出了贡献，在对工作场所的详细描述上留下了宝贵的财富，然而其在更广泛地了解工作与社会的关系方面，并没有特殊的进步。马克思激进主义的挑战迫使克莱格在后期将多元主义定义为一个政治和产业工程。正如克莱格自己所说的："权力意味着责任，为保障这一点，工会需要恭敬地与政府和雇主相处，多元主义在控制和稳定通货膨胀、竞争性贪婪以及社会失调方面的失败，已经在许多西方社会比比皆是，包括英国。"（Clegg，1975）

1980 年代，马克思激进主义和多元主义融合到了一起，形成了激进多元主义（radical pluralism）。然而，随着冷战结束后共产主义阵线的崩溃，马克思主义在 1980 年代遭遇到更为严重的打击，劳资关系学科针对新右派（New Right）的回应是经验主义怀疑论（sceptical empiricism）。在政治上失利之后，由于缺乏新的观点，一些新的经验主义定量研究开始关注工作场所的劳资关系调查。在研究方法上，定性的、案例研究已经逐渐被定量的、调查方法替代，社会学作为劳资关系研究领域内的主要学科被经济学替代（Wood，2000）。同时，伴随着全球化进程的推进以及美国经济的强势崛起，美国人力资源管理日益受到产业界和学术界的重视，一元论者逐渐开始实体化，并成为企业的主流管理模式。在这一时期，许多英国的劳资关系学者都进入了人力资源管理学科，出现了在许多商学院中劳资关系与人力资源管理两个学科并存的情况。

（三）撒切尔主义的巨大冲击

英国多元主义劳资关系体系最终走向衰亡是在 1979 年保守党政府执政时期。在撒切尔夫人的领导下，英国产业冲突和争议显得极其戏剧化。

在这期间，曾经发生了持续的，甚至是暴力的冲突，比如说在1984~1985年发生了矿工罢工事件。但是，到了1990年代，劳资冲突水平降低到了历史最低点。由于罢工而造成的工作日损失，从1970年代和1980年代的930日/千名工会成员降低到了1990年代的76日/千名工会成员。相对地，每百万工会成员的罢工数量从175人降低到了32人。虽然其间劳动法庭裁决的个体员工劳动争议数量翻了一倍，同时在1980年代到1990年代劳动者的劳动强度有所增加，但是英国长时期以来的高罢工水平已经成为历史（Office for National Statistics，2010）。

造成这些实质性变化的原因之一是保守党政府的法律介入。英国的劳工法律在近一个世纪以来，寻求将自身置于雇主和工会关系之外，建立一种被称为集体自由主义（collective laissez faire）的途径。1980年代执政的撒切尔政府对劳工政策施加了压力，首先是试验性的，随后就变得更加有系统性和针对性。对于工会组织，撒切尔政府采取了一系列措施明确了工会领袖的责任。此外，工会被要求在外部审查的监管之下进行直接选举，工会成员也有了更多了解他们所在工会信息的途径。工人也被给予了更多的选择权，比如是否加入工会，或者是加入哪一个工会。罢工行动的范围也被一系列的规章制度缩减，比如，可接受的罢工行动范围被缩小，禁止了二次罢工和公开的政治罢工。通过限制工人纠察队的使用、禁止工会对罢工支持的训练行动、阻止工会对非合法罢工的官方支持等规定，申请罢工的流程被极大地限制。更为重要的是，所有的罢工行动必须在严格的投票程序下，得到工会成员的支持。所有这些政策变化加起来，就增加了工会组织罢工的成本和复杂性。

比这些直接法律干预更为重要的是来自产品市场的激烈竞争。其中，1980年代到1990年代的私有化改革显得格外重要。许多曾经高度工会化的产业，比如铁路、钢铁、电力、水务、通信、航天等在私有化过程中，都出现了工会成员和集体谈判范围的缩小。但是，更为广泛的影响是来自全球化背景下市场竞争的加剧。大量商品的进口流通以及国际资本的涌入，使得英国私营领域里的企业面对巨大的国际竞争压力，因此在企业管理上更加追求灵活性和管理的权威性，从而都纷纷要求从集体谈判协议中退出。

政治上的严格立法以及经济上对工会及集体谈判活动的排斥，造成了1979~1997年英国工会组织和集体谈判力量的迅速衰退。在这段时间里，英国雇员中的工会成员比例从56%骤降到31%。在私人部门,承认工会组织的工作场所从50%降低到了24%。同时,受到集体合同保护的员工比例从55%降低到了25%（Achur, 2010）。在涉及工资以及其他工作条件和环境的事务上,工会的谈判力急剧下降,比较典型的特点是工会的谈判权逐渐被知情权和咨询权取代（Brown, 2011）。同时在政治上,工会的前途显得更加黯淡,工会领导对政府政策的影响力也逐渐变得荡然无存。

第二节　新格局的形成：劳资关系现代化

1997年,英国新工党政府上台之后,开始推行新的劳资关系治理模式,意图在混合主义的指导下通过建立劳动者-管理者伙伴关系（labour-management partnership,以下简称伙伴关系）将英国长久以来的劳资对抗转变为合作关系。自此,英国的劳资关系发展进入了一个新的历史单元。

在英国工会的大力支持下,由布莱尔领导的工党在1997年大选中获胜,组成了新工党政府。新工党政府在上台后,并未像工会所期待的那样废除之前撒切尔政府所制定的一系列针对工会的限制政策,而是继续延续着新自由主义的经济思路,强调市场对资源配置和劳资关系的调解作用以及鼓励劳动力弹性（Howell, 2005）。然而,新工党政府也不再对工会采取强行监管和控制的态度,而是寻求通过非立法的方式来实现对劳资关系的软性监管（soft regulation）。在这一时期,新工党政府将劳资关系的转型标识为"劳资关系现代化",所采取的主要措施有四个方面。其一,为了改变英国的劳资对抗传统,实现劳资双方的合作与互利共赢,鼓励推行伙伴关系。其二,考虑到工作场所中的管理者和员工代表可能缺乏实现合作型劳资关系所需要的素质和能力,政府为推进劳资双方在工作场所的合作提供第三方服务以及智力和资金上的支持,比如通过强化咨询、调解、仲裁等服务职能来化解企业内部的劳资纠纷。其三,推进工会组织的现代化改革,提高工会运营的效率。2005年,新工党政府成立了一项工会现代化基金（union modernization fund）,提供了超过700万英镑的资金来帮助工会学习电脑技术、沟通技巧以及其他管理培训,这一举措为大部分大型工会的专业化发展提供了实质性的帮助。其四,部分修改了撒切尔政府时期的反工会立法,一些针对工会的限制政策被取消,其中一个最重要的创新是设立了一个企业重新承认工会的法定程序，即如果企业内大部分员工已经是工会成员，超过40%的员工投票表示赞成，那么工会在企业内部就必须获得承认。

在以上的诸多措施中，最引起社会关注和产生广泛影响的是新工党政府对伙伴关系的推广。新工党政府在对伙伴关系的理解和定义上，较大地受到了互惠模型（Kochan & Osterman，1994）和混合论（Guest & Peccei，1998、2001）的影响。相对权威的定义是英国总工会（Trades Union Congress，TUC）在1999年提出的建立工作场所伙伴关系的六大原则，包括：第一，劳资双方对组织商业目标成功的共同承诺；第二，劳资双方互相承认对方伙伴的不同利益诉求；第三，管理者承认组织的灵活性不应该以牺牲雇员的工作安全作为代价；第四，管理者应该为雇员的个人职业发展制造机会；第五，劳资双方应该组织公开和及时的协商工作；第六，管理者应该通过激励员工来提高产品/服务的附加值（TUC，1999、2002）。

尽管新工党政府在战略上对伙伴关系给予了极大的重视，但是在实践操作上，却还是沿用了新自由经济主义时期的唯意志体系，强调政府不干预市场，而由市场来决定劳资关系的博弈，尤其是在私营部门。正是政府在伙伴关系的实施上没有强制性的法规措施，从而导致了英国的伙伴关系在定义和实践操作上都没有统一的规范，伙伴关系的运行结果呈现出多样化的特征。学者对伙伴关系的评估也褒贬不一，批评者提出，即使在伙伴关系下，雇主方在劳资关系中的传统主导地位并没有动摇，伙伴关系的建立没有为企业带来更好的产出和更好的员工关系。比如Kelly（2004）对比了一组伙伴关系企业和非伙伴关系企业的劳动力产出，发现伙伴关系对企业的工资水平、工作时间、假期以及工会密度并没有影响。在伙伴关系下，工人能获得的收益与雇主相比十分有限，甚至工作压力更大，工作保障更加不稳定。因此，伙伴关系有可能成为企业管理层用来剥削工人的一种工具（Richardson et al.，2005a；Wray，2005）。而支持者则指出，工人、工会和雇主都可以从伙伴关系中获益。其中，工人可以获得更好的工作条件和环境、更安全的工作保障以及更多的培训和参与企业管理的机会（Brown，2000；Guest & Peccei，2001；Oxenbridge & Brown，2004）。雇主可以通过与工会合作，在企业组织结构改革等进程中得到工人以及工会的支持、得到更高的工人忠诚度和贡献度、提高工作生产率以及更好的财务表现（Wills，2004；Samuel，2007）。而工会则可以获得管理层的承认和支持、分享更多的企业管理信息以及提高自身在企业经营决策中的地位（Ackers et al.，2005；Oxenbridge & Brown，2004）。

直到目前，学者对伙伴关系的争议还在继续。批评者预言伙伴关系最终将会走向灭亡，而英国工会由于失去了斗争性，将会进一步衰落（Kelly，2004）。然而，也有支持者指出，伙伴关系不会从英国的劳资关系领域中退出。相反，自1997年以来，伙伴关系一直在稳定地增长，尤其是在公共部门。研究者也总结出，未来伙伴关系究竟会如何发展，取决于国家经济政策的走向以及伙伴关系为雇主、工会以及工人带来了何种变化（Bacon & Samuel，2009）。

第三节　对中国劳资关系发展的借鉴与启示

Kochan et al.（2008）总结了欧美主要工业国家劳资关系治理的演进过程，提出有五大因素可以影响劳资关系治理范式的发展：第一，来自政治、经济、社会公平等领域环境变化的压力，尤其是经济环境和经济政策的转变会促使劳资关系治理目标的变化；第二，政府、雇主和工人（或者工会）之间的利益博弈以及相互依赖性；第三，合法性，即推进劳资关系改革需要在法律上和文化上得到社会的认可；第四，先进管理科学和实践操作经验的影响；第五，来自多方利益团体领导层的共同认可和承诺是推动劳资关系治理范式改进的必要条件。英国作为产业革命的发源地，其劳资关系理论研究和实践已经经历了百余年的历史。在这个历程中，上述因素相互交织，对劳资关系治理的转变起到了重要的影响。总结英国劳资关系理论和实践发展的经验，对中国当前劳资关系治理的思路主要有以下几个方面的启示。

首先，要理解劳资关系治理与经济发展和经济政策之间的联系与相互作用。劳资关系治理需要适应经济发展的需要，与国家宏观经济政策相匹配。英国现代劳资关系治理范式的确立产生于20世纪40~70年代，现代范式只选取了工会与集体谈判作为劳资关系治理的核心，符合当时英国政治经济发展的需要。在第二次世界大战结束后，凯恩斯经济学承认资本主义经济不可能自动实现充分就业均衡，资本主义社会中确实存在收入分配不均，从而要求政府进行干预。自此，凯恩斯经济思想和费边社会主义经济思想开始融合，形成了战后英国政府所倡导的"完全就业""混合经济""福利国家"政策（罗志如、厉以宁，2013）。选择以工会和集体谈判为中心是实施完全就业政策和福利国家政策的需要，因为当时的英国工会覆盖了大部分的劳动力，而产业问题中的一些主要内容，比如工资浮动、罢工、劳动生产率增长以及通货膨胀等都被看作工会与管理层之间的核心问题。集体谈判机制则可以有效地为大部分工人制定工作条款、保障工人福利以及维持较高的就业水平。以工会和集体谈判为中心的劳资关系范式，不仅使得整个劳资关系领域的知识连贯性更加紧密，而且能够在实践操作过程中将社会民主、工会理论以及英国工党的政治主张有效地结合起来，因此得到了政府的肯定和快速的发展。

其次，劳资关系治理范式的建立要符合政府、雇主和工人（或工会）的三方利益均衡。英国劳资关系发展总体上经历了现代范式的制度化建立、断裂以及劳资关系现代化的过程。在每一次改革的节点，新模式的确立都是政府、雇主和工人（或工会）三方利益博弈的结果。以新工党政府倡导劳资关系现代化改革为例，进入21世纪之后，英国劳资关系治理的指导思想走向了鼓励劳资合作，具体措施是推行伙伴关系。这一措施是符合当时英国的经济发展需要以及各社会组织共同利益需求的，具体体现在以下几个方面。第一，在自由主义经济思想的指导下，长期以来英国劳资关系的一个突出特征就是劳资双方的对抗性。新工党政府希望能够改变英国的劳资对抗传统，转而实现劳资双方的合作和互利。第二，随着撒切尔政府对工会力量的限制，工会在劳资双方的博弈中，逐步处于弱势地位。工会领袖在政治上的影响力也日益削弱。与此同时，另一雇主组织英国工商业联合会（Confederation of British Industry）也被撒切尔政府边缘化。因此，两大组织都希望在新工党政府时期能够重返政治舞台，而伙伴关系则提供了这种可能性。第三，新工党政府在上台后，针对公共部门展开了一系列的改革措施，比如在医疗体系中的组织结构、绩效考核以及工资改革等。尽管在1980年代后期，工会力量受到了较大的打击。但是，工会在公共部门中的覆盖率还一直处于较高水平。因此，政府在推动公共部门改革时，需要工会的积极参与和职能协调。正是因为伙伴关系能够符合国家经济发展需要，且同时满足政府、雇主和工人（或工会）的三方利益，所以才能作为英国劳资关系现代化的一项重要内容得以确立推广，尤其是在公共部门。

再次，要关注劳工问题的发展趋势，避免劳资关系发展进入非正规化。劳资关系治理的最高目标是解决劳工问题。在不同的历史时期，劳工问题的重点在不断变化，从而要求劳资关系治理措施也随之变化。到1970年代末期，英国劳工问题的重点不再是工人的工资、工作环境以及福利水平的增长，而是大量的非正规化劳工谈判已经严重影响到了劳动生产率的提高，阻碍了英国经济的发展。在此环境下，保守党政府采取了新自由主义经济政策，通过立法手段对工会和集体谈判制度进行了镇压，最终导致了现代范式的崩塌。

最后，要重视多学科思想的交叉，学习借鉴先进的管理技术手段对劳资关系治理的影响。在导致英国现代劳资关系治理范式最终走向衰败的原因中，除了保守党政府经济思想和经济政策的转变之外，还有一点是牛津学派对其他学科思想的抵制和排斥，从而使得现代范式故步自封，不能适应经济环境的发展。1950年代，牛津学派倡导以多元主义作为劳资关系治理的基础理论，对人事关系学、产业社会学以及人事管理等学科都持批判态度，几乎完全忽视了经济学、社会学和管理学的影响，而仅仅是局限于历史学、政治学以及工会理论等狭窄的范围（Ackers，2007）。正如弗兰德斯和克莱格自己所宣称的，他们的研究工作发生在劳资关系的兴盛时期，从而掩盖了思想里缺乏想象力的部分（Flanders & Clegg，1954）。牛津学派的劳资关系范式中，强调在集体谈判之外的活动都是通过工会与管理者的共同监管来实现的，从而忽视了雇主监管方面的影响和作用。通过员工参与，员工在工作场所与管理者之间的互相合作也被忽视，而这个盲点与当时未被关注的人事管理相结合，形成了对雇佣关系的一部分诠释，给未来人力资源管理理论的发展留下了空间（Wood，2000）。1980年代后期，来自美国的人力资源管理理论与英国的劳资关系理论开始逐步融合，学者们意识到，工人或者工会代表在工作场所的积极沟通和有效参与可以提高企业生产率。而企业主在面临激烈的市场竞争时，也意识到稳定的员工团队以及员工贡献对企业发展有着巨大的促进作用。因此，劳资合作被视作提高企业竞争力的核心要素之一，也是未来劳资关系治理的方向。

参考文献

蔡昉：《工资上涨的两难：干预市场还是矫正市场?》，载蔡昉主编《中国人口与劳动问题报告No.14：从人口红利到制度红利》，社会科学文献出版社，2013。

蔡昉：《人口转变、人口红利与刘易斯转折点》，《经济研究》2010年第4期。

蔡禾、李超海、冯建华：《利益受损农民工的利益抗争行为研究——基于珠三角企业的调查》，《社会学研究》2009年第1期。

柴彬：《英国工业化时期的工资问题、劳资冲突与工资政策》，《兰州大学学报》（社会科学版）2013年第2期。

常凯：《劳动关系的集体化转型与政府劳工政策的完善》，《中国社会科学》2013年第6期。

程延园、王甫希：《变革中的劳动关系研究：中国劳动争议的特点与趋向》，《经济理论与经济管理》2012年第8期。

郭金兴、王庆芳：《我国劳动争议的倒U型假说及其检验：基于我国省际面板数据的研究》，《劳动经济研究》2014年第1期。

李超海：《农民工参加集体行动及集体行动参加次数的影响因素分析——基于对珠江三角洲地区农民工的调查》，《中国农村观察》2009年第6期。

吕志科、徐婷：《农民工群体性事件频发与劳资冲突解决策略——基于人力资源管理的角度》，《湖南工业大学学报》（社会科学版）2012年第3期。

罗志如、厉以宁：《二十世纪的英国经济——"英国病"研究》，商务印书馆，2013。

潘泰萍：《非公企业劳动关系与工会作用——由本田停工事件引发的

思考》，《中国劳动关系学院学报》2011 年第 1 期。

乔健：《略论我国劳动关系的转型及当前特征》，《中国劳动关系学院学报》2007 年第 2 期。

乔健、郑桥、余敏、张原：《迈向"十二五"时期中国劳动关系的现状和政策取向》，《中国劳动关系学院学报》2011 年第 3 期。

全国总工会课题组：《关于对新生代农民工现状的调查与对策建议》，《劳动关系与工会运动研究与动态》2010 年第 6 期。

王美艳：《中国劳动争议的状况及影响因素》，载《中国人口年鉴（2013）》，2013。

吴清军：《集体协商与"国家主导"下的劳动关系治理——指标管理的策略与实践》，《社会学研究》2012 年第 3 期。

杨正喜：《转型时期我国劳资冲突特点——以珠三角农民工为对象》，《管理观察》2008 年第 3 期。

于水、李煜玭：《农民工群体性事件的影响因素——对苏南地区农民工的调查》，《华南农业大学学报》（社会科学版）2010 年第 4 期。

张车伟、赵文：《工资应该上涨吗——对我国工薪劳动者工资水平变化的观察与分析》，载李扬主编《2014 年中国经济前景分析》，社会科学文献出版社，2014。

张绍平：《劳动争议影响因素的经济学分析》，《中国劳动关系学院学报》2012 年第 3 期。

周晓光、王美艳：《中国劳资冲突的现状、特征与解决措施》，《学术研究》2015 年第 4 期。

Achur, James. Trade Union Membership 2009. London: National Statistics, 2010.

Ackers P., 'An Industrial Relations Perspective On Employee Participation'. In A. Wilkinson, P. Gollan, M. Marchington And D. Lewin (Eds.), The Oxford Handbookof Employee Participation. Oxford: Oxford University Press, 2010: pp. 52 - 75.

Ackers P., "Collective Bargaining As Industrial Democracy: Hugh Clegg And The Political Foundations Of British Industrial Relations Pluralism", British Journal Of Industrial Relations, 45 (2007): pp. 77 - 101.

Ackers P., Marchington M., Wilkinson A., Dundon T., "Partnership and Voice, with or Without Trade Unions: Changing British Management Approaches to Participation", *Partnership and Modernisation in Employment Relations*, (London: Routledge, 2005).

Ackers P., Marchington M., Wilkinson A. and Goodman J., "The Long and Winding Road: Tracking Employee Involvement at Brown's Woven Carpets", *Employee Relations*, 14 (1992): pp. 56 – 71.

Ackers P., Payne J., "British Trade Unions and Social Partnership: Thetoric, Reality and Strategy", *The International Journal of Human Resource Management*, 9 (1998): pp. 529 – 550.

Audit Scotland, (2010), "Financial Overview of the NHS in Scotland 2009/2010", Scotland, Edinburgh.

Bach, S., "Employee Participation And Union Voice In The National Health Service", Human Resource Management Journal, 14 (2004), pp. 3 – 19.

Bacon, N. & Hoque, K.. "The Role And Impact Of Trade Union Equality Representatives In Britain". British Journal Of Industrial Relations, 50 (2012), pp. 239 – 239.

Bacon, N. & Hoque, K.. "Union Representation And Training: The Impact Of Union Learning Representatives And The Factors Influencing Their Effectiveness". Human Relations, 64 (2011), pp. 387 – 413.

Bacon N., Blyton P., "Co – operation and Conflict in Industrial Relations: What are the Implications for Employees and Trade Unions?", *International Journal of Human Resource Management*, 10 (1999): pp. 638 – 654.

Bacon N., Blyton P., "Conflict for Mutual Gains?", *Journal of Management Studies*, 44 (2007): pp. 814 – 864.

Bacon N., "Employee Relations", *Contemporary Human Resource Management*, (London: FT Prentice Hall, 2001), pp. 193 – 214.

Bacon N., Storey J., "New Employee Relations Strategies in Britain: Towards Individualism or Partnership?", *British Journal of Industrial Relations*, 38 (2000): pp. 407 – 427.

Bacon N. and Samuel P. , "Partnership Agreement Adoption and Survival in British Private and Public Sectors," *Work, Employment & Society*, 23 (2009): pp. 231 – 248.

Badigannavar V. F. , Kelly J. F. , "Labour – management Partnership in British Public Sector", *Union Organization and Activity*, (London: Routledge, 2004).

Badigannavar V. F. , Kelly J. F. , "Labour – management Partnership in the Non – union Retail Sector", *International Journal of Human Resource Management*, 16 (2005): pp. 1529 – 1544.

Batstone, Eric. *Workingorder: Workplace Industrial Relations Over Two Decades.* Oxford: Blackwell, 1984.

Batstone E. , Ferner A. , Terry M. , "Unions on the Board," *Employee Relations*, 5 (1983): pp. 2 – 4.

Beale D. , "The Promotion and Prospects of Partnership at the Inland Revenue: Employer and Union Hand in Hand?", *Partnership and Modernisation in Employment Relations*, (London: Routledge, 2005), pp. 137 – 153.

Boxall P. , J. Purcell, *Strategy and Human Resource Management*, (Basingstoke: Palgrave Macmillan, 2003).

Boyd S. , *Partnership Working, European Social Partnership Models*, (Scotland: Scottish Trade Union Congress, 2002).

Briggs Ann R. J. , Coleman M. , *Research Methods in Educational Leadership and Management*, (London: SAGE Publications Ltd, 2007).

Brown W. , "Putting Partnership into Practice in Britain", *British Journal of Industrial Relations*, 38 (2000): pp. 299 – 316.

Bryman A. , *Social Research Methods*, (Oxford: the Oxford University Press, 2008).

Bryson A. , Freeman R. , "What Voice Do British Workers Want?", *LSE Research Online Documents on Economics*, 2006.

Bryson A. , "Managerial Responsiveness to Union and Non – union Worker Voice in Britain", *Industrial Relations*, 43 (2004): pp. 213 – 241.

Bryson J. , "Managing HRM Risk in a Merger", *Employee Relations*, 25

(2003): pp. 14 - 30.

Burchill F. , "Walton and McKersie, A Behaviour Theory of Labor Negotiation (1965)", *Historical Studies in Industrial relations*, 8 (1999): pp. 137 - 168.

Cameron, S. and Price, D. , (2009), "Business Research Methods: A Practical Approach", the Chartered Institute of Personnel and Development.

Carnevale P. J. , Keenan P. A. , "Positive Effects of Within Group Cooperation on Between - group Negotiation", *Journal of Applied Social Psychology*, 19 (1992): pp. 977 - 992.

Carnevale P. J. , Keenan P. A. , "The Resolution of Conflict: Negotiation and Third Party Intervention", *Employment Relations*, (Oxford: Blackwell, 1992), pp. 225 - 245.

Claydon T. , "Problematising Partnership: The Prospects for a Co - operative Bargaining Agenda", *Human Resource Management: The New Agenda*, (London: Pitman, 1998).

Clegg, Hugh Armstrong. A New Approach To Industrial Democracy. Oxford: Blackwell, 1960.

Clegg H. , "Pluralism in Industrial Relations," *British Journal of Industrial Relations*, 13 (1975): pp. 309 - 316.

Cole, George Douglas Howard. *History Of Socialist Thought: The Forerunners*, 1789 - 1850. London: St Martin's, 1953.

Cozby P. C. , *Methods in behavioural research*, (New York: McGraw Hill, 2004).

Cully M. , Woodland S. , O'Reilly A. , Dix G. , *Britain at Work*, (London: Routledge, 1999).

Cutcher - Gershenfeld Joel, Anil Verma, "Joint Governance in North American Workplaces: A Glimpse of the Future or the End of an Era", *International Journal of Human Resource Management*, 5 (1994): pp. 547 - 580.

Danford A. , Richardson M. , Stewart P. , Tailby S. , Upchurch M. , "High Performance Work Systems and Workplace Partnership: A Case Study of Aerospace Workers", *New Technology, Work and Employment*, 19 (2004):

pp. 14 – 29.

Danford A. , Richardson M. , Stewart P. , Tailby S. , Upchurch M. , "Partnership, High Performance Work Systems and Quality of Working Life", *New Technology, Work and Employment*, 23 (2008): pp. 151 – 166.

Danford A. , Richardson M. , Stewart P. , Tailby S. , Upchurch M. , "Workplace Partnership and Employee Voice in Britain: Comparative Case Studies of Union Strategy and Worker Experience", *Economic and Industrial Democracy*, 26 (2005): pp. 593 – 620.

Danford A. , Richardson M. , Upchurch M. , " 'New Unionism', Organising and Partnership: A Comparative Analysis of Union Renewal Strategies in the Public Sector", *Capital and Class*, 76 (2002): pp. 1 – 27.

Deakin S. , Hobbs R. , Konzellman S. , Wilkinson F. , "Working Corporatoins: Corporate Governance and Innovation in Labour – management Partnerships in Britain", *Partnership and Modernisation in Employment Relations*, (London: Routledge, 2005).

Denzin Norman K. , Lincoln Yvonna S. , The Sage Handbook Of Qualitativeresearch (3rd Ed.), (Thousand Oaks, CA: Sage, 2005).

Department of Health, *Agenda for Change: Final Agreement*, (London: Department of Health, 2004).

Department of Health, *Agenda for Change: Modernizing the NHS Pay System*, (London: Department of Health, 1999a).

Department of Health, *Partnership Agreement: An Agreement Between DH, NHS Employers and NHS Trade Unions*, (London: Department of Health, 2007).

Department of Health, *Report of the NHS Taskforce on Staff Involvement*, (London: Department of Health, 1999b).

Dietz G. , Cullen J. , Coad A. , "Can There Be Non – union Forms of Workplace Partnership?", *Employee Relations*, 27 (2005): pp. 289 – 306.

Dietz G. , "Partnership and the Development of Trust in British Workplaces", *Human Resource Management Journal*, 14 (2004): pp. 5 – 24.

DTI (1998). Fairness at Work, Cmnd 3968. London: DTI.

Dundon T. , Rollinson D. , *Employment Relations in Non – Union Firms*, (London: Routledge, 2004).

Dunlop J. T. , *Industrial Relations Systems*, (New York: Holt and Company, 1958).

Eaton A. E. , Ruistein S. A. , Kochan T. A. , "Balancing Acts: Dynamics of a Union Coalition in a Labor Management Partnership," *Industrial Relations*, 47 (2008): pp. 10 – 35.

Ellem, B. , (1999), "Analysing documents", in Di Kelley, Researching Industrial Relations, Federation Press, Sydney.

Evans C. , Harvey G. , Turnbull P. , "When Partnership Don't Match – up: An Evaluation of Labour – Management Partnerships in the Automotive Components and Civil Aviation Industries", *Human Resource Management Journal*, 22 (2012): pp. 60 – 75.

Ferner A. , Colling T. , "Privatization, Regulation and Industrial Relations", *British Journal of Industrial Relations*, 29 (1991): pp. 391 – 409.

Ferner A. , Hyman R. , *Changing Industrial Relations in Europe*, (Oxford: Blackwell, 1998).

Flanders, Alan D. &Hugh Armstrong Clegg. *The System Of Industrial Relations In Great Britain.* Oxford: Blackwell, 1954.

Flyvbjerg B. , "Case Study", *The Sage Handbook of Qualitative Research*, (Thousand Oaks, CA: Sage, 2011), pp. 301 – 316.

Freeman, R. , Medoff, J. , "What do Unions do?", New York: Basic Books, 1984.

Freeman R. , Pelletier J. , "The Impact if Industrial Relations Legislation on British Union Density", *British Journal of Industrial Relations*, 28 (1990): pp. 141 – 164.

Gall G. , "From Adversarialism to Partnership? Trade Unionism and Industrial Relations in the Banking Sector in Britain", *Employee Relations*, 23 (2001): pp. 353 – 375.

Gall G. , McKay S. , "Developments in Union Recognition and Derecognition in Britain, 1994 – 1998", *British Journal of Industrial Relations*, 37

(1999): pp. 601 – 604.

Gall G., "Trade Union Recognition in Britain 1995 – 2002: Turning a Corner?", *Industrial Relations Journal*, 35 (2004): pp. 249 – 270.

Geary J., Trif A., "Workplace Partnership and the Balance of Advantage: A Critical Case Analysis", *British Journal of Industrial Relations*, 49 (2011): pp. 44 – 69.

Godard J., "A Critical Assessment of the High – Performance Paradigm", British Journal of Industrial Relations, 42 (2004): pp. 349 – 378.

Greer, Scott L., "The New EU Health Policy And The NHS System", The Nuffield Trust, 2005.

Greer S. L., Trench A., *Health and Intergovernmental Relations in the Devolved United Kindom*, (London: The Nuffield Trust, 2008).

Guest D., Brown W., Peccei R., Huxley K., "Does Partnership at Work Increase Trust? An Analysis Based on the 2004 Workplace Employment Relations Survey", *Industrial Relations Journal*, 39 (2008): pp. 124 – 152.

Guest D., Peccei R., "Partnership at Work: Mutuality and the Balance of Advantage", *British Journal of Industrial Relations*, 39 (2001): pp. 207 – 236.

Guest D., Peccei R., *The Partnership Company: Benchmarks for the Future*, (London: IPA, 1998).

Haynes P., Allen M., "Partnership as Union Strategy: A Preliminary Evaluation", *Employee Relations*, 23 (2001): pp. 164 – 187.

Heaton, N., Mason, B., and Morgan, J. (2001), "Partnership Development, Involvement and Implementation in NHS Trusts", Ulster papers in Organizational Behaviour and Human Resource Management, University of Ulster.

Heaton N., Mason B., Morgan J., "Partnership and Multi – unionism in the Health Service", *Industrial Relations Journal*, 33 (2002): pp. 112 – 126.

Heaton N., Mason B., Morgan J., "Trade Unions and Partnership in the Health Service", *Employee Relations*, 22 (2000): pp. 315 – 333.

Heery E., Conley H., Delbridge R., Stewart P., "Seeking Partnership for the Contingent Workforce", *Partnership and Modernisation in Employment*

Relations, (London: Routledge, 2005), pp. 274 – 302.

Heery E., "Partnership versus Organising: Alternative Futures for British Trade Unionism", *Industrial Relations Journal*, 33 (2002): pp. 20 – 35.

Hyman, Richard. *The Political Economy Of Industrial Relations*. London: Macmillan, 1989.

Hyman R., "Pluralism, Procedural Consensus and Collective Bargaining", *British Journal of Industrial Relations*, 16 (1978): pp. 16 – 40.

Hyman R., Understanding European Trade Unionism: Between Markets, Class and Society, (London: Sage, 2001).

Hyman R., "Whose social partnership?", *Partnership and Modernisation in Employment Relations*, (London: Routledge, 2005), pp. 251 – 265.

Iankova E., Turner L., "Eastern and Western Roads to European Social Partnership", *Industrial Relations Journal*, 35 (2004): pp. 76 – 92.

Industrial Relation, 47 (2008): pp. 1 – 9.

Involvement and Participation Association, *Towards Industrial Partnership*, (London: IPA, 1997).

Jenkins J., "Gambling Partners? The Risky Outcomes of Workplace Partnership", *Work, Employment and Society* 21 (2007): pp. 635 – 662.

Jenkins J., "Pressurized Partnership: A Case Of Perishable Compromise in Contested Terrain", *New Technology, Work and Employment*, 23 (2008): pp. 167 – 180.

Johnstone S., Ackers P. & Wilkinson A., "Britain Partnership Phenomenon: A Ten Year Review", *Human Resource Management Journal*, 19 (2009): pp. 260 – 279.

Johnstone S., *Labour and Management Co – operation: Workplace Partnership in British financial services*, (Basingstoke: Gower, 2010).

Johnstone S., Wilkinson A., Ackers P., "Critical Incidents of Partnership: Five Years' Experience at NatBank", *Industrial Relations Journal*, 41 (2010): pp. 382 – 398.

Johnstone S., Wilkinson A., Ackers P., "Partnership Paradoxes: A Case study of An Energy Company", *Employee Relations*, 26 (2004): pp.

353 -376.

Katz H. C. , Kochan T. A. , Colvin A. J. S. , *An Introduction to Collective Bargaining & Industrial Relations* (3rd ed.), (New York: McGraw - Hill, 2008).

Kaufman, Bruce E. . History Of The British Industrial Relations Field Reconsidered: Getting From The Webbs To The New Employment Relations Paradigm. *British Journal Of Industrial Relations*, 52 (2012): pp. 1 - 31.

Kelly, J. , "Ethical Socialism And The Trade Unions" . London: Routledge, 2010.

Kelly, J. , "Rethinking Industrial Relations: Mobilization, Collectivism And Long Waves, London: Routledge", 1998.

Kelly J. , "Social Partnership Agreements in Britain", *Partnership and Modernisation in Employment Relations*, (London: Routledge, 2005), pp. 188 - 209.

Kelly J. , "Social Partnership Agreements in Britain: Labor Cooperation and Compliance", Industrial Relations, 43 (2004): pp. 267 -292.

Kelly J. , "The Limits and Contradictions of Social Partnership", *Communist Review*, 22 (2000): pp. 3 -7.

Kelly J. , "Union militancy and social partnerhsip", *The New Workplace and Trade Unionism: Critical Perspectives on Work and Organization*, (London: Routledge, 1996).

Knell, J. (1999), "Partnership at Work", Employment Relations Research Series No. 7, Department of Trade and Industry, London.

Kochan, TA. , & Saul A. Rubinstein, "Toward A Stakeholder Theory Of The Firm: The Saturn Partnership", 11 (4), 2000: pp. 367 -472.

Kochan T. , "Walton and McKersie's Behavioral Theory Of Labor Negotiations: An Industrial Relations Perspective", *Journal of Organizational Behaviour*, 12 (1992): pp. 289 -295.

Kochan T. A. , Adler P. S. , Mckersie R. B. , Eaton A. E. , Segal P. , Gerhart P. , "The Potential and Precariousness of Partnership: the Case of the Kaiser Permanente Labour Management Partnership", *Industrial Relations*, 47

(2008): pp. 36 - 65.

Kochan T. A., "Editor's Introduction: Introduction to A Symposium on the Kaiser Permenent Labor Management Partnership", *Industrial Relations*, 47 (2008): pp. 1 - 9.

Kochan T. A., Katz H. C., McKersie R. B., *The Transformation of American Industrial Relations*, (Ithaca, NY: Cornell University Press, 1986).

Kochan T. A., Lipsky D. B., *Negotiations and Change: From the Workplace to Society*, (Ithaca, NY: Cornell University/ILR Press, 2003).

Kochan T. A., Osterman P., *The Mutual Gains Enterprise*, (Boston: Harvard University Press, 1994).

Marchington M., "Partnership in Context: Towards a European Model", *Human Resource Management: The New Agenda*, (London: FT/Pitman, 1998).

Marchington M., Wilkinson A., Ackers P., Dundon T., *Management Choice and Employee Voice*, (London: CIPD, 2001).

Marchington M., Wilkinson A., Ackers P., Goodman J., "Understanding the Meaning of Participation: Views from the Workplace", *Human Relations*, 47 (1994): pp. 867 - 894.

Marchington M., Wilkinson A., "Direct Participation and Involvement," *Managing Human Resources: Personnel Management in Transition*, (Oxford: Blackwell, 2005), pp. 340 - 364.

Martinez - Lucio M., Stuart M., "Assessing the Principles of Partnership: Workplace trade union representatives' attitudes and experiences", *Employee Relations* 24, (2002a): pp. 305 - 320.

Martinez - Lucio M., Stuart M., "Assessing Partnership: the Prospects for, and challenges of modernisation", *Employee Relations*, 24 (2002b): pp. 252 - 261.

Martinez - Lucio M., Stuart M., "'Partnership' and New Industrial Relations in a Risk Society: An Age of Shotgun Weddings and Marriages of Convenience", *Work, Employment and Society*, 19 (2005): pp. 797 - 817.

Martinez - Lucio M., Stuart M., "Swimming Against the Tide: Social Partnership, Mutual gains and the Revival of 'Tired' HRM", *International*

Journal of Human Resource Management, 15 (2004): pp. 410 – 424.

Mason B., Heaton N., Morgan J., "Social Partnership Strategies in Two Health Service Trusts", *Personnel Review*, 33 (2004): pp. 648 – 664.

McBride A., Mustchin S., "Lifelong Learning, Partnership and Modernization in the NHS", *International Journal of Human Resource Management*, 18 (2007): pp. 1608 – 1626.

Mccarthy, William. The Involvement Of Academics In British Industrial Relations. British Journal Of Industrial Relations, 32 (1994): pp. 201 – 217.

McKersie R. B., Sharpe T., Kochan T. A., Eaton A. E., Strauss G., Morgenstren M., "Bargaining Theory Meets Interest – based Negotiations: A Case study", *Industrial Relations*, 47 (2008): pp. 66 – 96.

Metcalf, D. (2004), "British Unions: Resurgence or Perdition?", Centre for Economic Performance, Mimeo, London: LSE.

Millward N., Bryson A., Forth J., *All Change at Work?* (London: Routledge, 2000).

Millward N., Mark S., David S., W. R. Hawes, *Workplace Industrial Relations in Transition*, (Aldershot: Dartmouth Publishing, 1992).

Munro A., "Working Together – involving Staff: Partnership Working in the NHS", *Employee Relations* 24 (2002): pp. 277 – 289.

O'Dowd J., Roche W. K., "Partnership Structures and Agendas and managers' Assessments of Stakeholder Outcomes", *Industrial Relations Journal*, 40 (2009): pp. 17 – 39.

Orcher L. T., *Conducting Research: Social and Behavioural Science Methods*, (Glendale, CA: Pyrczak Publishing, 2005).

Oxenbridge S., Brown W., "Achieving a New Equilibrium? The Stability of Cooperative Employer – union Relationships", *Industrial Relations Journal* 35 (2004): pp. 388 – 402.

Oxenbridge S., Brown W., "Developing Partnership Relationships, A Case of Leveraging Power", *Partnership and Modernisation in Employment Relations*, (London: Routledge, 2005), pp. 136 – 189.

Oxenbridge S., Brown W., "The Two Faces of Partnership and Co –

operative Employer/Trade Union Relationship", *Employee Relations*, 24 (2002): pp. 262 - 277.

Pfeffer J. , *The Human Equation Boston*, (Boston, Massachusetts: Harvard Business School Press, 1998).

Provis C. , "Unitarism, Pluralism, Interests and Values", *British Journal of Industrial Relations*, 34 (1996): pp. 473 - 495.

Richardson M. , Stewart P. , Danford A. , Tailby S. and Upchurch M. , "Employees' Experience of Workplace Partnership in the Private and Public Sector," *Partnership and Modernisation in Employment Relations*, (London: Routledge, 2005a), pp. 210 - 225.

Richardson M. , Tailby S. , Danford A. , Stewart P. , Upchurch M. , "Best Value and Workplace Partnership in Local Government", *Personnel Review*, 34 (2005b): pp. 713 - 728.

Roche W. K. , "Accounting for the Trend in Trade Union Recognition in Ireland", *Industrial Relations Journal*, 32 (2001): pp. 37 - 54.

Roche W. K. , Geary J. , "Advocates, Critics and Union Involvement in Workplace Partnership", *British Journal of Industrial Relations*, 40 (2002): pp. 659 - 688.

Samuel, P. & Bacon, N. . "The Contents Of Partnership Agreements In Britain 1990 - 2007". Work, Employment & Society, 24 (2010): pp. 430 - 448.

Samuel P. , "Partnership Consultation and Employer Domination in Two British Life and Pensions Firms", *Work, Employment & Society*, 21 (2007): pp. 459 - 477.

Samuel P. , "Partnership Efficacy: Some Preliminary Evidence from Trade Union Officials", *Assessing Partnership: the prospects for and challenges of modernisation*, (Leeds: Leeds University Business School, 2001), pp. 129 - 146.

Samuel P. , "Partnership Working and the Cultivated Activist", *Industrial Relations Journal*, 36 (2005): pp. 59 - 76.

Scottish Executive, "A Shared Approach to Building a Better Scotland: A Consultation Paper on A National Strategy for Shared Service", Edinburgh,

Scottish Executive, (2006).

Scottish Executive, "Partnership: Delivering the Future", Edinburgh, Scottish Executive, (2005a).

Scottish Executive, "Building a Health Fit for the Future", Edinburgh, Scottish Executive, (2005b).

Scottish Executive, "Delivering for Health", Edinburgh, Scottish Executive, (2005c).

Scottish Executive, "Memorandum of Understanding: The Scottish Executive and STUC Working Together", Edinburgh, Scottish Executive, (2002).

Scottish Executive, "NHS MEL (1999) 59", Edinburgh, Scottish Executive, (1999).

Scottish Executive, "Our National Health: A Plan for Action, A Plan for Change", Edinburgh, Scottish Executive, (2000).

Scottish Executive, "Partnership for Care: Scotland's Health White Paper", Edinburgh, Scottish Executive, (2003).

Scottish Executive, "Partnership Working, Social and Economic Partnership Project", Edinburgh, Scottish Executive, (2004).

Scottish Executive, "Staff Governance Standard for NHS Scotland employees", Edinburgh, Scottish Executive, (2007).

Scottish Government, "Better Health, Better Care: Action Plan", Edinburgh, the Scottish Government, (2008).

Sisson K., "The 'New' European Social Model", *Employee Relations*, 21 (1999): pp. 445 – 462.

Stuart M., Martinez – Lucio M., "Partnership and the Modernisation of Employment Relations: An Introduction", *Partnership and the Modernisation of Employment Relations*, (London: Routledge, 2005a), pp. 1 – 38.

Stuart M., Martinez – Lucio M., "Where Next for Partnership?", *Partnership and Modernisation in Employment Relations*, (London: Routledge, 2005b), pp. 412 – 424.

Stuart M. and Martinez – Lucio M., (2008), "Employment Relations in

Britain Finance Sector: Between Globalisation and Regulation", CERIC Working Paper 1, Leeds University Business School.

Suff R., Willams S., "The Myth of Mutuality? Employee Perceptions of Partnership at Borg Warner", *Employee Relations*, 26 (2004): pp. 30 – 43.

Tailby S., Richardson M., Stewart P., Danford A., Upchurch M., "Partnership at Work and Worker Participation: an NHS Case Study", *Industrial Relations Journal*, 35 (2004): pp. 403 – 418.

Tailby S., Winchester D., "Management and Trade Unions: Partnership at work?", *Managing Human Resources: Personnel Management in transition* (4th), (New Jersey: Blackwell Publishing Ltd, 2005).

Taylor P., Ramsey H., "Unions Partnership and HRM: Sleeping with the Enemy?", *International Journal of Employment Studies*, 6 (1998): pp. 115 – 143.

Taylor S. J., Bogdan R., *Introduction to Qualitative Research Methods* (3rd ed.), (New York: John Wiley and Sons, 1998).

Terry M., "Can 'Partnership' Reverse the Decline of British Trade Unions?", *Work, Employment & Society*, 17 (2003): pp. 459 – 472.

Terry M., "Systems of Collective Employee Representation in Non – union Firms in Britain", *Industrial Relations Journal*, 30 (1999): pp. 16 – 30.

Terry M. and Smith, J. (2003), "Evaluation of Partnership at Work Fund", Employment Relations Research No. 17, London: DTI.

The Copenhagen Center for Partnership Studies, (2002), "From Collective Bargaining to Social Partnerships: New Roles of the Social Partners In Europe", The Copenhagen Center, Copenhagen Denmark.

Trades Union Congress, *Partners for Progress: New Unionism in the Workplace*, (London: TUC, 1999).

Trades Union Congress, *Partnership Works*, (London: TUC, 2002).

Turnbull P., Blyton P. and Harvey G., "Cleared for take – off? Management – labour Partnership in the European Civil Aviation Industry", *European Journal of Industrial Relations*, 10 (2004): pp. 287 – 307.

Undy R., "Annual Review Article: New Labour's 'Industrial Relations Settlement': The Third Way?", *British Journal of Industrial Relations*, 37 (1999): pp. 315 - 336.

United Nations (2010), "The World Population Prospects: The 2010 Revision", Http://Esa. Un. Org/Unpd/Wpp/Index. Htm.

Upchurch M., Danford A., Tailby S., Richardson M., *The Realities of Partnership at Work*, (London: Palgrave, 2008).

Waddington J., "Trade Union Organisation", *Industrial Relations: Theory and Practice*, (Oxford: Blackwell, 2003), pp. 214 - 256.

Walton, R. E., "Managing Conflict: Interpersonal Dialogue And Third - Party Roles", Financial Times Prentice Hall, 1987.

Walton R. E., McKersie R. B., *A Behavioral Theory of Labor Negotiations: An Analysis of a Social Interaction System*, (Ithaca, NY: ILR Press, 1965).

Webb, Sidney & Beatrice Webb. *Constitution For The Socialist Commonwealth of Great Britain.* London: LSE, 1920.

Webb, Sidney & Beatrice Webb. *Industrial Democracy.* London: Longman, Greens, 1897.

Webb, Sidney & Beatrice Webb. *Problems Of Modern Industry.* London: Longman, Greens, 1898.

Willkinson A., Dundon T., Marchington M. and Ackers P., "Changing Patterns of Employee Voice: Case Studies from Britain and Republic of Ireland", *Journal of Industrial Relations*, 46 (2004): pp. 298 - 322.

Wills J., "Trade Unionism and Partnership in Practice: Evidence from the Barclays - Unifi Agreement", *Industrial Relations Journal*, 35 (2004): pp. 329 - 343.

Wood, Stephen (2000). The BJIR And Industrial Relations In The New Millennium. *British Journal Of Industrialrelations*, 38 (2000): pp. 1 - 5.

Wray D., "Management and Union Motives in the Negotiation of Partnership: A Case Study of Process and Outcome at An Engineering Company," *Partnership and Modernisation in Employment Relations*, (London: Routledge,

2005).

Yin R., *Case Study Research: Design and Methods* (2nd ed.), (Beverly Hills, CA: Sage Publishing, 1994).

Yin R., *Case Study Research: Design and Methods*, (Beverly Hills, Calif: Sage Publications, 1984).

后 记

2008~2013年，我在英国诺丁汉大学商学院攻读博士学位，师从商学院的 Nicolas Bacon 教授和 Peter Samuel 教授。在两位教授的指导下，有幸参与了英国国家医疗体系的人力资源战略改革浪潮，并以合作型劳资关系的构建、运作和结果为主题，对英国三个不同地区的医疗体系改革进行了跟踪研究。四年的跟踪调查研究，让我有机会深入医疗体系一线，看到不同地区法律环境、历史文化、组织方式、劳资合作历史以及重要事件、人物等要素，对管理者与劳动者之间合作关系的影响，并且进一步看到，合作型的劳资关系对企业战略实施，日常经营管理以及员工满意度等带来了积极的影响和效果，也有很多研究表明，合作型的劳资关系可以为企业绩效提升带来正面的影响。

2013年，我回到国内，入职中国社会科学院人口与劳动经济研究所劳动关系研究室，继续从事劳动关系、人力资源方面的研究。加入社科院人口所是幸运的，这里有着非常良好的研究氛围，并且在人口、社保、就业、劳动关系、人力资源等领域，有着一批国内非常优秀的研究学者，能够让我继续吸取营养、扩宽视野，进而产生了将英国经验进行总结，并与国内实际情况进行对比研究的想法。在这个过程中，我得到了诸如蔡昉老师、都阳老师、王美艳老师等许多老师的指导和帮助。

在书稿的写作过程中，我们国家也陆续提出了一系列推进中国特色和谐劳动关系构建的政策建议和措施，2015年中共中央、国务院印发《关于构建和谐劳动关系的意见》，明确了构建中国特色和谐劳动关系的重大意义、指导思想、基本原则、目标任务和政策措施。通过深入学习领会，看到党中央对和谐劳动关系的重视，也让我倍受鼓舞，决心继续深入展开这个领域的研究。

2019年，书稿获得了国家社会科学基金后期资助项目的立项，正式进入出版阶段。在此，要特别感谢社科基金在学术上的认可和财务上的资助，感谢社科基金评审专家们在立项和结项阶段提出的宝贵意见，以及社会科学文献出版社陈颖老师在编辑出版过程中的耐心和帮助。

周晓光

2022 年 1 月 21 日于北京

图书在版编目(CIP)数据

构建合作型劳资关系问题研究：英国经验与中国发展/周晓光，汪溢博著. -- 北京：社会科学文献出版社，2022.3
国家社科基金后期资助项目
ISBN 978 - 7 - 5201 - 9590 - 4

Ⅰ.①构… Ⅱ.①周… ②汪… Ⅲ.①劳资关系 - 研究 - 中国 Ⅳ.①F249.26

中国版本图书馆 CIP 数据核字 (2021) 第 277209 号

·国家社科基金后期资助项目·
构建合作型劳资关系问题研究
——英国经验与中国发展

著　　者 / 周晓光　汪溢博

出 版 人 / 王利民
责任编辑 / 陈　颖
责任印制 / 王京美

出　　版 / 社会科学文献出版社·皮书出版分社 (010) 59367127
　　　　　　地址：北京市北三环中路甲29号院华龙大厦　邮编：100029
　　　　　　网址：www.ssap.com.cn

发　　行 / 社会科学文献出版社 (010) 59367028
印　　装 / 三河市龙林印务有限公司
规　　格 / 开本：787mm×1092mm　1/16
　　　　　　印　张：16　字　数：258千字
版　　次 / 2022年3月第1版　2022年3月第1次印刷
书　　号 / ISBN 978 - 7 - 5201 - 9590 - 4
定　　价 / 128.00元

读者服务电话：4008918866

版权所有 翻印必究